Consilia Maria Lakotta

Kein Weihrauch für Cäsar

Historischer Roman über das Leben des
Hl. Viktor von Xanten

Consilia Maria Lakotta

Kein Weihrauch für Cäsar

Historischer Roman über das Leben des
Hl. Viktor von Xanten

medienverlag, kisslegg

Die Autorin: Consilia Maria Lakotta (geb. 1920) lebt in Oberhausen. Sie ist durch eine Reihe von Büchern und zahlreiche Zeitschriftenbeiträge bekanntgeworden.
Zu ihren großen „christlichen" Romanen zählen u.a. „Licht über dem See" und „Klausur - Eintritt verboten".

Ungekürzte Neuauflage Oktober 1994. Dieser Roman erschien erstmals 1958 im Lahn-Verlag, Limburg

© Copyright by Fe-Medienverlagsgmbh, Friedrich-Wirth-Strasse 4, D-88353 Kisslegg. Alle Rechte vorbehalten
Gesamtherstellung: Fritz Steinmeier, Nördlingen
Umschlagfoto: Ralf Riese, Xanten
Umschlaggestaltung: Florian Fick
Printed in Germany
ISBN: 3-928929-04-6

Die Hauptgestalten dieses Romans, Viktor und Mallosus, sind legendär, auch der Legat gehört der Legende an.

Dichterisch erfunden sind der Prokonsul und Präfekt, seine Tochter Diana, die Bürgermeistersgattin Lea und die übrigen auftretenden namentlich benannten Bürger und Soldaten von Traiana und Tricesimae, ebenso die Bauern von Bertunum.

Historischen Berichten nachgezeichnet sind die Gestalten Julian Apostatas, seines Geschichtsschreibers, dessen Berichte meinen Kriegsschilderungen zugrunde lagen, des Dichters Ausonius, des Athanasius und anderer bekannter historischer Persönlichkeiten. So sind auch viele Aussprüche des Kaisers geschichtlich begründet; ich verwob sie in die Dichtung hinein. Selbstverständlich handelt es sich dort um dichterische Freiheit, wo ich sie in Gesprächen zwischen Julian und Viktor anbringe.

Die beiden Gardeoffiziere Juventius und Maximin sind historisch umstritten.

Von ‚Xanten‘ wird lediglich am Schluß des Romanes gesprochen, da die Stadt erst rings um das Martyrergrab auf dem ehemaligen Römerfriedhof entstand.

Die Bezeichnungen ‚Centurio‘, Primipilus oder Kohortenführer umschließen den gleichen Offiziersrang Viktors, die Titel des Julian lauten: Cäsar, Kaiser, Augustus, Imperator, Divus, — sie beziehen sich also alle auf Julian Apostata. Der Legat ist zugleich oberster Legionskommandeur, der Präfekt und Prokonsul steht für die kaiserliche Verwaltung ein.

„Ave, Cäsar!"

Julian schrickt auf.

Sekundenlang sieht es aus, als wollte die Landkarte des Imperiums aus seiner Hand gleiten. Er ist gewohnt, sich rasch zu fassen. Nein, hier ist die Maske unnötig, sein Freund Ammianus Marcellinus grüßt ihn lachend.

„Wahrhaftig, mein Prinz — du hast dich an deinen neuen Titel noch nicht gewöhnt. Wie fühlst du dich als Cäsar? So schreckhaft? Nun, du vermutest doch wohl hier im Kaiserpalast nicht noch Spitzel?" Julian lächelt schmal.

„Ich vermute sie nicht nur. Mediolanum (Mailand) ist ein einziges Wespennest, man hat mich mitten hineingesetzt. Aber lassen wir das, Ammianus, ich werde damit fertig — sieh hier!"

Er deutet auf die Karte.

„Mein Plan ist vollendet, der Konstantius Augustus ist mit der Route über Taurinum nach Lugdunum einverstanden; von da geht es nordwärts bis ins Herz von Gallien."

Ammianus schnalzt mit der Zunge.

„Lutetia! (Paris) Ich habe mir sagen lassen, daß es dort schöne Frauen und gute Weine gibt, aber du ziehst ja leider nicht aus, um ungestörte Gelage zu halten."

„Das wirst du nie erleben, mir wurden harte Aufgaben gestellt, dies bis zum Ruin niedergewirtschaftete Land wieder aufzurichten. Ich werde mich zuerst Gallien widmen können, denn Spanien und Britannien wurden mir doch nur der Form halber unterstellt. Für alles und jedes hat der Augustus mir seine Minister zur Seite gegeben und sie werden zählen, wie oft ich mich schneuze!"

Seine Augen funkelten vor unterdrücktem Zorn.

Ammianus spottet.

„Mein Cäsar! Du kommst als Gesandter einer geheiligten Person, der Glanz Konstantinopels ruht über dir. Du könntest eine Null sein und gältest doch als des Kaisers Stellvertreter. Darum auch der große Troß von Hofbeamten und —"

„Und Spitzeln —" sagt Julian mit unwillkürlich gedämpfter Stimme, „wie ich dies Geschmeiß hasse! Der Spionagedienst des Kaisers hat noch nie so gut funktioniert wie jetzt. Aber laß mich erst in Lutetia sein! An meinem Hof werde ich mit den Türhorchern aufräumen!

Davon habe ich genug gehabt in Athen. Selbst jedes Wort, das ich auswendig lernte, wurde dem Kaiser überbracht. Hofschranzen, Spitzel und Geheimbeamte —" er schüttelt sich — „Gesindel, das ich allesamt ausrotten werde!"

Das skeptische Lächeln weicht nicht von den Lippen des Historikers Ammianus.

„Dann bezweifle ich, ob ein römischer Staatsmann den Abend seines ersten Regierungstages erleben wird. Wie willst du dich schützen?"

Julians Züge werden kalt.

Er ballt die Faust: „Durch mich selbst. Ich genüge mir —" er zögert, stockt — „denn ich bin des Schutzes jenes Gottes gewiß, den ich verehren lernte."

Ammianus betrachtet ihn kritisch.

„Auch dein Bruder Gallus hat die Götter verehrt — und Kaiser Konstantin hat ihn ebenso geschickt beiseitegeräumt, wie seine übrige Verwandtschaft."

„Ich glaube nicht, daß sie in die Eleusinischen Mysterien eingeweiht waren. Was der Lichtgott Mithras nicht abwendet, davor schützen mich verbündete Dämonen, die ich mir dienstbar machte. Aber bleiben wir auf der Erde, du willst ja nicht die Mythen von Göttern, sondern die Geschichte eines neuen Cäsars schreiben."

Ammianus macht einen raschen Schritt auf Julian zu.

„Es bleibt also dabei — wir marschieren gemeinsam?"

Julian lächelt.

„Nicht ohne Grund will ich meinen Historiker zur Seite haben. Von dieser Regierung eines Philosophen wird man noch in der bunten Halle der Akademie sprechen, wenn die letzten Säulen der Akropolis verwittern! Konstantius Augustus hat sich in mir verrechnet."

Ammianus Marcellinus greift nach der Karte, über sein Gesicht fliegt ein Leuchten. Der junge Grieche aus Antiochien, der sich Freund des neuen Cäsars des Westens nennen darf, schwärmt wie ein Student für Julian, den Sohn des vom Pöbel ermordeten Bruders des großen Konstantin.

„Ich beglückwünsche mich selbst, mein Cäsar, weil das Geschick mir gnädig war, Begleiter eines Mannes zu sein, der einmal Romas Antlitz, das schon zu sehr geschändet wurde — zu neuer Hoheit verhelfen wird."

Jetzt blickt sich Julian um.

„Nicht zu laut, Ammianus — wer weiß denn, ob meine Befehle beachtet werden, meine Ernennung liegt erst zu kurze Zeit zurück, den Respekt müssen mir Taten verschaffen. Du hast recht — ich werde etwas leisten — auch wenn ich einstweilen bis zu meinem fünfundzwanzigsten Lebensjahr nichts weiter tat, als mich in die Lehren der Neuplatoniker zu versenken."

Der Grieche ereifert sich:

„Sie werden dir von Nutzen sein, mein Cäsar, — schon allzulange sitzen Barbaren, Tyrannen oder Götterverächter im Kaiserpalast von Konstantinopel. Die Welt wartet auf das gewaltige Einswerden von hellenistischer Geistigkeit und römischer Macht."

Er sieht, daß er seinem Freund aus dem innersten Herzen sprach; doch Julian ist vorsichtig, er weiß, es ist noch viel zu früh, solche Gedanken laut werden zu lassen, am wenigsten in Mediolanum.

„Einstweilen ein Traum, Ammianus; sehen wir zu, wenigstens das Nächstliegende zu schaffen, Gallien gerecht zu verwalten und dem verarmten Volk zu helfen."

Er verstummt — von draußen kommt ein schmetterndes Legionssignal.

Der Grieche lächelt:

„Hast du deine ‚Legionen' schon gesammelt?"

Julian bitter: „Meine Prätorianerkohorte wurde mir bereits zugewiesen. Der Kaiser hat sie mit besonderer Sorgfalt ausgesucht, bestimmt die feigsten und untüchtigsten, die er auftreiben konnte. Es ist mir ernst. Die Kohorte besteht aus dreihundertundsechzig Mann Christen, durchweg Getaufte oder Katechumenen. Herrlich, nicht wahr? Ich werde mit ihnen auf dem Marsch Gebete leiern und mich einstweilen noch als guter Christ erweisen müssen."

Sein Mund verzieht sich, als habe er Galle getrunken. Ammianus versteht ihn vollkommen.

„Wie hätte er dir einen ärgeren Schimpf zufügen können, einem Mann, der die alten Götter verehrt! Gewiß, noch kannst du nichts tun, als dich fügen, es sind immerhin Soldaten, und es heißt sogar, daß es unter den Christen nicht die schlechtesten gäbe. Man muß sich überzeugen."

Julian schüttelt sich.

„Dies Versteckspiel widert mich an; nur du weißt, daß mein Christentum eine brüchige Fassade ist, beim ersten Sturm stürzt sie ein. Und ich werde zur rechten Zeit nachhelfen —, dies nur dir im Vertrauen!"

Der Grieche tritt ans Fenster.

„Sind sie das? Die mit dem Christuszeichen auf den Schilden? Doch wohl Bataver, was? Dachte ich mir, so viel blonde Kerle — Rom wird von Germanen überschwemmt, auch im Heer. Aber sie sehen ganz ordentlich aus — vor allem ihr Primipilus dort. Er ist mir bekannt."

Julian blickt ihm gelangweilt über die Schulter.

„Ich kenne ihn nicht. Die Christen haben nun einmal das Imperium unterhöhlt, ich werde sie höchstens bei dieser Arbeit erheblich stören können. Einstweilen interessiert mich: Ist es Tatsache, daß ihre Soldaten sich im Felde bewährt haben?"

Der Grieche nickt.

„Darauf kannst du dich verlassen. Sie haben eine vorzügliche Moral im Kampf wie in der Etappe — Verrat ist ihnen nahezu unbekannt. Es handelt sich hier um eine altehrwürdige Legion Konstantins, den das Volk törichterweise den Großen zu nennen beliebt, obgleich er den Christen Tür und Tor öffnete. Von ihm stammen die Kreuzeszeichen auf ihren Schilden und Feldzeichen. Alles Nähere müßtest du von dem Centurio primipili erfahren."

Julian hat aufmerksam zugehört.

„Gut — was für ein Mann ist er?"

„Bedaure, Julian — ich weiß nur, daß sein Vorname Viktor lautet, ein gutes Omen für dich. Einen Sieger könnten wir gebrauchen. Aber da er den Rang eines Centurio primipili erreichte, kann er nur aus bestem römischen Hause stammen."

„Wie alt?"

„Ich schätze, daß er dein Zwillingsbruder sein könnte — also jung genug, an der Seite eines jungen Cäsars Siege zu erringen."

„Sei bedankt, Ammianus — ich werde unverzüglich mit ihm sprechen, um ihn persönlich kennenzulernen. Hast du Lust, bei der Unterhaltung zugegen zu sein? Auf deine Menschenkenntnis habe ich schon öfter vertrauen können."

„Mit Freuden, Julian, — mein Cäsar!"

Der Mann aus dem Konstantinischen Kaiserhaus lacht. Er legt keinen Wert auf die neue Würde — noch nicht. Es sind kaum drei Wochen her, seit Konstantius sie Julian verliehen hat. Was der sich nicht selbst erringen kann, das achtet er nicht. Aber er wird in seinen Rang hineinwachsen, rascher, als es dem Kaiser lieb sein dürfte, der da glaubt, auf bequeme Art seinen letzten Thronrivalen auszuschalten, indem er ihm das entlegene, zerrüttete Gallien anvertraut.

Schon mehr als *ein* Mit-Cäsar ist „ehrenvoll auf dem Schlachtfeld geblieben" und hat durch seinen Tod dazu beigetragen, dem römischen Imperium wieder einen Alleinherrscher zu verschaffen. Julian weiß das.

Es ist nicht Zuneigung, nicht Verwandtentreue, die ihn auf den verantwortungsvollen Posten des Westreiches berief — sondern Heimtücke.

Um so sicherer darf er sich fühlen, wenn er sich selbst die Schutztruppe ansieht, die ihm ins ferne Gallien folgen soll. Er nimmt den Griffel, schreibt etwas auf ein Wachstäfelchen und läßt es durch einen Sklaven, der ihm schon in Athen treu diente, ins Lager Mediolanum bringen, zum Ersten Offizier seiner Kohorte, die der Kaiser ihm bestimmte.

*

Es muß alles sehr schnell gehen; der Augustus befahl überstürzten Aufbruch, um dem jungen Cäsar keine Gelegenheit zu geben, allzulange über die Beweggründe zu seiner Ernennung nachzugrübeln. Julian hat keine Zeit, wählerisch zu sein, es gilt, rasche Entschlüsse zu fassen.

So macht er die Verhandlung mit dem Centurio kurz. Nur die notwendigsten Fragen hat der Hauptmann der Prätorianerkohorte zu beantworten, und da er freimütig spricht, sind seine persönlichen Familienverhältnisse rasch klargestellt.

Gewiß, er stammt aus bestem Hause, — Ammianus hat damit recht vermutet, — nur über eine Kleinigkeit gilt es wegzusehen.

Viktors Großeltern sind unter Diokletian umgekommen, er entstammt einem sogenannten ,Martyrergeschlecht‘. Seine Eltern waren also ,vollgültige Christen‘; hat es doch eine Zeit gegeben, da in den Christengemeinden nur noch solche Leute geehrt und geachtet waren, die in. den Verfolgungszeiten irgendwie gelitten hatten.

Prüfend blickt Julian den Primipilus an. Ein offenes, helles Gesicht, blaue Augen, die ohne Wimperzucken seinem Blick begegnen. Das scheint kein Mann zu sein, den er für seine Zukunftspläne — Aufbau einer neuhellenistisch-römischen Regierung gewinnen könnte! Schade, — aber im Augenblick kann er Männer gebrauchen, die mit Festigkeit zu ihrer inneren Überzeugung stehen — selbst wenn sie der Gegenseite angehören. Er mustert mit einem raschen Blick die Orden, die Viktor über der Brust trägt — zweimal die ,Corona civica‘ — sieh an!

„Wo hast du die dir erworben?"

Viktor wird rot, er scheint ungern über eigene Verdienste zu reden, ein sympathischer Zug, der dem Cäsar gefällt! Aber schließlich muß er auf jede Frage Antwort stehen:

„Die eine am Rhein, die andere in Pannonien." (Österreich)

„Wo, in Pannonien?"

„Bei Vindobona (Wien), ich rettete den Sohn eines Legaten aus dem Hochwasser der Donau."

„Ich hörte, deine Kohorte kämpfte eine Zeitlang in Pannonien?"

„Jawohl, gegen die Sarmaten."

„Weswegen wurde sie nach Mediolanum zurückbeordert?"

Der Centurio senkt für Sekunden die Augen.

„Unsere Legion wurde nahezu aufgerieben", sagt er leise; die Erinnerung daran überschattet sein helles Gesicht.

Der Cäsar stutzt.

„Und weswegen seid ihr nicht gefallen?"

Es überflammt den Centurio — die Frage kann beißender Spott sein — aber auch Anerkennung. Julians Gesicht ist undurchdringlich.

„Wir waren die Prätorianerkohorte und hatten Befehl, beim Legionskommandanten auszuharren bis zuletzt."

Augenblicklich erfaßt Julian die Lage, er lacht verächtlich.

„Ihr mußtet seinen ‚ehrenvollen Rückzug' decken?"

„Unser Kommandant war schwerverwundet."

„Das ändert die Lage — indessen darfst du sicher sein, wenn du zum Cäsar des Westens stößt, wirst du niemals einen Rückzug zu schützen haben, das verspreche ich dir."

Er wendet sich fast unwillig, das Gespräch beginnt, ihn zu interessieren — der Türsteher meldet Besuch. Ah — der Historiker, — sein Unmut ist verflogen, er kommt kaum

14

zu spät, das Wichtigste gilt es noch zu erfahren. Ammianus Marcellinus tritt rasch ein:

„Salve!" Sein Blick fliegt zu dem jungen Offizier, dann zum Cäsar. Er ist es also, der Primipilus. Wortlos weist ihm Julian ein Polster an. Er mag sich noch zurückhalten, bis es gelegen scheint. Ammianus ist ein Mann, der gern in der Stille beobachtet, das gehört zu seinem Beruf, und Julian kennt ihn.

Daher führt er die Verhandlung allein weiter.

„Über deine Person weiß ich nun genug — doch über den Ursprung eurer Legion möchte ich mich noch von dir unterrichten lassen. Sie war eine Elitetruppe des großen Konstantin und von ihm gegründet, so sagtest du. Hat der Kaiser der Legion seinerzeit befohlen, die Kreuze auf euren Waffen anzubringen?"

Viktor blickt den Cäsar ungerührt an.

„Nein — wir tragen nicht die ursprünglichen Schilde unserer alten Legion, sondern diese, welche wir heute mitführen, wurden uns als Ehrenzeichen von Konstantin verliehen."

„Was — genügte euch nicht das Vexillum?" (Ehrenfahne).

Viktor stockt, er hat gesehen, daß der griechische Historiker seine Antworten notiert. Jetzt, als Ammianus aufblickt, schaut er jedoch so unbeteiligt wie alle Gelehrten, denen es lediglich um die Sache geht, der sie auf der Spur sind. Der Centurio scheint eine Erinnerung oder einen dunklen Gedanken abzuschütteln. Ruhig berichtet er:

„Wir baten damals um die Schilde der Thebäischen Legion, die unter Kaiser Maximian bei Solodurum im Wallisischen gefallen ist."

Der Cäsar wendet sich um, gibt dem Freund einen Wink.

„Das hier brauchst du nicht mehr mitzuschreiben, ich

lege keinen Wert auf solchen Ruhm. Was ich jetzt wissen will, frage ich aus persönlichem Interesse."

Er blickt den Centurio scharf an und fragt barsch:

„Seit wann verleiht man Waffen von Aufständischen an eine ehrenhafte Legion? Weißt du nicht, daß Mauritius und seine Soldaten wegen Meuterei gegen den Kaiser gerichtet wurden?"

Ohne Wimperzucken antwortet Viktor:

„Von einer Meuterei gegen den Kaiser wurde mir nichts bekannt; ich weiß nur, daß Offiziere und Legionäre ihren Glauben nicht verleugnen wollten, wie Maximian ihnen befahl."

Oho — dieser Mann hat Mut, wahrhaftig, — er bekennt sich zu der aufständischen Legion, obgleich er vor einem Cäsar steht, dessen Gesinnung er noch keineswegs kennen kann. Allerdings, hier im Herzen des Imperiums hat er Millionen Christen hinter sich. Julian wird sich hüten, ihn zu überschätzen, aber er kann nicht hindern, daß er Achtung empfindet.

Ein Kriecher und Heuchler hätte jetzt anders geantwortet. Wahrscheinlich hat er die hohe Offiziersstellung in so jungen Jahren durch persönliche Verdienste erworben, nicht durch Speichelleckerei bei den Vorgesetzten.

Eine Pause ist eingetreten, der Primipilus wartet gelassen auf die Reaktion des Cäsars.

„Nun", wirft der jetzt scheinbar gelangweilt hin, „lassen wir es, eine Untersuchung über den Untergang der Legion anzustellen, ich habe dir versichert, daß du bei mir keinen Rückzug zu decken haben wirst und kann dir ebenso zusichern, daß mit Maximian die Zeiten endgültig vorüber sind, da Legionäre auf solch ungewöhnliche Weise dem Imperium verlorengingen."

Er steht auf — dieser Centurio ist nicht nur gleichen Alters, sondern auch derselben Größe wie er.

„Auf welche Weise bist du zum Rang eines Primipilus aufgestiegen?" will Julian noch wissen.

Der junge Offizier beißt sich auf die Lippen, wieder wird er rot wie ein Knabe.

„Ich bitte meinen Cäsar, die Offiziere meiner Kohorte darüber berichten zu lassen."

Jetzt steht es für Julian fest, daß er diesen Mann, der es nicht über sich bringt, sich selbst zu loben, haben muß. Er lacht.

„Kannst du mir einen der Unteroffiziere besonders dafür empfehlen?"

„Jawohl — Mallosus, Unter-Centurio des ersten Manipels meiner Kohorte."

„Danke — es genügt. Du bist entlassen."

Viktor grüßt und geht rasch hinaus.

Die beiden Männer sehen ihm nach.

„Wenn Konstantius dir diesen Hauptmann läßt, dann ist das Lager hier um einen hervorragenden Offizier ärmer. Ich glaube, du brauchst diesen Mallosus nicht mehr zu fragen, wie Viktor zu seinem frühen Rang kam — lediglich durch persönliche Tapferkeit."

Julian nickt. „Du hast recht, ich habe den gleichen Eindruck. Noch heute unterzeichne ich die Zustimmung zu dieser Prätorianerkohorte des Viktor. Das Kreuz auf den Schilden stört mich nicht mehr. Wenn solche Kerle sie halten, bin ich damit versöhnt."

Ammianus Marcellinus lächelt.

„Dann dürfte euer Verhältnis zueinander erträglich werden. Das ist auch zu wünschen, da du sobald nicht zu einer anderen Prätorianerkohorte kommen wirst.

Aber vielleicht gelingt es deiner beachtlichen rhetorischen Gabe, mein Cäsar, ihn für unsere hellenistischen Ideale zu begeistern. Bedarf es dazu nicht nur eines edlen Gemüts? Jung genug wäre der Primipilus zu einer Umformung."

Julian schüttelt den Kopf.

„Das glaube ich nicht, er sieht aus, als wisse er sehr genau, wo seine Ziele liegen. Nur als Heerführer vermag ich sie zu bestimmen — das heißt, einstweilen soll er sich als Soldat an meiner Seite bewähren. Ich werde ohnehin kaum Zeit finden, zu philosophieren, sobald ich gallischen Boden betreten habe."

Seine Worte sind wie eine Prophetie.

Erst als sie in Turin einmarschieren, erfährt der junge Cäsar, in welchen mörderischen Hexenkessel er geschickt wurde. Die gesamte Rheinfront ist von Franken aufgerollt worden, mehrere Castelle sind gestürmt oder geschleift, die wichtigste Schlüsselposition Colonia Agrippensis (Köln) fiel in feindliche Hände.

Als sei es nicht genug damit, sind Alemannen über die ganze Grenzbreite in Gallien eingefallen, raubend, mordend, plündernd. Es heißt, daß ununterbrochene Flüchtlingskolonnen der überfallenen gallischen Volksstämme sich zum Landesinnern bewegen — ein Chaos erwartet den Cäsar. Als seine Soldaten das erste Mal nach Überwindung der Alpenpässe ihr Lager schanzen, können sie sich von der Wahrheit solcher Nachrichten überzeugen. Schrecken und Entsetzen überall — die Bevölkerung erwartet den neuen Cäsar sehnsüchtig als den einzigen Retter aus der Not.

Er wird genötigt sein, rascher als er beabsichtigte, Legionen um sich zu sammeln. —

Mallosus, Unter-Centurio der Prätorianerkohorte, steht nachdenklich auf den Spaten gestützt und starrt in das

Abendrot. Wie soll das alles enden? Mit einer lächerlichen Minderheit ist der junge Cäsar nach Gallien geschickt worden — während der Kaiser wohl wußte, was sich dort tat.

Da drüben kommt Viktor mit den letzten Meldungen; er sieht gelassen aus, als sei tiefster Friede ringsumher. Macht er sich denn keine Gedanken um ihr Schicksal?

Er lächelt: „Hoffnungslos? Nein, Mallosus, ich glaube nicht, daß Gott uns ins Verderben schickte, sondern wir sollen diesem armen gehetzten Volk zu Hilfe kommen."

Mallosus schlägt sich gegen die Stirn.

„Wir? Merkst du denn nicht, daß der Cäsar uns nicht einmal recht traut? Hier schanzen wir unser Lager weit ab von seinen Zelten, während wir doch an seine Seite gehörten!"

Viktor blickt ihn fast erstaunt an.

„Ich dachte jetzt nicht an Schlachtenhilfe. Wir kommen zu einem Volk, das zum größten Teil christlich ist. Ich habe die Bittprozessionen gesehen — Bischöfe und Priester büßend und betend voraus. Wenn wir uns ihren Bitten vereinen, wird Gallien um seines Glaubens willen geholfen werden."

Mallosus starrt ihn an.

„Aber du sagtest doch gestern noch, du befürchtest, dieser Cäsar stehe dem Christentum ablehnend gegenüber."

„Auch ein ungläubiger Cäsar kann nicht umhin, zu tun was Gottes Vorsehung durch ihn beschließt."

Mallosus begreift — darum also schloß ich Viktor ohne Widerspruch dem jungen Cäsar an — er sieht nur Gottes Macht, nicht die der Menschen. Nun gibt er die Losung aus — das Lächeln weicht nicht von seinen Zügen. Langsam nimmt Viktor den Helm ab. Sein blondes Haar weht ihm knabenhaft um die Stirn.

19

„Orate, milites!"

Ja, das ist seine Parole, vor allen Gefechten ausgegeben, auch damals, als in Pannonien die Legion nahezu aufgerieben wurde, bis auf seine Kohorte.

Mallosus lächelt zurück, Rührung bebt in seinen Mundwinkeln, die er vergeblich bekämpft. Solchen Glauben müßte man haben. Betet, Soldaten — als ob damit das Ärgste getan wäre.

Er tritt näher. Mallosus ist ein erprobter Kriegsmann, zudem um gute sieben Jahre seinem Freund überlegen. Er wartet, bis Viktor ihn anschaut, dann sagt er leise:

„Viktor, wir reiten an der Seite eines unerfahrenen Cäsaren, hast du auch dies bedacht?"

Viktor scheint es nicht zu hören. Er blickt in die untergehende Sonne, die einen blutroten Streifen an den westlichen Himmel zeichnet.

„Gib den Appell zur Oration weiter, Mallosus!"

Der stutzt — da ist wieder der merkwürdige Zustand über den Primipilus gekommen, daß er die Worte nicht mehr zu vernehmen scheint, die ein Mensch an ihn richtet. Er lächelt einem Unbekannten, einem Unsichtbaren zu, einem Feldherrn, von dessen inneren Befehl er allein sich leiten läßt, dessen Weisung ihm genug ist. Reglos steht er da.

Mallosus wendet sich zum Lager zurück, spricht mit den Manipelführern, nun formieren sich die Leute wieder zur ‚betenden Kohorte' wie Ammianus Marcellinus spöttisch sagte. Er glaubt, sich nicht auf Männer verlassen zu können, welche die Hände falten, ehe sie losschlagen müssen.

Die Kohorte wartet — Viktor steht immer noch, den Helm unterm Arm, scharf gegen den Himmel gezeichnet seine Gestalt —, im Gespräch mit Gott.

Nun wendet er sich und kommt mit ruhigen Schritten näher, stellt sich vor die Kohorte hin. Hell hallt seine junge Stimme:

„Betet, Kameraden, auf daß die Legionen, welche unser Cäsar sich erwählt, gewürdigt seien, ihm den Sieg zu erringen, wenn es so der Voraussicht Gottes gefällt."

Die Soldaten sehen sich an — fassungslos. Was — der Kohortenführer läßt nicht für die eigene Mannschaft beten, damit sie es sei, die sich um den neuen Cäsar den ersten Ruhm erwirbt, — sondern für die neuen Legionen aus fremden Völkerschaften?

Sie scheinen zu zögern — oder haben sie das makellose Latein Viktors nicht recht verstanden; seine Leute sind fast alle germanische Bataver, die ihre eigene, von den Römern belächelte Dialektart sprechen! Ammianus sagte, er müsse erst raten, ob es wirklich Latein sei, wenn ihn einer dieser romanisierten Bataver anrede. Mallosus gibt zur Vorsicht die Weisung im Soldatendialekt weiter. Nun falten sie die Hände.

„Pater noster — qui es in caelis — sanctificetur nomen tuum —"

Ein Bote des Cäsars reitet gerade auf das Lager zu — oder ist es einer der vielen Spitzel, die der Augustus aus dem Hoftroß seinem Mitregenten auf den Weg gab? Unbekümmert beten sie weiter — dreihundertundsechzig Mann eine Stimme:

„Adveniat regnum tuum — fiat voluntas tua —"

Der Reiter stutzt, verhält sein Roß, lauscht — und kehrt wieder um und meldet dem Cäsar, daß die Prätorianerkohorte gerade beim Kult begriffen sei und ihren „Göttern" opfere.

Aber jetzt winkt dieser ärgerlich ab.

„Christen haben keine Götter. Ist dir bekannt, was die Kohorte betete?"

Der Mann denkt kurz nach.

„Jawohl, mein Cäsar, sie rief zu ihrem Gott, daß sein Reich komme und sein Wille geschehe."

Über Julians Gesicht fliegt ein Schatten von Verdruß. Sollten seine Soldaten — dazu die der Leibwache, — nicht besser beten, daß der Wille des neuen Cäsars geschehe? Was für ein Reich soll da kommen? Gewiß, von seiner erzwungen-christlichen Kindheit her kennt er sehr wohl das vornehmste Gebet der Christen, aber im Munde von Soldaten kann es ein gefährliches Gebet sein.

Nun mischt sich lachend Ausonius ein, der Dichter-Rhetor aus Lugdunum, der seit zwei Tagen zum Gefolge Julians stieß, einer seiner besten Freunde, zudem Präfekt des Prätoriums für Gallien. Er will zurück zu seinem Residenzpalast in Augusta Treverorum (Trier). Julian muß allerdings erst die gefährdete Rheinfeste wieder sichern.

„Nimm solche Zwischenfälle nicht zu ernst, mein Cäsar. Wo käme ich in der Kaiserstadt an der Mosel hin, wollte ich meinen Leuten die christlichen Gebete untersagen? Es sind harmlose Narren, laß sie gewähren.

Ich muß mich sogar damit abfinden, daß sie seit geraumer Zeit eine feste Gemeinde bilden, eine Ecclesia formen, ihren eigenen Bischof haben — es ist nichts zu machen gegen den Zug der Zeit. Das Christentum dringt unaufhaltsam vor — auch in den barbarischen Norden."

Julian entläßt den Boten; was er Viktor zu melden hatte, ist unwichtig geworden, er will ihn jetzt nicht sehen. Er blickt den Präfekten unsicher geworden an.

„Glaubst du wirklich, Ausonius, man müsse sich endgültig mit dieser Galiläer-Sekte abfinden?"

Der zuckt die Schultern.

„Mit Gewalt ist nach den vielen Toleranzedikten der letzten Kaiser nichts mehr zu machen. Es müßte einer mit sehr viel Klugheit und Diplomatie zu Werke gehen. Sieh dir doch Gallien an! Wieviele Prozessionen mit christlichen Standarten sind uns schon begegnet, die alle wie dieser Kohortenführer um eine glückliche Wendung *beten!* Das Christentum hat eher hier Fuß gefaßt, als du, mein Cäsar."

Julian nagt an seiner Unterlippe mit zusammengezogenen Brauen, das Kinn auf die Faust gestützt.

„Mir scheint, die innere Neuordnung wird für mich schwieriger werden als die Zurückgewinnung der äußeren Ruhe."

„Eines nach dem anderen, mein Cäsar. Zuerst hast du der Welt zu beweisen, daß die Eule von Athen sich in einen römischen Adler verwandelte, der eine gehörige Flügelspannweite hat."

Julians Gesicht erhellt sich wieder.

„Das wird sie erfahren. Ich werde mir jedoch Zeit lassen müssen. Von jedem Schritt, den ich jetzt tue, wird der Kaiser unterrichtet."

Er blickt zum Fenster hinaus. Im Truppenlager drüben flammen die Feuer, die betenden Soldaten scheinen zur Ruhe zu gehen. Eines muß er ihnen zugestehen — sie haben sich bis jetzt ordentlich gehalten. Kein Eilmarsch, kein Nachtmarsch war ihnen zuviel. Und ihre Disziplin ist vorbildlich. Er darf gespannt sein, wie sie sich einmal im Kampf bewähren wird, diese merkwürdige Kohorte, die der gallische Volkshaufe bereits irrigerweise ‚die Thebäer' nennt, weil die Mär von ihren Ehrenschilden wie ein Lauffeuer durchdrang, wo man die Kreuzeszeichen auf den Schilden gewahrte.

Es heißt sogar, daß man im Wallisischen den Anführer der unter Maximian gemarterten Legion schon heute als Heiligen verehre, St. Mauritius mit seinen Gefährten!

Julian lächelt in sich hinein. Er wird sich hüten, dem Volk einen neuen Heiligen zu schenken, und wenn er den Schild des Mauritius selber trüge! —

*

Winterquartier in Vienna!

Ruhe, aber kein Müßiggang! Fieberhaft arbeitet der Cäsar an der Aufstellung seiner Legionen, zuerst hat er die Zucht in den führerlosen Regimentern Galliens wieder herzustellen, ehe er sie in den Kampf werfen kann. Am strengsten und unerbittlichsten aber ist er gegen sich selbst. Was alles hat er nachzuholen an Studium!

Nicht die Götterlehre der Hellenen, sondern römische Strategie und Kriegskunst muß er sich gleichsam im Sturm aneignen. Bewußt hat Konstantius zu verhindern gewußt, daß der Prinz in Athen, dem Ort seiner Verbannung, unter militärischen Einfluß kam.

Nun regt sich der geborene Römer in ihm — er beläßt es nicht beim trockenen Studium — mit den einfachen Soldaten exerziert er und übt sich in Scheingefechten — Mann gegen Mann, nimmt an Manövern teil, wie der einfachste Soldat in Dreck und Schlamm hingeworfen, — das reißt die Truppe zur Begeisterung hin. Wenn schon Konstantius ihn in den Tod geschickt hat, wird er ihm gewappnet begegnen, um jedes seiner Haare kämpfen mit blankem Schwert!

Der Augustus hat sich in ihm verrechnet, als er ihn schon zur Zeit der Sommersonnenwende — ein halbes Jahr nach seinem Einmarsch in Gallien nach Reims befiehlt, um vereint mit den kaiserlichen Truppen die Alemannen zurückzuwerfen, die ihre Raubzüge wieder aufgenommen haben. Zu früh? Julian zeigt es ihm, wie er die Zeit genutzt hat.

Er treibt die plündernden Horden vor sich her — nur begleitet von seinen Prätorianern und einer kleinen Truppe von Panzerreitern und Artilleristen. Er überrumpelt befestigte Städte, deren Verteidiger allein durch seinen Namen so schockiert werden, daß sie sich nahezu kampflos ergeben.

Julian — der junge Cäsar vor den Toren? Wie ist das möglich — der Gelehrte unter Waffen kämpft mit Prankenhieben wie ein Tiger. In Eilmärschen stößt er bis Reims, dort nimmt er gleichsam im Vorüberreiten die Order des Kaisers mit, der die Marschroute bestimmt.

Namen eingenommener Rheinfestungen klingen an sein Ohr — Argentoratum (Straßburg), Brumath, Speyer, Worms, Moguntiacum (Mainz) — der Cäsar bricht zuerst Brumath auf — dann stößt er, ohne sich um die anderen Festungen zu kümmern, geradewegs durch die ungeschützte Rheinebene auf Colonia Agrippensis vor.

Die Kastelle von Koblenz und Remagen können ihn nicht aufhalten — er zielt auf das Herz der Rheingaue und weiß es zu treffen.

Krieg? Der Cäsar lacht: „Ein Manöver!" Und seine Soldaten jubeln ihm zu über den frühen Sieg. Sie haben sich tapfer mit ihm geschlagen. War es wirklich nur sein Beispiel, das alle fortriß?

Nachdenklich betrachtet der Cäsar seinen Kohortenführer, der ihm eben den endgültigen Fall von Colonia Agrippensis meldete.

Er hat es wohl bemerkt, daß seine Leute für Viktor buchstäblich durchs Feuer gehen. Sie gehorchen ihm aufs

Wort — und mit leuchtenden Augen. Ein paarmal ist er Zeuge ihres unerschrockenen Kampfesmutes geworden.

Es gab auch in Viktors Reihen ein paar Verwundete und Tote. Aber im ganzen ist die Prätorianerkohorte ungeschwächt. Sollte es wirklich nicht nur Legende sein, daß man ,unter diesem Zeichen', das der große Konstantin den Waffen aufprägen ließ, leichter siegt? Das würde jedoch bedeuten, daß die Soldaten für Christus streiten, nicht allein für den Cäsar.

Aber weshalb macht er sich immer wieder Gedanken um das Problem? Es gibt doch keinen Bruch in der Haltung der Soldaten zu ihm. Sie beweisen ihm geschlossen Achtung und den schuldigen Respekt. Jedem Befehl würden sie gehorchen. Und doch — das spürt Julian deutlich — ist da irgend etwas anderes. Er muß es noch ergründen.

Als er in Sens einmarschiert, wo er überwintern wird, hat er Gelegenheit, festzustellen, was für eine Schranke sich zwischen ihm und der Kohorte aufgerichtet hat. Gewiß, er hat den Leuten mit keinem Wort gewehrt, in Augusta Treverorum (Trier) den christlichen Gottesdienst zu besuchen, er hat sogar selbst hinten in der Kirche gestanden und getan, als nehme er daran teil — aber als er in Sens den Göttern eine flammende Dankesrede vor der Truppe hält, bleibt die Prätorianerkohorte nicht nur ohne Beifallskundgebung, er spürt auch einen Hauch von Kälte und Verachtung, der ihn aus den schrägen Blicken der jungen Soldaten streift.

Nein, keiner von ihnen hat das Recht, dem Cäsar einen Vorwurf zu machen, auch Viktor nicht. Aber den Cäsar reizt das jähe Schweigen, das entstanden ist — die wortlose Abwehr.

Eines Tages läßt er Viktor kommen — die Ereignisse

haben ihm eine Ruhepause gegönnt und der Cäsar hat die Gewohnheit beibehalten, den persönlichen Kontakt mit der Truppe zu wahren. Wenn er im Kriege mit seinen Soldaten eins werden soll, muß er diese Gemeinschaft auch in ruhigen Zeiten pflegen.

Noch hat der „Cäsarenhochmut" ihn nicht gepackt. Er ist nur der oberste Befehlshaber. Viktor kommt unverzüglich, seine Pünktlichkeit ist eine schätzenswerte Eigenschaft.

Aber sein beharrlich abwartendes Schweigen irritiert den Cäsar. Immer ist dies ruhevolle Schweigen um Viktor, dies ungewöhnlich gelassene Abwarten, das nicht aus einer lauernden Klugheit kommt, sondern aus einer unverwundbaren Stetigkeit des Herzens, die der Cäsar selbst nicht kennt. Wie wäre ihm selber zumute gewesen, hätte sein Kaiser ihn zu ungewohnter Stunde rufen lassen?

Dieser Mann scheint nicht die Spur eines schlechten Gewissens zu haben. Es liegt etwas Geheimnisvolles um sein wartendes Schweigen, welches ihm von vornherein einen Anschein von Überlegenheit gibt, die den Cäsar stutzig macht. Jeder andere Untertan würde die Fassung verlieren, vor einem ebenfalls verstummten Gebieter zu stehen. Viktor lächelt. Julian kennt ihn nun fast ein Jahr lang, doch dieser Mann bleibt ihm fremd.

„Ich habe dir Dank zu sagen, Centurio primi ordinis", beginnt Julian endlich, aber er wendet seine Augen dabei ab, als scheue er dies wissende Lächeln im klaren Blick seines Gegenüber, „bei Agrippensis hast du zweimal durch ein verwegenes Manöver die Pfeile aufgefangen, die mir galten.

Zudem warst du nicht unmittelbar zu meinem persönlichen Schutz beordert in jenem Gefecht. Was hast du dir gedacht, als du dein Leben einsetztest?"

Viktor schaut ihn groß an.

„Ich tat meine Pflicht, mein Cäsar."

Was für eine nüchterne Auskunft! Ammianus Marcellinus hätte jetzt beteuert, daß er jederzeit bereit sei, drei Leben für den verehrten Cäsar hinzuwerfen, wenn er nur darüber verfügen könnte. Aber die ersten Siege sind Viktor nicht zu Kopf gestiegen. Kein Wort der Huldigung für seinen Feldherrn, keine Schwärmerei!

„So — deine Pflicht —" Julian neigt sich vor, jetzt blickt er ihn fest an.

„Würdest du mehr als deine Pflicht tun, wenn ich das gleiche Zeichen auf dem Schild trüge, wie deine Leute?"

Viktors blaue Augen werden ernst, kühl und wachsam.

„Nein, mein Cäsar. Wir tun unsere Pflicht, weil wir Gehorsam versprachen."

„Ich habe erfahren, Centurio, daß die Christen in erster Linie eine besondere Art von Liebe verbindet. Einige nennen sie Agape — andere Caritas —"

„Die christliche Pflicht entspricht der christlichen Liebe, daher bedarf es keiner Unterscheidung", erklärt der Kohortenoffizier ruhig.

Julian stutzt. Ist dieser junge Kerl durch eine philosophische Schule gegangen? Die Antwort ist wahrhaftig vieldeutig und mancher Überlegung wert.

„Du hast also eine hohe Auffassung von der Pflicht eines Soldaten. Das freut mich. Ich möchte jedoch von dir wissen, ob dieser sehr geordneten Liebe der Enthusiasmus fremd ist."

Julian weiß genau, worauf er hinaus will, aber Viktor nicht minder. Der kühle blaue Blick umfaßt ihn voll, abwägend.

„Enthusiasmus ist angebracht, wo es sich um das vollkommen Gute handelt. Solange dies nicht feststeht, kann er gefährlich sein."

Julian zieht die Brauen hoch.

„Wo hast du studiert, Centurio?"

Zuckt es um Viktors Mundwinkel, steckt ihm sein jungenhaftes Lachen schon wieder in der Kehle? Nein, er bleibt ernst, nur in den Augen funkelt es hell.

„Mir blieb keine Zeit zum Studium, mein Cäsar. Nach der Absolvierung der Grammatikschule und Erreichung der Mündigkeit trat ich gleich beim Heer ein."

„Du hast also keine Rhetorenschule besucht?"

„Nein, mein Cäsar."

Julian schweigt. Wenn er diesen Mann als Studenten in Athen neben sich gehabt hätte — heute wäre er vielleicht sein Freund. Nun aber ist er lediglich, — wie Viktor deutlich zu verstehen gab — durch die soldatische Pflicht an ihn gebunden, dazu ist ihm der Offizier durch den Glauben an den Galiläer entfremdet. Aber wie riet ihm Ausonius noch — — er blickt freundlich auf.

„Hättest du Lust, Centurio, dich in den zu erwartenden Friedenszeiten, die dir und mir hoffentlich beschieden sind, mit der Weisheit der Hellenen näher zu befassen?"

Viktor überlegt. Er spürt das Verlangen Julians, ihn für seinen Freundeskreis zu gewinnen und weiß es zu schätzen, daß der Cäsar sich nicht hochmütig verschloß, als er hörte, er habe niemals einem griechischen Gelehrten gelauscht, nie die Lehren des Plato und Aristoteles sich zu eigen gemacht.

„Es tut mir leid, meinen Cäsar enttäuschen zu müssen."

„Du willst einst als Veteran beim Heere alt werden?"

Viktor hätte die Antwort gern umgangen, Julian dringt scharf in ihn. So bekennt er:

„Ich hätte gern einmal in Rom zu Füßen eines gelehrten

Presbyters gesessen, die Wissenschaft der·Ecclesia zu studieren."

Julian bezwingt mit Mühe ein verächtliches Lächeln.

„Du willst eine „Judenschule" besuchen?"

„Ich will die Weisheit des Logos in mich aufnehmen."

Julian fährt auf, das Blut schießt ihm in die Wangen.

„Aber das lehrt dich doch gerade die Stoa. Heraklit sagt, die Weltseele — das Mittlerwesen zwischen Gott und Mensch, — die alles ordnende Weltvernunft ist es, der wir nahekommen müssen. Wenn du nur zusagst, werde ich dir den Weg zur Erkenntnis erleichtern."

Viktor atmet hoch auf.

„Mein Cäsar! Der Logos, den ich meine, ist Jesus Christus, das menschgewordene Wort, das Johannes in seinem Evangelium Logos nennt, der einzige Mittler zwischen Mensch und Gott."

Julian springt auf.

„Jüdische Spitzfindigkeit! Dieser Johannes hat bei seinem Aufenthalt in Griechenland scharfsinnig erkannt, daß er niemals die Vorstellungswelt der Hellenen christlich durchdringen würde, wenn er sich nicht einige ihrer hohen Begriffe aneignen würde. Daher hat er sich nicht gescheut, seinen galiläischen Zimmermann schlechthin zum Logos zu erklären. Ich weiß nicht, wie es möglich war, daß die Welt die Verfälschung hinnahm!"

Viktors Gesicht ist nun auch ohne die Spur eines Lächelns.

„Du glaubst an einen allmächtigen Gott, mein Cäsar. Er hat in seinem Sohn all das ausgedrückt, was die Stoa mit dem Logos meint — und noch viel mehr."

Julian lacht ingrimmig auf, die Wut der Gelehrten, die ihrer These widersprechen hören, kocht in ihm auf.

„Schweig! Willst du mir etwa den Wahnsinn auftischen, dein Christus sei selbst Gott? Schöne Gottheit, um derentwillen ein Konzil einberufen werden mußte, auf dem in allen Sprachen des Erdkreises gestritten wurde. Heute noch ist Athanasius, dieser blinde Verfechter der Gottheit Christi, mit seinen Gegnern, den Arianern, nicht fertig."

Er dreht sich um und blickt Viktor scharf an.

„Hast du mir nichts mehr darauf zu entgegnen?"

„Du hast mir eben noch Schweigen befohlen, Cäsar."

Der stutzt — das stimmt.

„Was ich im Wortgefecht der Rhetorik sage, ist doch kein Befehl an meinen Prätorianeroffizier! Ich erwarte deine Antwort, Viktor."

„Du erwartest mein Glaubensbekenntnis, Cäsar? Es ist das christliche. Weiter habe ich nichts zu entgegnen."

Es verschlägt Julian die Rede. Einige Augenblicke lang sieht es aus, als wolle er Viktor erbittert zur Rechenschaft ziehen. Dann faßt er sich. Ist es nicht oberstes Gesetz für den Rhetor, auch in der hitzigsten Debatte die Form zu wahren und die Beherrschung nicht zu verlieren? Nur Marktschreier keifen miteinander um ihre Meinung.

Hat er sich nicht dazu verleiten lassen, vor diesem Kohortenführer die Maske fallen zu lassen?

„Es genügt mir", sagt er in verändertem Tonfall, „dein Glaubensbekenntnis interessiert mich nicht. Ich ließ dich rufen, dir eine Auszeichnung zu verleihen. Gut — betrachte es denn als eine solche, daß ich dich nach diesem Gespräch unverändert in meiner persönlichen Schutztruppe dulde."

Damit gibt er ihm das Zeichen zur Entlassung.

Julian kommt sich merkwürdig gedemütigt vor, obgleich er es war, der im letzten Augenblick die Atmosphäre wieder entspannte.

Als er Decimus Magnus Ausonius von dieser Unterredung berichtet, lacht der verächtlich:

„Was redest du mit Kohortenführern über die Stoa — das mußte ja so enden. Ich schlage dir vor, als bestes Verständigungsmittel die Waffen sprechen zu lassen, wenn du mit Offizieren streitest."

„Was meinst du?"

Der im reifen Alter stehende Dichter, Präfekt von Trier, versteht sich mit jungen Garnisons-Offizieren.

„Imponiere ihm mit siegreichen Schlachten und seine Ziele werden sich denen seines Feldherrn angleichen. In diesem Alter faszinieren einen entweder schöne Frauen oder große Männer."

„Und einige Jahre weiter besingt man beide, nicht wahr?" wirft der Grieche Ammianus ein, der als Historiker wenig Verständnis hat für die schwärmerische Poesie des Moseldichters. Sie lachen — so verschieden diese drei Männer sind, ihre Freundschaft ist unverbrüchlich.

Auch jetzt folgt der junge Geschichtsschreiber seinem verehrten Cäsar in jede Schlacht, der Nachwelt dessen Taten zu überliefern. Er träumt davon, ein anderer Tacitus zu werden. Der Dichter-Präfekt indessen sammelt nicht nur romantische Eindrücke für seine nächsten Werke, er wartet auch sehnsüchtig auf die Beruhigung der Lage, um endgültig in die Kaiserstadt zurückkehren zu können.

Schon ist der unbedeutende Kohortenführer vergessen.

Nur Julian hat seine Gestalt noch klar vor der Seele, als er sagt: „Neue Schlachten — wir werden sie bald schlagen müssen. Der Fall von Colonia Agrippensis täuscht mich nicht darüber hinweg, daß wir erst am Anfang der großen Bereinigung stehen. Nach den Franken die Alemannen."

Er lächelt Ausonius zu. „Trier wird frei — spätestens im Sommer des kommenden Jahres. Dann kannst du wieder die Füße oder die Seele im Moselwasser baden — ganz nach Belieben."

Und Viktor wird mit ihm marschieren, seinen glanzvollsten Sieg zu erleben.

*

Bis dahin ist noch weit. Julian hat gegen verräterische Generale zu kämpfen, die Konstantius an seine Seite befahl, als er sah, daß der Grübler von Athen sich zum Feldherrn entwickelte, der die Heere in Ost und West begeistert. Einen Verräter schickt Julian in die Verbannung; der andere, welcher ihm eine schwere Niederlage bei Zabern zufügt, flieht vor seinem Zugriff nach Konstantinopel. Julian sieht klar.

Im Frühjahr 357 reißt er die Heeresmacht und das Oberkommando an sich. Obwohl durch den Doppelverrat geschwächt, wirft er von Zabern aus die geringe Zahl von dreizehntausend Mann gegen die Übermacht der fünfunddreißigtausend Alemannen, die vor Argentoratum (Straßburg) stehen, dem jungen Cäsar einen heißen Empfang in ihrem Lande Alemannensass zu bereiten.

Sieben germanische Könige gegen den Römer! Als ob er nichts von diesem Aufgebot wisse, läßt Julian seine Legionen über die Römerstraße ostwärts ziehen, direkt dem Feind entgegen. Hoch und ernteschwer stehen die goldenen Felder — wie werden sie nach der Schlacht aussehen?

Pausenlos marschieren die Kolonnen der Römer, Panzerreiter, Artillerie und Fußvolk, bleigrau leuchten ihre

Helme im Sonnenschein, es ist, als könnten weder Hitze noch Heere sie aufhalten.

Vor dem letzten Höhenzug befiehlt Julian volle Deckungnahme, die Aufklärer melden Feindsicht. Ruhig, als handle es sich um eine Feldübung, ordnet der Cäsar die Streitmacht, nimmt das Fußvolk in die Mitte und an den linken Flügel. Die Reiterei soll den im offenen Gelände ungeschützten rechten Flügel stärken.

Noch gibt er Order — da bricht die erste feindliche Vorhut mit Gebrüll hinter dem Äquadukt hervor, der den Römern die Geländesicht verdeckt.

Julian sprengt hinüber — seine Anwesenheit genügt, daß die Männer todesmutig kämpfen und nach kurzem Gefecht den Zusammenstoß auffangen. Jetzt aber bricht die vereinte Kavallerie der Alemannen gegen den rechten Flügel los!

König Chnodomar, das weiße Haar von brandrotem Band umwunden, schreitet zu Fuß dem Alemannenheer voran — ein Recke wie aus der Urzeit, — sein Schwert kreist und blitzt in der Sonne. Wer sagte, die Germanen verstünden nichts von Kriegskunst? Unter den Pferdebäuchen und hinter der Reiterei ducken sich Soldaten, halbe Knaben noch, springen plötzlich aus den Kornfeldern hoch, schlitzen den römischen Pferden von unten her den Bauch auf — eine Panik droht bei den Römern auszubrechen — die sich wälzenden Tiere begraben die Reiter unter sich!

In diesem Augenblick reißt der Kohortenführer Viktor das feurige Feldzeichen des Cäsars hoch — den purpurnen Drachen, gibt dem Pferd die Sporen. Julian und Viktor scheinen plötzlich ein Entschluß geworden zu sein. Inmitten seiner Schutzkohorte galoppiert er den Hügel hinab, sprengt zu der bedrohten Reiterei — schreit den Speer-schleuderern das Kommando zum Angriff zu —, Viktor gibt es an die Artillerie weiter.

Sofort schwirrt ein Speerhagel gegen die Angreifer — die Wurfgeschütze schlagen Breschen in die Reihen der Alemannen. Kaltblütig macht nun Julian die Reserven mobil.

Die gallischen Truppen stimmen den Barditus an, das entsetzliche Kampfgeschrei, mit Gemurmel beginnend und wie Donnerdröhnen anschwellend — hinter ihnen stürmen Bataver im Laufschritt vor — die Lage ist gerettet.

Die Prätorianerkohorte schließt sich wieder fest um den Cäsar zusammen, von Waffen starrend, eine Elitelegion um sich her als Deckung. Der Feldherr ist geschützt — mit eiserner Ruhe gibt er die Kommandos. Der rechte Flügel steht und hält — aber über die im altertümlichen Keil an-brechenden Germanenheere kommt der Tod doppelt und dreifach. Wurfgeschosse, Speere und Nahkampf, auch am linken Flügel verbluten sich die Alemannen, die römische Kriegskunst wog die Übermacht auf. Ihre todesmutige Tapferkeit zerschellt an der organisierten Disziplin der Römer. Schon muß die Reitertruppe zurückweichen, weil die Pferde vor den Bergen von Leichen scheuen — die Alemannen liegen übereinander, wie hingemäht.

Jetzt schrillt das verzweifelte Geschrei der Frauen auf, die hinter der Front ihre primitiven Wagenburgen bil-deten — sie sehen die Schlacht um Argentoratum verloren, die Mütter reißen ihre Kinder an sich, Mädchen halten Waffen bereit, sich den Tod zu geben, ehe ein Römer sie anrührt. Aber auch damit hat der Feind gerechnet und ist schneller. Sie machen reiche Sklavenbeute. Einen halben Tag dauerte die Schlacht.

Der Rhein nimmt die Fliehenden auf — doch die Römer zielen gut, zischend bohren ihre Speere die Ertrinkenden in Grund. Rot rinnen die Fluten nordwärts, rot von Germanenblut. Zweihundert alemannische Fürsten werden gefesselt ins Lager geführt. Was unter den Feinden nicht verwundet ist, schanzt bald als Sklave an den Wällen.

Der Kohortenführer Viktor bekommt Kommando, den Cäsar ins Quartier zu geleiten und die Leibwache zu übernehmen. Von seiner Kohorte fehlen zwanzig Mann, nicht alle davon sind gefallen, sie haben mehrere Verwundete abzutransportieren. Viktor selbst scheint verstimmt, weil er unverletzt blieb, während seinem Freund Mallosus von einem Schwerthieb der Unterkiefer zerschmettert wurde. Er bringt ihn selbst ins Feldlazarett.

Draußen klingt das Geschrei der siegreichen Truppe: ,Salve, Cäsar!' Sie umjubeln Julian. Ammianus Marcellinus vollendet stolz, wenn auch übermüdet, seinen Heeresbericht. Irgendwo steht im Lager die Braut des Alemannenfürsten Agenarich dem Dichter-Präfekten Ausonius gegenüber, weiß wie der Tod, gewillt zu sterben. Aber der denkt an Leben — bald wird er zurückkehren können in eine befriedete Garnisonstadt, den Palast in der Kaiserstadt Trier neu aufzubauen. Diese Latein sprechende hochgeborene Sklavin soll ihm die Langeweile in den zu erwartenden kampflosen Zeiten vertreiben helfen. Julian hat ihm das Mädchen als Beuteanteil geschenkt.

Er selber scheint unempfindlich für die Schönheit eines Weibes. Sogar beim Wein der Siegesfeier denkt er einzig an die kommenden Schlachten, die ihn noch erwarten.

Nein, nicht allein Oberrhein und Niederrhein, nicht Alemannensass und Argentoratum — auch der äußerste Norden muß zurückgewonnen und gesichert werden. Den gesamten Rheinlauf will er wieder zu Roms Bollwerk machen. Daher bewahrt er kühlen Kopf im Siegestaumel seiner Legionen.

Es ist nicht Bescheidenheit, sondern verbissener Ehrgeiz, der ihn bewogen hat, Order zum Maßhalten zu geben.

Es gefällt ihm, daß sein Kohortenführer Viktor ebenso zu denken scheint.

Unter den Offizieren, die ihrem Cäsar überschwenglich Heil wünschen, fällt er auf durch die sparsame Zucht seiner Worte. Und doch war er es, der mit seinen Männern den Leibschutz des Cäsars übernahm. Nicht mehr so offenkundig wie vor Colonia Agrippensis warf er sein Leben in die Schanze, er schien sich stärker zurückzuhalten. Aber Julian ist Kriegsmann genug, zu beobachten, wie der Primipilus jeden seiner Leute zu kämpfen hieß, daß dem Feldherrn kein Haar gekrümmt werden konnte. Immer wieder schlossen sie den Ring um ihn. Ein Wink Viktors, ein Blick seiner Augen genügte. Was für eine Macht strömt das Wesen dieses jungen Offiziers aus, daß sie ihm bedingungslos gehorchen?

Nein, er wird sich nicht die Blöße geben, wieder zu fragen und zu forschen, welche Beweggründe Viktor leiteten, aber Julian nimmt sich vor, den Mann still zu beobachten. Sein Handeln spricht mehr, als seine Worte erkennen lassen.

Während sie hier vor Argentoratum im Quartier sind, bemerkt er, wie Viktor geliebt wird von seinen Männern. Julian macht die Probe aufs Exempel. Vor versammelter Mannschaft spricht er dem Kohortenführer Lob aus und betont, daß er sich überlege, Viktor ehrenvoll zu versetzen und zum Legionsoffizier einer alten kampfbewährten Legion zu ernennen.

Er braucht keine Umfrage zu halten — an den sich verfinsternden, nahezu drohend blickenden Gesichtern hat er Antwort genug. Er wird sich hüten, damit ernst zu machen. Unzufriedene Soldaten kann er jetzt nicht gebrauchen; hat er doch selbst den größten Nutzen, wenn Mannschaft und Offiziere untrennbar sind.

Wenn er Viktor selbst sprechen will, so findet er ihn in diesen Wochen am sichersten im Lazarett. Der Mann scheut sich nicht, Sklavenarbeit zu verrichten, dabei kümmert er sich keineswegs nur um den verwundeten Freund. Wie ein Feldarzt ist er bald bei diesem, bald bei jenem, tut Handreichungen, für welche auch die Ärzte ihre Hilfssklaven haben. Das ist sein Christentum.

Julian hat in seiner Jugendzeit oft genug beobachtet, mit welch selbstloser Hingabe diese Christen Bruderliebe üben. Er schätzt ihre Handlungsweise hoch, wenn er ihrer Lehre auch ablehnend gegenüber steht. Ja, was ihm vorschwebt wäre ein Neuhellenentum, das die positiven Züge des Christentums in seine Götterlehre einbeziehen würde. Welch edle Menschlichkeit müßte daraus erwachsen!

Der Gedanke bewegt ihn schon lange — die Geistigkeit des Hellenismus — die Barmherzigkeit des Christentums — miteinander zu vereinen.

Er muß mit Viktor darüber sprechen, sofort!

Rasch tritt er ihm in den Weg, als er gerade aus dem Lazarett kommt, einen Exkrementekübel in der Hand, um ihn im Seitengraben zu entleeren. Ohne Verlegenheit steht er in dieser Situation da.

„Mein Cäsar?"

„Warum tust du das, Primipilus, haben wir nicht genug Gefangene gemacht, die dir diese Arbeit abnehmen könnten?"

Viktor lächelt ihn an. „Es wäre schade, wenn mir einer bei diesem Dienst zuvorkommen würde."

„Du siehst eine Ehre darin, den Verwundeten zu dienen?"

Viktors Augen leuchten auf. „Jawohl, mein Cäsar."

Der mustert ihn schweigend. Dann:

„In dem Zelt, aus dem du kommst, liegen auch unsere ehemaligen Feinde. Ich hörte, daß du sie vom Schlachtfeld auflesen ließest. Nein, glaube nicht, daß ich dir Vorwürfe machen will. Es gefällt mir. Ich möchte sogar, diese Gesinnung würde Allgemeingut der Legion. Glaubst du, sie könne rein menschlich — ohne Anlehnung an religiöse Ideale — der Truppe nahegebracht werden?"

Viktor setzt den Kübel nieder, legt die Hände auf den Rücken, ganz Abwehr! „Nein, mein Cäsar, das glaube ich nicht."

„Weshalb nicht?"

„Du könntest bei heidnischen Soldaten solche Handlungen befehlen — aber es gehört etwas mehr dazu, als der bloße Befehl."

„Was!" — Ihre Blicke sinken ineinander.

„Liebe, mein Cäsar."

„Also doch die christliche Liebe?" fährt der auf.

Viktor nickt. „Ja, in der Schlacht genügt der Gehorsam — für eine Gefolgschaft, wie du sie wünschest — brauchst du die Liebe Christi!"

Julian beißt sich auf die Lippen.

„Und die, glaubst du, könne ein edler Heide nicht besitzen? Du bist im Irrtum, Viktor. Ich werde dir beweisen, daß eine solche Verschmelzung christlicher Barmherzigkeit und heidnischer Zucht wohl möglich ist! Du hältst mich — nach meiner Rede in Sens, für einen Verächter des Christentums — stimmt das?"

Viktor überlegt.

„Wenn du die christliche Liebe bejahst, mein Cäsar, so könnte ich dich nicht dafür halten."

„Du hast recht. Wenn das Christentum bereit wäre, Toleranz zu üben, von seiner Fülle dem Heidentum mitzuteilen, aber auch seinerseits vom Heidentum anzunehmen, ohne es zu bekämpfen — welche herrliche Zukunft könnte uns und der Welt bevorstehen! Nicht mehr Kampf der Religionen um die Macht, sondern Einheit der Götter und der Menschen."

Viktor ist ernst, schimmert wirklich etwas wie Mitleid in seinen Augen?

„Ich verkenne nicht, daß du Gutes planst, mein Cäsar — aber es wird undurchführbar bleiben."

„Weswegen —" herrscht er ihn an, aber mit brennender Spannung im Blick.

Viktor: „Weil es nur *eine* Wahrheit gibt. Sie läßt sich nicht mit Irrtum und Trug vermengen."

Das Blut beginnt dem Cäsar zu sieden, er bezwingt sich.

„Also doch Intoleranz des Christentums, dein Gott ist unfähig, mit anderen Göttern irgendwie zu paktieren und sei es der edelste Bund unter der Sonne?"

Viktor nickt. „Gott kann nicht mit den Götzen eins werden — selbst dann nicht, wenn ihre Anhänger sich zur christlichen Liebe bekennen würden. Die Wahrheit muß ihr vorausgehen. Denn nur sie führt zur echten Liebe."

Der Cäsar:

„Ich bestreite, daß es nur eine Wahrheit gibt und noch mehr, daß ihr Christen sie allein besitzt. Es gibt Götter, welche viele Züge mit Christus gemeinsam haben — ich denke an Mithras-Helios. Hast du von diesem strahlenden Lichtgott vernommen?"

Viktor lächelt. „Ich fand seine Heiligtümer nahezu in allen großen römischen Lagern und Städten. Ein mit dem Stier kämpfender Gott, der alljährlich die Nacht besiegt, ging aus heidnischem Sonnenkult hervor. Er hat mit dem ewigen Licht, das uns heimsuchte, nichts gemeinsam."

Der Cäsar tritt näher.

„Aber mit mir! All meine Schlachten hat er gelenkt — meine Siege verdanke ich Helios allein. Nicht zu dem Galiläer habe ich gebetet — sondern zu Mithras. Dieser Gott wird die Weltenwende einmal bestimmen, sieghaft wie die Sonne. Dies schließt nicht aus, daß ich ein guter Christ bin, indem ich Barmherzigkeit übe, weil sie mir gefällt."

Viktor sieht den Cäsar lange an — wie bleich der ist, er spricht aus innerster Erregung. Wieder regt sich das Herz in ihm. Könnte er doch dem Irrenden die Wahrheit vermitteln, von der er selbst glüht!

„Mein Cäsar", sagt er leise, „du willst Barmherzigkeit üben und doch die größte Erbarmung Gottes leugnen, die darin besteht, daß uns Christus als die Sonne der ewigen Wahrheit erleuchtete?"

Der Cäsar starrt ihn an — fast bezwungen von der inneren Glut, mit der sein Offizier spricht.

Da bäumt sich sein Stolz auf — ein ungelehrter Kohortenführer, der seinen Geist in Judenschulen formen ließ! Hätte er noch in Athen studiert! Er wendet sich schroff ab.

„Spare dir diese Traktate für deine Batavertruppe!"

An diesem Abend gibt Viktor seinen Leuten eine neue Parole:

Sie lautet: ,Justitia et misericordia!'

Gerechtigkeit und Barmherzigkeit. Und er erklärt seinen Leuten kurz, wie sie diesen scheinbaren Widerspruch erfüllen können.

„Laßt uns so leben, daß unsere heidnischen Kameraden erkennen, Christus ist gekommen! Er brachte uns nicht nur die Gerechtigkeit Gottes, sondern mit ihr die Barmherzigkeit. Laßt uns gerecht sein gegen unseren Feldherrn — aber auch barmherzig, denn ihr kennt seine Herkunft und das Los seiner Kindheit. Laßt uns gerecht sein gegen unsere Brüder, sie haben keine Schuld, wenn sie den Weg noch nicht zu unserem Herrn fanden, seht mit Barmherzigkeit über ihr Versagen weg. Zum Schluß aber fordere ich Gerechtigkeit und Barmherzigkeit für jene, die durch diese Kämpfe unsere Sklaven wurden. Sie sind Kinder Gottes, wie wir."

Dann macht er groß das Kreuzzeichen zum Abendgebet.

Irgend jemand unter den Männern muß diese Ansprache guten Sinns auch den Verwundeten im Lazarett übermittelt haben.

Mallosus nimmt seinen Freund beiseite.

„Hör, Viktor, — ich habe Sorge um dich. Du warst unbesonnen."

Der Centurio setzt sich auf die Lagerkante und macht eine beschwichtigende Geste. Er mußte erraten, was Mallosus sagte. Nur mit großer Mühe kann er Worte formen, sein Unterkiefer ist geschient und bandagiert.

„Laß, Mallosus, ich mußte Klarheit schaffen. Unsere Leute meuterten, weil der Cäsar auf die Verwundeten im Rhein schießen ließ. Er ist Heide. Ich bezweifle, daß er den Befehl gab. Trotzdem muß ich auch für ihn Gerechtigkeit und Barmherzigkeit fordern."

Mallosus hebt die Hände, macht eine abwehrende Bewegung:

„Den entschuldigst du noch?"

Viktor beschwichtigt ihn. „Rege dich nicht auf, Mallosus,

ich komme von einem aufschlußreichen Disput mit dem Cäsar, er steht dem Verständnis wahrer Barmherzigkeit nicht fern, Julian ersehnt sie sogar — aber er will sie ohne Christus."

Mallosus zwingt sich zum Sprechen, mühsam:

„Warum — folgen wir ihm dann?"

Viktor: „Gott hat uns an seine Seite gestellt, wir wissen noch nicht warum, aber wir müssen bereit stehen, jetzt doppelt wachsame, ernste Christen zu sein."

Mallosus buchstabiert mit den Händen: „Den überzeugst du nicht!"

Viktor lächelt. „Ich bilde mir nicht ein, daß ich dazu berufen sei, aber irgend etwas, das mit diesem Cäsar zusammenhängt, — und mit uns, steht in Gottes Vorsehung, einmal werden wir es deutlicher erkennen. Bis dahin müssen wir sehen, daß wir stark bleiben. Ich wünschte, wir zögen wieder über Augusta Treverorum zurück, uns neue Kraft zu holen für alles Bevorstehende an der Seite dieses Mannes."

Mallosus schaut ihn stumm an. Da ist wieder Viktors unbegreifliche Demut, soeben hat er seine Männer aufgerichtet und nun spricht er davon, daß er selbst Schwäche kennt. Er weiß, was sein Centurio vorhat:

In Trier erhebt sich eine der ersten Kirchen der Rheinlande, dort sind Presbyter, da ist ein Bischof. Man kann beichten, den Leib und das Blut des Herrn empfangen. Stärkung, ja!

Auch Viktor ist sehr ernst geworden, Schatten spielen um seine Augen. „Mallosus, zuweilen meine ich, es ginge über meine Kraft — mit ganzem Herzen Soldat zu sein, der seinem Feldherrn Treue gelobte — und zugleich Christi Gefolgsmann zu sein. Sauerteig werden in der Welt unter heidnischen Heerhaufen, — das ist eine sehr schwere Aufgabe."

„Deshalb Vorsicht, Viktor — wir sind nicht die einzigen — die —"

Viktor zwingt ihn zum Schweigen, das Sprechen verursacht dem Verwundeten große Qualen. Der Centurio versteht ihn ohnehin. Namen, die sie nicht auszusprechen brauchen, brennen in ihren Herzen: Mauritius, Gereon, Florentius, Georg, Theodor, Cassian und viele andere mehr.

Alle waren sie Soldaten, die der christliche Glaube eines Tages in Widerspruch brachte zu den Befehlen ihrer heidnischen Cäsaren. Dann nahmen sie den Tod auf sich. Und seine Kohorte trägt die Ehrenschilde der Thebäer, kreuzgeschmückt. Viktor sieht, sein Freund ermüdet, auch die anderen Verwundeten drehen sich zur Seite, suchen Schlaf. Er erhebt sich.

„Ora pro me, Mallose!"

Wo werden die nächsten Schlachten geschlagen, in denen er töten muß, weil der Cäsar befiehlt, während sein Herz das Leben für alle ersehnt, die da fallen?

Fast scheint es, als solle sich etwas aus dieser Sehnsucht erfüllen. Nach letzten schweren Vorstößen über den Rhein, die den Strom bei Moguntiacum (Mainz) vollends vom Feind befreien, kommt eine Abordnung alemannischer Fürsten ins Römerlager.

Frieden — endlich Frieden? Einen Waffenstillstand von zehn Monaten schließt Julian mit ihnen ab, da sollen sie erst beweisen, daß es ihnen mit dem Frieden ernst ist. Seine Schlachten haben sie viel zu sehr geschwächt, als daß man ihre Aufrichtigkeit bezweifeln könnte.

Und die Soldaten im Lager lassen die Pokale kreisen: „Pax, pax! Ex!"

Auf den Frieden. Sie lachen und singen — Jetzt geht es bald in die fröhliche Garnisonstadt Lutetia zurück, hoffentlich noch ehe die Sequana (Seine) Eis führt! Ein scharfer Winter steht bevor — aber der Cäsar läßt sich durch seine Vorboten nicht in seinen Plänen beirren. Es wird Dezember, ehe das Heer den Rückmarsch nach Gallien antritt, sie marschieren jetzt die Route über Colonia Agrippensis — Juliacum — Traiectum.

Plötzlich Alarm — die Hörner schmettern Kriegssignale. Ein Überfall?

Schon lange hörte man von Aufständen und Plünderzügen der salischen Franken in Toxandria (Brabant). Sofort fahren die Schwerter aus der Scheide. Entschlossen treibt Julian die Seefranken in zwei Forts zurück, die sich hinter dem breitströmenden Fluß bergen.

Sturmangriff? Unmöglich —, die Maas hat Eisgang, eine Blockade für Freund und Feind, man muß sie zum Verbündeten machen, nicht zum Gegner. Also befiehlt der Cäsar Belagerung.

Wann wäre das vorgekommen in der Kriegsgeschichte? — Jeder kluge Feldherr würde den Soldaten im Winter eine wohlverdiente Ruhepause gönnen. Julian schont weder sich noch die Leute.

Sieben Wochen härteste Disziplin — sieben Wochen Eiseskälte, Hunger und Krankheit — dann fallen die Forts. Auch die Seefranken haben die Macht des jungen Cäsars erfahren und ergeben sich. In Ketten schickt Julian ihre Anführer zum Kaiser.

Jetzt endlich befiehlt er Aufbruch nach Lutetia!

Es war höchste Zeit, die Stimmung unter den Soldaten wurde mit jedem Tag schlechter. Wäre nicht Viktor mit seiner Prätorianerkohorte gewesen, die allen ein Beispiel der Geduld und Ausdauer gab, — der Cäsar würde jetzt nicht daran denken können, im nächsten Sommer sämtliche alten Forts und Castelle am Niederrhein wieder ausbauen zu lassen.

Die ständige Bedrohung durch die Seefranken muß ein Ende nehmen, — die alte Schiffahrtslinie nach Britannien gesichert werden. Niemand möge sich darüber täuschen, auch jetzt erwartet sie nicht Wohlleben in Lutetia — sondern weiterhin ohne Unterbrechung Ausbildung für den Krieg. Viktor murrt nicht, als eine Feldübung die andere hetzt — er ist dankbar dafür, daß seine jungen Bataver nicht die Gefahren des Etappenlebens kennenlernen.

Und es ist keine Geländeübung, zu der Julian schon im Mai des anderen Jahres aufruft. Seine alte Taktik — der Überraschungsangriff — soll sich wieder bewähren. Kein Mensch an Maas und Schelde denkt in dieser Zeit an Kampf.

Urplötzlich — fast im Schlaf werden die Seefranken überrumpelt — gellt der Schrei: ‚Römer im Land!‘ Sie werden überrannt, überwältigt, ehe sie sich zur Schlacht sammeln konnten. Julian zwingt sie, den Friedensvertrag zu unterschreiben, dann überschreitet er ohne Zögern die Maas und unterwirft den zweiten aufständischen Stamm der Chamaven. Krieg und Sieg sind eines.

Viktor kämpft weiter an der Seite des Cäsars, achtet nicht auf das Murren der gallischen Truppen, die für den großen Plan der Rückgewinnung der gesamten Rheinlinie keinen Sinn haben.

Die Prätorianerkohorte hat sich nicht geschont. Ihre Verluste sind gestiegen — insgesamt blieben zwanzig Tote auf den Schlachtfeldern, sie sind nur noch dreihundertunddreißig Mann. Wird der Cäsar sie nun bald einer der ruhmreichen Legionen einordnen?

Julian scheint andere Sorgen zu haben. Zweihundert in den Häfen faulende Feindschiffe bringt er auf Dock, läßt sie herrichten und befiehlt den Bau von vierhundert neuen. Nie wieder sollen die räuberischen Seefranken leichtes Spiel haben, diese wichtige Rheinstrecke des Imperiums zu blockieren.

Und jetzt sehen die Soldaten staunend, was er im Sinne hat.

Die Flotte sticht nach Britannien in See — sichert den Nachschub an Lebensmitteln für ganz Gallien — der Cäsar aber marschiert zum Niederrhein, ihn neu zu befestigen und so den Plünderungszügen der Seefranken einen Riegel vorzuschieben.

Drei Legionen wirft Julian dorthin, die Grenze zu halten — drei alte Römerkastelle stehen ihm zur Verfügung:

Tricesimae, das erste, ist der Standort der dreißigsten Legion seit vielen Jahrzehnten. Es liegt nördlich vom ehemaligen Lager Vetera (Birten bei Xanten); eine weitere Legion stationiert er nach Quadriburgium (Qualburg bei Kleve), und die bewährte zehnte Legion verlegt er weit nördlich nach Castra Herculis bei Noviomagus (Nijmegen).

Nun ist der Rhein wieder frei und gesichert von Moguntiacum (Mainz) bis an die Maas und Scheldemündung. Der römische Adler fliegt, so weit ihn seine Flügel tragen, niemand hindert den Flug zur Sonne.

Viktors Kohorte ist nicht die einzige, die danach in ein Etappenlager entlassen wird und doch spürt er genau, daß es keine zufällige Entscheidung ist, die der Cäsar trifft, als er die Prätorianerkohorte ehrenvoll nach Tricesimae beordert. Sie hat ihre Aufgaben zu seinem persönlichen Schutz erfüllt — kriegerische Handlungen sind jetzt nirgendwo im Norden mehr zu erwarten — die Soldaten haben ihre Ruhe verdient.

Wahrhaftig, nach außen hin sieht es aus, als habe sich im Verhältnis des Cäsars zu seiner Prätorianerkohorte nichts geändert. Es ist so Brauch, daß die Kriegslegionen sich nach Feldzügen in den großen Lagern den Freuden des Garnisonlebens hingeben.

Aber warum schickt er die Kohorte gerade nach Tricensimae? Das Lager hat in der Geschichte des Imperiums keinen guten Leumund. Wenige Meilen davon entfernt stand früher das alte Römerkastell „Vetera". In römischen Ohren klingt sein Name schlecht. Dort wurden im Jahre siebenzig durch den aufständischen Bataverfürsten Claudius Civilis zwei ganze römische Legionen niedergemacht, in den Boden gestampft, und was der Barbarenwut entkam, ertrank in den Hochfluten der von Civilis durchstochenen Rheindeiche. Das Lager wurde nicht wieder aufgebaut. Tricesimae, die 30. Legion, fand in seiner Nähe eine neue Garnison.

Seine Lage ist nicht übel, finden die Legionäre, ganz in nächster Nähe gen Nordosten hin streckt sich die Bürgerstadt Colonia Ulpia Traiana aus, von den Soldaten kurz „Traiana" genannt. Dort läßt sich gut leben, es gibt hier allen Luxus, den man auch zu Rom findet. Sogar ein ordentliches Amphitheater steht zur Verfügung und ein zweites, eigens für die Garnison, dicht bei Vetera. Das langt für ihre Ansprüche.

Warum also blicken sich die Unteroffiziere schweigend an, als die Order bekannt wird? Kommen sie sich verbannt vor? Rühmende Worte hat der Cäsar zum Abschied für die Kohorte gefunden, den Primipilus mit einem neuen Brustschmuck bedacht — aber er selbst zieht mit einer persönlich zusammengestellten Schutztruppe an den Oberrhein zurück.

Die da werden also in Lutetia die Lorbeeren ernten, während die Prätorianerkohorte ihre Verluste zählen kann?

Viktor wehrt ab, als seine Männer ihn wütend umringen, Erklärung wünschen für diese Schmach. Hatten sie es nach allen Kämpfen nicht verdient, mit dem Cäsar ins glanzvolle Lutetia einzuziehen?

Viktor lächelt.

„Männer! Hat euch unser Feldherr wirklich gesagt, wir hätten Ehrungen zu erwarten?"

Der oberste Feldherr — nein, das ist nicht Julian — Viktor spricht von Christus immer so, als sei er lebendig zugegen, als empfange er täglich die Order von ihm. Das ist das Mitreißende an Viktor. Er lebt, als ob er nicht nur glaube, sondern bereits wisse.

Sie werden kleinlaut vor diesem Lächeln unzerstörbarer Zufriedenheit. Am Ende hat er es sich gar so gewünscht, verbannt zu werden in den äußersten Norden des Imperiums, in eine unwegsame Bruch- und Waldlandschaft, wo sich die Füchse gute Nacht sagen?

„Unsere Aufgabe hat begonnen", sagt er jetzt ruhig, „denn nicht allein im Kampf bewährt sich der Soldat, wo das Beispiel der Kameraden mitreißt und die Ehrsucht ihren Anteil am Ruhm hat. Auch im Frieden soll er beweisen, daß er ein Mann der Zucht ist. Dies erwarte ich hier von euch, gerade weil wir zerstreut wurden unter die Heiden."

Er spürt, daß er seine Männer enttäuscht zurückläßt, aber jetzt gilt es, hart zu sein, sich nicht weichlich zu bedauern, weil die Aufgaben, die man erwartete, anderen zufielen. Diese jungen Leute müssen lernen, sich selbst zu besiegen, das steht klar vor ihm und er verteidigt seinen Standpunkt vor Mallosus.

Bedenklich wie immer gibt ihm der Freund zu erwägen, was für eine Prüfung es bedeuten könne, die kampfgewohnten Männer plötzlich in eine entlegene Garnison zu schicken, in der alles zum Wohlleben, zur Sattheit und Trägheit verführt. Sie werden wenig zu tun haben, das sieht auch Viktor ein.

Die dreißigste Legion war vor ihnen hier und behauptet sicherlich ihre Rechte. Sie sind ein lästiges Anhängsel für die Truppe, nur unbedeutende Aufträge werden deren Offiziere an die versprengte Kohorte weitergeben. Und Viktor weiß aus Erfahrung, wie Müßiggang die besten Charaktere zermürben kann. Jetzt heißt es wachsam sein.

Mallosus nimmt ihn beiseite:

„Überlege, was es bedeutet, Viktor, unsere Männer glauben sich vom Cäsar verraten, sie sind in ihrer Ehre gekränkt. Auch die Centurionen der Tricesimae wissen, daß man uns abgeschoben hat; es wird an Hänseleien nicht fehlen. Wir haben viele Demütigungen zu erwarten.“

Viktor nickt.

„Gerade die gilt es für einen Christen zu bestehen. Oder glaubst du, im glanzvollen Lutetia — im Taumel der Siegesfeiern seien die Gefahren wirklich geringer?“

Mallosus schweigt betroffen. Das ist wahr. Vielleicht können sie hier in der Entlegenheit die Zucht besser hochhalten als im leichtlebigen Lutetia, wo die schönsten Frauen Galliens die ruhmreichen Römer empfangen werden. Traiana ist eine reine Veteranen- und Bürgerstadt. Schon im Jahre 100 gegründet, erhielt sie bald die Stadtrechte. Seitdem hat sie sich rasch entwickelt und eine Bedeutung für das ganze nördliche Germanien erhalten.

Wahrhaftig, die Gegend ist nicht so öde, wie es den Anschein hatte! Am nächsten Tag schwärmen Viktors Leute das erste Mal von der Garnison aus durch die Straßen, neugierig alle Gelegenheiten zu Abwechslung und Zerstreuung ausmachend. Natürlich weiß man schon im Traum, wie so eine Truppenunterkunft angelegt ist. Sie sind sich alle gleich, wohin man kommt, sofort erkennt man die ehemalige Castra, den Lagerplatz, nach strengen Maßen trapezförmig angelegt um das riesige Viereck turmbewehrte Mauern gezogen mit vier Ausfalltoren, an jeder Seite eines. Da geht man lieber zur Bürgerstadt hinüber.

Wenn es weiter keine Abwechslung gäbe, als die Binnenhöfe der Torwachen und die sechs sich schnurgerade kreuzenden Straßen entlang zu schlendern, so bliebe einem noch das Vergnügen, in Traiana die Thermen zu besuchen, die im Südwesten der Stadt liegen. Die Soldaten haben es gleich heraus, daß dieser Prachtbau auch dem einfachen Mann mit allem Luxus zur Verfügung steht.

Alles vorhanden, was sie von Rom her gewohnt sind: Warmbäder, Heiß- und Kaltbäder, große Schwimmbassins und Sporthallen! Sie sind schon versöhnter mit Traiana, als sie dort herauskommen.

Schließlich kann man auch am Rheinarm entlangwandern, zum nordöstlichen Stadttor hinausgehen und den Hafen besichtigen. Alle Achtung, dort ist Betrieb und Leben! Eine breite Bohlenbrücke führt von Traiana her zum Rheinhafen, wo die Schiffe von Noviomagus (Nijmegen) und Londinium (London) anlegen; Weizen und Schlachtvieh haben sie zu löschen.

Andererseits stechen Römerschiffe ab, die mit den Produkten der Tegularia Transrhenana befrachtet sind, der römischen Ziegelbrennerei, welche leider die Luft über

Traiana verstänkert, besonders wenn Westwind weht. Rötlichbraun lagert dann aus den Schornsteinen der Qualm über Dächer und Häuserblocks hin.

In zweiundvierzig Quartiere ist die Stadt eingeteilt; auch das haben Soldaten rasch festgestellt. Sie wissen bald wo die schönsten Mädchen zu Hause sind, Römerinnen, und die eingeheirateten Germanenmädchen der hier ansässigen Cugerner, Brukterer und Sugambrer.

Auch Sklaven laufen einem immerfort vor die Füße, besonders jene, die in der Ziegelbrennerei beschäftigt sind; das Werk hat sich schon weithin Ruhm erworben. Die Produktion von Traiana wird den ganzen Rhein entlang begehrt, sogar aus dem Ausland kommen Frachtschiffe.

Nein, keine absolut langweilige Stadt, wie es erst schien. An den vielen Göttertempeln gehen die Soldaten Viktors rasch vorüber.

Einen Mithrastempel gibt es im Stadtzentrum, den der Cäsar Julian sehr gelobt hat, verehrt er doch Mithras-Helios, seinen Lichtgott, an erster Stelle vor vielen Göttern. Aber auch Mars und Diana sind mit beachtlichen Standbildern bedacht. Die Stadtpriester von Traiana wachen auch über die Erfüllung des Kaiserkults, sie haben ihre eigenen Villen.

Einen ganzen Tag lang hat man vollauf zu tun, die vornehmen Häuser anzustaunen, mit ihren Säulengängen und Lichthöfen. Da ist die Schola, zu deren Wiederaufbau nach dem Stadtbrand Schieferbrüche aus weiten Fernen herangeholt wurden; vor ihrem lichten Forum sammeln sich Gruppen von Soldaten, sie zu bewundern.

Dann steht da noch der Prachtbau des Prokonsuls, vor dem die Standarte der dreißigsten Legion weht.

Sie sehen ihren Centurio-primipilus dort seine Anmel-

dung machen und sind froh, nicht in seiner Haut zu stek-
ken. Man weiß nie, ob man nicht von vornherein einen
Feind antrifft, wenn man so willkürlich, wie es bei der
Prätorianerkohorte der Fall war, in ein neues Quartier verlegt wurde. Veteranen sind mißtrauisch gegen junge sieg-
reiche Legionäre. Vor dem Tor stehen die Soldaten und
buchstabieren den Namen des Gewaltigen:

Clemens Severus Publius — man wird ihn sich merken
müssen, hat er doch in Friedenszeiten alle Macht in seinen
Händen; auch die Legionsoffiziere sind ihm untergeordnet.
Weiß einer, was für ein Mann das ist? Die Namen des
Legaten und der Dekurionen (höheren Stadtbeamten) wird
man doch erst nach längerer Zeit intus haben, die interessieren auch einfache Mannschaften nicht.

Was sie aber allesamt überwältigt an dieser Stadt, das
ist das große Amphitheater im Nordosten. Stolz über der
Rheinebene liegt es da mit gewaltig aufragenden doppelten
Torbogen.

Das Herz schlägt ihnen höher, wenn sie an die kommenden Festspiele denken. Freilich ist es ihnen durch Viktor
streng untersagt, ohne direkten Befehl von oben an den
Menschenschlächtereien der Gladiatorenspiele teilzunehmen — aber einfache Wagenspiele oder Tierhetzen wird
er ihnen wohl gestatten.

Wenn sie auch nur romanisierte Bataver sind — die
Schwäche der Römer teilen auch jene, die ihnen unterworfen sind; die großen Spiele bilden in den langen Wintern
ja die einzige Abwechslung des Garnisonlebens. Jetzt
liegt das Theater verödet da — schweigend, grau und still
unter der Last des herbstlichen Himmels, aber bald wird
es lebendig dort sein.

Sie blicken einander verstohlen mit heimlich glänzenden

Augen an. Er wird es wohl nicht so genau nehmen, Viktor. Will er sie etwa hier versauern lassen? Womit sollte er sie auch beschäftigen? Direkt bei dem kleinen Amphitheater von Vetera hat man die Kohorte gelagert, dort ist nichts mehr los von Belang, Einzelkämpfe, Sport und Spiel für die Soldaten unter sich, mehr nicht.

Es heißt sogar, daß der Prokonsul es zu einer reinen Kultstätte ausbauen will — der Diana geweiht, Schutzgöttin seiner Tochter, die nach ihr benannt ist.

Einige haben es schon herausbekommen, sie soll eine Frau sein, schön wie eine Statue von Hellas und jung. Natürlich nichts für einen von ihnen, solche Wesen staunt man nur an wie Sehenswürdigkeiten. Sie wird sicher einmal einen hohen Beamten oder verdienten Legionsoffizier heiraten.

Die Frauen scheinen hier rar zu sein, das hat seine guten und schlechten Seiten. Sie sind keine verkommenen Kerle, die in der Etappe sofort alle Gelegenheiten ausmachen, Weibergeschichten anzufangen. Aber wenn man schon sozusagen „in den Veteranenstand versetzt wurde", dann will man heiraten, einen Acker bekommen und ein kleines Haus und die Frau, die dort hineingehört.

Wie steht es damit in Traiana?

Mallosus sagt es ihnen gerade heraus, als er von der Stadtbesichtigung zurückkommt.

„Die Straße X. von Traiana, die ich hier im Lageplan angekreuzt habe, ist ein Saustall. Haltet euch da raus, Leute! Nicht einen von euch will ich dort sehen. Denkt an Viktor, nicht nur an das, was er euch sagt, sondern was er euch vorlebt, tagtäglich."

Sie wissen Bescheid. Solche Straßen gab es in Lugdunum, in Mediolanum, in Vindobona, in Lutetia — überall wo

Heere zusammenkommen, finden sich die Laster ein, von denen man unter Christen nicht einmal reden soll. Aber sie werden um ihre Haltung ringen müssen, das ist klar.

„Sollen wir etwa den Saustall ausmisten? Oder was gibt es für uns hier zu schaffen?

Viktor sieht zuversichtlich aus, als er von seiner Vorstellung beim Prokonsul und Präfekten zurückkommt.

„Wir haben Jahre hindurch genug zu tun, ich bin froh, Kameraden. Der Cäsar hat vor seinem Abzug den Präfekten gebeten, uns den provisorischen Wiederaufbau von Vetera zu überlassen. Ja — wir finden keine fertigen Quartiere vor — die dreißigste Legion hat Tricesimae voll belegt, wie ihr ja schon gemerkt habt. Aber man stellt uns alles zur Verfügung, auf den Ruinen am Vorstenberg wieder aufzubauen."

Die Männer starren ihn an. Was soll das — müssen sie Sklavenarbeit tun für die feinen Herrn Offiziere der Tricesimae? Viktor winkt ab.

„Wir werden natürlich unsere Arbeitssklaven dafür bekommen, aber wir haben den Aufbau zu leiten und ich glaube, es schadet nichts, wenn wir uns jetzt daran erinnern, daß unser Herr, dem wir dienen, dreißig Jahre als Zimmermann tätig war, ohne eine Menge Sklaven um sich zu sammeln.

Ich meine, daß er sich nicht scheute, seine Hände gehörig schmutzig zu machen, den Leuten von Nazareth die Lehmwohnungen abzustützen und die Türen auszubauen."

Mallosus lächelt mit seinem zerschossenen Unterkiefer verzerrt in sich hinein. Geschickt von Viktor, ihnen dies zu sagen, denn bei Vetera gibt es so etwas, wie Nazareth einmal ausgesehen haben mag: Ein kleines Nest — eine Handvoll Bauernhöfe und Handwerksstuben, alt, uralt. Beurtina, Bertuna, so nennen es die Germanen in verschiedenen Dialekten und die römische Zunge mag wohl vor hundert Jahren einmal ‚Vetera‘ daraus gemacht haben, jetzt sagen sie Bertunum.

Diese Bauern haben immer römische Soldaten um sich gehabt und die glanzvollen Zeiten wie die elendigen miterlebt. Leider erinnern sie sich zu gut an zwei schmachvolle Wendepunkte um Vetera — den Übergang des Quintilius Varus ins innere Germanien, der gerade hier stattfand und eben die Katastrophe um Claudius Civilis. Keine Freude für junge Legionäre, unter dem Lächeln der Sugambrer zu wohnen, die auf einen dritten Hereinfall Romas warten vor ihren Toren.

Bauen sollen sie also, aufbauen. Für wie lange?

Will Cäsar Julian sie hier grau werden lassen?

Viktor beruhigt sie.

„Wartet ab, Männer. Der Cäsar muß sich genau wie wir, in Lutetia nun zuerst an den Neuaufbau und die innere Befriedung Galliens begeben. Aber er ist bestimmt nicht der Mann, der die Waffen seiner Legionen verrosten läßt. Eines Tages wird er uns rufen.“

Er spricht mit solcher Gewißheit, daß die Mißgelaunten unter den Männern die Köpfe heben. Weiß er mehr? Was hat er im Präfektenpalast erfahren?

Viktor wehrt ab.

„Nichts, als daß wir uns hier zu bewähren haben, wie ich es euch gleich sagte. Der Präfekt ist uns wohlgesonnen, ein ruhiger, bejahrter Mann von nüchternem Wesen. Er scheint gerecht zu sein, nach allem, was ich von ihm sagen hörte. Und klug — Klugheit und Gerechtigkeit im Bunde miteinander — haben noch immer wohlgetan.“

„Und die Misericordia?“ wagt einer hinzuwerfen, sich

an Viktors Losung nach der Schlacht von Argentoratum erinnernd, die dem Cäsar irgendwie zu Ohren gekommen sein muß, so daß er verstimmt wurde, wenn die Kohorte nur genannt wurde?

„Barmherzigkeit? Die werden *wir* hier einbürgern müssen, Leute, das Heidentum kennt sie nicht.

In diesem Zusammenhang warne ich euch noch einmal vor den Spielen im Amphitheater. Ich weiß, was ihr jetzt denkt. Seht euch um in der Landschaft — ein Paradies für Jagden! Nicht umsonst gibt es hier mehrere Altäre der Diana."

Das ist wahr, unübersehbar sind die Wälder in der Weite, die Bruchlandschaft des Veen, blau und grün schimmert es an Laub und Nadelwald, braun und golden von Torfmooren und Sümpfen, blau und silbern von verschilften Rheinarmen. Fischen und Jagen — ein friedliches Handwerk für Soldaten!

Sie kennen Viktors Vorliebe für die Jagd, können aber seine Begeisterung für die unwegsame Landschaft durchaus nicht teilen. Immer wenn es den Römern schlecht ging, haben sie sich in Germaniens Waldschluchten verirrt. Da bleiben sie lieber auf der großen römischen Heerstraße, die von Moguntiacum aus den Rhein entlang führt und hier vor Traiana im scharfen Winkel am Gräberfeld vorüberführt, bis nach Noviomagus. Aber ihre Mienen sind heller geworden. Sie wissen, daß Viktor nichts verlangen würde, wobei er nicht selbst anpackt.

Und so wird es schließlich nur ein neuer Sport für sie, den Sklaven, welche die Ziegel von der Transrhenana herbeischleppen, die Bauweise abzugucken und mit Kelle und Mörtel umzugehen. Sie wetteifern, wer unter ihnen die erste gerade Mauer zieht.

Viktor steht und lacht über das ganze Gesicht, helmlos, eine graue Arbeitertunika über dem Soldatenkoller, die Arme bis zu den Ellenbogen beschmiert, er ist fixer als die anderen und sie lassen ihm gern den Vorrang.

Tatsächlich ist es seine Mauer, die als Stirnwand der ersten Manipelkaserne ein solches Aussehen hat, daß der kritische Meister der Brennerei ein lobendes Wort sagen kann. Da greifen sie alle zu, mögen auch die Soldaten der Dreißigsten in der ersten Zeit nur dastehen und ihre Witze reißen.

Viktor ließe die Kasernen nicht so verfallen, wie es bei ihnen gang und gäbe ist; in den Marställen der Tricesimae kennen die Pferde kaum noch trockene Streu, so regnet es durch.

Der Prokonsul hört von den arbeitenden Soldaten und reitet eigens zum Vorstenberg hinaus, sich ihr Werk anzusehen. Von da an beginnt plötzlich auch bei den faulen ‚alten Knochen‘ der 30. Legion ein merkwürdiger Arbeitseifer. Wenn sie sich auch nicht so weit herablassen können, die Sklaven der Transrhenana-Fabrik um Ziegel anzugehen, machen sie sich daran, Bäume zu fällen und neue Blockbauten zu schaffen, die alten Marställe instandzusetzen.

In der Straße X. wird es von da an merklich stiller, die Soldaten haben zu tun, keine Zeit mehr für Abwege. Bald ist der Mann, der das zuwege gebracht hat, in aller Munde.

Es gibt manchen Viktor in Traiana, aber man meint nur noch den einen, wenn der Name fällt.

*

Im Thermenpalast ist Badetag für die weibliche Bevölkerung von Traiana; von überall her kommen die

Frauen herbei, lassen sich von ihren Sklavinnen Wäsche und Kosmetiktiegel nachtragen, beordern ihre Friseusen in die Kabinen. So ein Badetag ist der Haupt-Klatschtag jeder Woche, alle Neuigkeiten werden durchgesprochen.

Diana, die Tochter des Prokonsuls hat es von der Präfektenvilla nicht weit, trotzdem fährt sie im Cisium vor, (zweirädriger Personenwagen), sie muß ihre Freundin Lea aus der via praetoria abholen, wo sich die Amtsgebäude befinden, Paläste der Stadt-Dekurionen (höh. Beamten). Leas Gatte ist Bürgermeister von Traiana, er teilt die feudale Wohnung mit den Quaestoren. In den Sommermonaten freilich ziehen sie es vor, wochenlang auf ihren Landsitzen an der Küste zu wohnen, statt in der engen umfriedeten Kolonie.

Dekurio Sextus Secundius ist gerade aus der Erholung zurückgekehrt und hat eine Menge Arbeit vorgefunden. Also ist es ihm lieb, wenn seine schwatzhafte Frau heute zu den Thermen fährt.

Die Frauen der übrigen Beamten, besonders die tugendreiche Octavia Tullia, Gattin des Stadtrichters, schauen neidvoll dem Gespann nach. Daß der Prokonsul diesen Umgang seiner jungen Tochter duldet!

Lea ist dafür bekannt, die strenge Bürgerzucht, die er von Rom nach Traiana brachte, mit Fleiß zu untergraben. Böse Zungen tuscheln, der Dekurio habe alle guten Sitten, seine Frau aber alle Laster Roms eingeführt.

Allerdings, an Schönheit können die beiden Frauen sich messen, die junge Diana und die reife Lea. Kein Mann, der nicht den Kopf drehte, wenn das leichte Gefährt mit dieser Fracht vorüberrollt!

Sie haben die Sklavinnen vorausgeschickt, um ungestört plaudern zu können.

„Das Neueste, Diana? Natürlich ein Mann — und was für einer! So etwas habe ich in Traiana noch nicht erlebt. Ich bin mit Sextus zu ihm hinausgefahren. Wohin? Lebst du denn auf dem Mond? Na, dann mußt du die nächste Partie nach Tricesimae mitmachen. Viktor — ich sage nichts als: Viktor!"

Diana stellt sich gleichgültig. Natürlich hat sie von ihren Sklavinnen, die ebenfalls schwatzhafte Frauen sind, schon das Unerhörte erfahren. Ja, sie hat ihn sogar gesehen, vom östlichen Stadttor aus, als er vorüberritt. Kein Helmbusch brannte so rot wie seiner und keine Augen lachten je blauer in die Welt.

Aber sie wird sich hüten, ihr Geheimnis Lea anzuvertrauen. Dann weiß es morgen ganz Traiana.

Sie schürzt die Lippen.

„Ein junger Centurio mehr oder weniger! Die ausgefallenen Ideen werden ihm noch vergehen. Er will sich interessant machen, das ist alles. Spielt den Vorarbeiter, ein Offizier! Das Geschwätz wird bald einschlafen, wenn die Manipelkasernen unter Dach sind."

Lea begreift nicht, bei all ihrer Erfahrung ist Diana in ihrer achtzehnjährigen List ihr überlegen.

„Sonst warst du doch erpicht, frisches Blut im versumpften Traiana kennenzulernen. Warte nur, du kommst auch noch auf den Geschmack. Nicht nur, daß er blond ist wie ein Germane, er ist auch schön, wenigstens für meine Begriffe. Ein Mann wie Apollo."

Diana bringt die Pferde etwas zu heftig zum Stehen, sie bäumen auf im Geschirr, daß Lea sich duckt; aber sie weiß mit Pferden umzugehen, rasch hat sie die Tiere wieder beruhigt, wirft die Zügel einem Sklaven zu, der pflichtgemäß hier auf sie wartete.

Diana tut, als habe sie den überschwenglichen Lobpreis überhört, eilig geht sie mit Lea durch das klare, lichtvolle Atrium der Badeanstalt, ihr Sklave hat schon gezahlt, sie passieren ungehindert.

Im vorgewärmten Auskleideraum hocken sie sich nebeneinander auf die Steinbänke und lassen sich von ihren Dienerinnen behilflich sein; die Sklavin Silla steckt ihrer Herrin das blauschwarze Haar hoch und bindet es mit einer roten Seidenschleife fest.

Lea schaut etwas neidvoll zu. Ihr rotes Haar ist vom vielen Brennen kurz geworden, überall abgebrochen und halb versengt; aber sie liebt nun einmal die Lockenpracht, zumal man damit manche Schäden verdecken kann. Zum Glück kann sie über die feinsten Öle verfügen, das verbrannte Haar geschmeidig zu machen. An großen Festen merkt niemand etwas davon.

Aber Dianas Haarpracht ist etwas Ungewöhnliches, Silla vermag es kaum zu bändigen. Immer wieder löst sich ein Strang, Diana wird ungeduldig und stößt Silla beiseite.

„Mach, daß du fortkommst, du wirst jeden Tag ungeschickter. Komm, Lea, gehen wir."

Das Warmbad nimmt sie auf, der Körper gewöhnt sich an die Temperaturunterschiede. Auf ein heißes Bad verzichten sie heute, sie wollen ja plaudern. Ein paarmal machen sie die Runde durch das Schwimmbassin, dann hocken sie nebeneinander auf dem erwärmten Glanzkachelsims.

Rings an den Wänden schauen ihnen stumme Götterbilder zu, die besten Künstler Roms haben ihre Nachbildungen den Rheinschiffen anvertraut, damit es ihren Landesgenossen am fernen Niederrhein wenigstens in den Thermen heimisch werde.

„Und was hast du zu erzählen, Diana? Schnell, ehe die anderen Weiber da sind!"

Diana verschränkt die Arme und spielt mit der goldenen Schlange am linken Handgelenk; Amulette nimmt man auch beim Bad nicht ab und dieser Schmuck ist echt, er verträgt etwas.

„Ach — nichts — nur daß der Legat einen neuen Vorstoß bei meinem Vater machte. Diesmal mit Rosenknospen aus Argentoratum, eben mit dem Schiff gekommen und — haha — einem Bündel hinkender Jamben."

Sie lachen beide aus vollem Halse.

„Halte ihn dir warm, Diana, bis du ihn einmal brauchst, man soll keine Liebschaft kraß abbrechen. Männer erreichen etwas durch Verhandlungen, Frauen durch Liebschaften, laß es dir gesagt sein."

Diana zuckt die Schultern.

„Was habe ich schon zu erreichen? Wozu brauche ich einen Legaten als Verehrer? Asinius Crassus kann mir gestohlen oder nach Lutetia versetzt werden!"

„Der fromme Wunsch wird nicht in Erfüllung gehen; es ist bereits durchgesickert, daß der Cäsar unter seinem Hoftroß gewaltig aufgeräumt hat. Verweichlichte Kerle wie Asinius, die zudem ihr Amt nur durch Katzbuckeln und Schmeicheln erwarben, hat er mit eisernem Besen hinausgekehrt."

Diana läßt ihre Zehen im klaren Wasser spielen, als seien es Fische. Schon ein Gespräch um den Legaten ist ihr sterbenslangweilig.

„Gut, dann kann ich ihm auch einen Korb geben. Was der Cäsar nicht brauchen kann, ist auch der Tochter des Prokonsuls nicht wünschenswert."

„Sei nicht immer so radikal, Diana. Vielleicht läßt sich

der Mann noch einmal ganz gut für eine kleine Intrige verwerten, du wirst ja doch in höchste Kreise heiraten."

„Ich? Wenn mir keiner gefällt, heirate ich gar nicht."

Lea grinst.

„Willst du am Ende beim Tempel der Vesta um Aufnahme bitten? Noch hast du deine Verehrer in einem solchen gehörigen Abstand gehalten, daß dem jungfräulichen Tempeldienst nichts im Wege stünde."

Diana errötet, aber nicht aus Zartgefühl, immer muß Lea mit ihren Erfahrungen auftrumpfen! Gleich wird sie wieder darauf zu sprechen kommen, daß sie noch heute begehrt wird, als sei sie mit Diana im gleichen Alter. Mit ihren Ehebrüchen wird sie prahlen — ihren Skandalen!

Und sie — was hat sie dagegenzusetzen? Die törichten Liebesgedichte des Legaten und ein bißchen schwärmerische Huldigung von seiten älterer Offiziere, die nur Liebschaften für die Etappenzeit suchen.

Lea rückt näher.

„Hör, Diana, laß dir die Gelegenheit nicht entgehen. Dieser Viktor sieht mir nicht so aus, als habe er Vorkenntnisse im Studium der Frauen. Du brauchst ihn ja nicht gleich zu heiraten. Es wäre nur eine angenehme Abwechslung. Später, wenn du alles hinter dir hast, was deine Schönheit dir an Freuden bietet, kannst du dem Legaten immer noch die Hand reichen. Ich hätte zudem nicht übel Lust auf ein kleines Eifersuchtsdrama."

Diana läßt sich wieder ins Wasser gleiten, ihr ist zumute, als habe Lea mit Schmutz um sich geworfen, obgleich sie das innerlich nicht wahr haben will. Sie weiß nicht, was sie trotz gelegentlicher Abneigung immer wieder zu dieser Frau hinzieht.

Lea springt ihr nach und hält sich dicht an ihrer Seite.

„Soll ich dein Schweigen als Zustimmung nehmen?"

Diana wendet nicht einmal den Kopf.

„Und was hättest du dann davon?"

„Ich würde die Sache für dich einfädeln. Für ein Mädchen aus deinen Kreisen ist es immer schwer, an einen kleinen Centurio primipili heranzukommen."

Diana taucht, — ungeachtet des aufgebundenen Haares, in die Tiefe, aber nur, um nicht gleich antworten zu müssen. Sie bleibt mehrere Sekunden lang unter Wasser, daß Lea droben schon zu schreien anfängt. Dann taucht sie auf, lachend.

„Diana! Hast du mich erschreckt, ich dachte, du wärest ohnmächtig geworden."

„Kein Grund dazu, Lea. Ich gebe dir gleich den Beweis, wie lebendig ich bin."

Sie schwingt sich auf den Marmorrand des Bades und fragt mit funkelnden Augen:

„Hast du etwa Lust, diesen jungen Offizier in deine eigenen Netze zu ziehen?"

Bei Lea muß sie auf alle Schliche gefaßt sein, sie könnte gut das unerfahrene Mädchen vorschieben, um sich selbst an Viktor heranzumachen, das sähe ihr ähnlich. Dianas Gesicht brennt — ein rascher Blick der Frau genügt.

„Wunderbar! Du bist ja jetzt schon für ihn entflammt. Nein, mein Täubchen, mein Bedarf ist reichlich gedeckt. Ich gönne dir den jungen Mann. Wann soll ich ihn dir zu Füßen legen?"

Diana wirft den Kopf zurück.

„Spare dir die Mühe — ich —" sie verstummt, die Gattin des Stadtrichters tritt ein, das spärliche graue Haar unter einem Häubchen verborgen, gefolgt von zwei Sklavinnen, weil sie allein zu ängstlich ist.

„Gehen wir ins Kaltbad", flüstert Lea, „da kommt ja die ganze Klatsch-Corona von Traiana!"

Wahrhaftig, sie drängen sich alle durch das Portal.

Diana und Lea wechseln zu den kalten Duschen hinüber, obgleich Frauen, verweichlichen sie sich nicht. Sklavinnen stehen bereit, sie trocken zu reiben, anzukleiden, zu salben und zu schminken und letztlich die Frisuren wieder aufzubauen, dies in besonderen Kabinen.

Diana braucht kein Rot aufzulegen, das Bad hat sie erfrischt; nun fühlt sie sich von Wärme durchglüht, Lea läßt etwas Paste vom roten Schaum gekochter Weinbergschnecken auf ihre Wangen verreiben, vorsichtig, geschickt, damit niemand die künstliche Jugend merkt.

Dann streckt sie der Sklavin die Hände hin zur Maniküre; mit Henna färbt sie die Nägel blutrot. Als Diana es ihr nachtun will, wehrt Lea erschrocken ab.

„Nicht zuviel, Diana. Man kennt seinen Geschmack noch nicht — und er ist doch — durch seinen Umgang mit Batavern — ein halber Barbar. Ich habe den sicheren Eindruck, so ein Mann ist für Natürlichkeit."

Sie können ruhig offen reden, die beiden Sklavinnen wissen, bei Mangel an Verschwiegenheit droht ihnen Auspeitschung; sie werden sich hüten. Diana ist unsicher geworden.

„Meinst du? Sage mir einmal ganz aufrichtig, welche Farbe mich am besten kleidet."

„Da gibt es doch kein Überlegen! Das klassische Weiß für solch makellose Jugend!"

Durch ihren Hohn schimmert zuweilen etwas wie Wehmut, das ist dann von kurzer Dauer.

„Ich würde jedenfalls die ganze Farbskala vor ihm spielen lassen, ein Ton ist gewiß darunter, der ihm zusagt.

Aber ich wette meine beste Sklavin gegen Silla, daß es ihm genügt, einmal tief in deine grünen Augen zu schauen."

„Wie soll er aber Gelegenheit dazu finden?"

Lea lehnt sich gemächlich zurück, das hat sie gewußt, am Ende muß die stolze Tochter des Prokonsuls doch auf ihren Rat zurückgreifen.

„Tausend wie eine, Phantasie muß man haben. Erlaubt dir dein Vater nicht zuweilen eine Jagdpartie? Es würde sehr für deine Tugend sprechen, wenn du um den Schutz bewährter Offiziere bätest, schließlich leben wir in einem unwirtlichen Sumpfgelände."

„Aber er kann doch nicht —"

„Was ist einem Konsul unmöglich?"

„Mein Vater würde mich durchschauen."

Lea überlegt nicht lange.

„Dann ohne ihn! Es stimmt, du warst recht selbstherrlich bis jetzt, es würde eigen wirken, wenn du plötzlich um Schutz bätest. Greift man eben zu einem uralten Trick, der die natürliche Ritterlichkeit des Offiziers herausfordert."

Diana blickt Lea bewundernd und ängstlich zugleich an. Was mag sie aushecken?

Sie beugt sich flüsternd zu ihr, die Sklavin macht sich nebenan zu schaffen, taktvoll genug.

Als sie wieder hereinkommt lachen die beiden ungleichen Frauen unbändig und Diana schilt nicht einmal mit ihr, obgleich sie ihre Mühe hat, das nasse Haar zu entwirren und zu bändigen.

Als sie das Perlenband darum windet, ist es noch immer etwas feucht, aber die Frauen brechen auf, sich auf den Grünanlagen mit Ballspiel zu erfreuen.

Danach suchen sie die Erfrischungsräume auf, um sich gebratenen Rheinaal servieren zu lassen, all das gehört zu den Freuden, die der Thermenpalast seinen Besuchern verspricht. Die stärkste Erquickung aber bietet die Erwartung des Abenteuers, das sie nicht müde werden, miteinander zu besprechen.

Die Damen der Gesellschaft von Traiana haben wieder etwas zu klatschen, als beide nach zwei Stunden Arm in Arm das Atrium verlassen. Frauenfreundschaft — wie lange wird sie dauern?

*

Die große Heerstraße Moguntiacum-Noviomagus entlang prescht in umgekehrter Richtung das leichte Wagengespann der Konsuls-Tochter. Eine Staubfahne weht hinter ihr her.

Es ist kein Gewitter am Himmel, noch verfolgt sie ein Barbar. Und doch steht Diana aufrecht im Wagen, als gälte es eine Rennfahrt im Amphitheater. Ist es nur die Lust an der mörderischen Raserei, an der nahen Gefahr, die sie jauchzen läßt? Nun biegt sie von der Heerstraße ab, schlägt den Feldweg ein, der über den Vorstenberg nach Tricesimae führt.

Die Pferde sind schon mit Schaum bedeckt, jetzt müßte sie die Tiere schonen. Es sieht lebensgefährlich aus, wie sie den Abhang hinabstürmen. Als Diana sich unbeobachtet glaubt, greift sie zu einem letzten Mittel, die Aufregung der Pferde zu steigern . . .

Laut um Hilfe schreiend fliegt sie kurz darauf an der Baustelle der Kohorten-Kasernen vorüber, die Zügel schleifen am Boden, ihre Pferde sehen schreckenerregend aus, werfen wild die Köpfe und rasen dahin, daß den Sklaven die Kelle aus den Händen fällt. Das muß ein Unglück geben.

„Viktor!"

Er wartet bis der Wagen heran ist, dann macht er einen Satz, springt hinten auf, reißt die Zügel hoch — er muß sich ducken, nicht von den Füßen zu kommen.

Die Tiere stutzen durch das vermehrte Gewicht des Cisiums, dann wollen sie weiterpreschen. Aber sie haben sich getäuscht, nicht ein Mädchen meistert jetzt ihre Gangart. Viktors Fäuste lassen sich die Zügel nicht entreißen, er beugt sich vor, ruft den Tieren beruhigende Befehle zu, schneidet um Haaresbreite die Kurve und bringt sie endlich langsam in normalen Trab.

Nun stehen sie.

Das ist nicht überstandene Todesangst allein, die in den Augen der Konsulstochter lodert.

„Ich danke dir, Centurio! Du hast mich aus großer Gefahr errettet. Komm dir deine Belohnung holen im Palast des Prokonsuls."

Viktor steht nun kerzengerade. Aus beachtlicher Höhe blickt er auf sie herab.

„Wenn man bereits auf der Kuppe des Vorstenberges den Pferden eine schwelende Fackel zwischen die Hufe wirft, muß man sich nicht wundern, wenn sie durchgehen."

Ein messerscharfes Lächeln schneidet sekundenlang um seinen Mund, er hat Grund, zornig zu sein, sie mit Spott zu überschütten, wie sie es verdient hätte. Dann reicht er ihr nur die Zügel zurück.

„Bitte" — Grüßt, steigt ab und geht, ohne sich umzuwenden, zur Baustelle zurück.

Fassungslos starrt das Mädchen ihm nach. Dann preßt sie die Hände vor den Mund. Sie könnte schreien vor Scham. Er hat alles beobachtet. Droben auf dem fast vollendeten Bau muß er gestanden haben, dort hatte er weite

Aussicht, das Wagnis zu beobachten, welches sie in der Arena einmal bewunderte.

Dieser Mann muß Augen haben wie ein Adler!

Langsam wendet sie den Wagen, dann fährt sie dem Rheinufer zu, als wolle sie zu den Fischern, die frischen und berühmten Flußfische einzuhandeln, eine Aufgabe, die sie nicht gern den Sklavinnen überläßt.

In Wirklichkeit fährt sie auf Umwegen nach Traiana zurück, gedemütigt bis ins Herz. Für die erste Zeit kann sie Viktor nicht mehr unter die Augen treten.

*

Colonia Ulpia-Traiana, im 4. Monat des Jahres 359

Clemens Severus Publius,
Prokonsul und Präfekt der Colonia Ulpia-Traiana,
an die Kanzlei des erhabenen Cäsars des Westens zu Lutetia.

Mein Cäsar!

Wie der Sonderkurier, der gestern, aus Lutetia kommend, mir meldete, wartest du auf den ersten Bericht von mir über deine ehemalige Prätorianerkohorte.

Was ich zu melden habe, ist nicht viel, aber von Bedeutung. Ich hatte in diesem langen Winter Zeit und Muße, den Centurio-Primipili zu beobachten. Über jede seiner Gewohnheiten ließ ich mir durch meine bestellten Leute aus der Tricesimae genau Meldung erstatten. Ich bin zu folgendem Ergebnis gekommen: dieser Centurio meistert die ihm gestellten Aufgaben nicht nur gewissenhaft, sondern führt sie mit einer für seine Jugend ungewöhnlich raschen Entschlußkraft und Ausdauer zum Ziel.

So hat er den befohlenen Wiederaufbau von Vetera, den du, mein Cäsar, zu befehlen beliebtest, binnen kürzester Frist in die Wege geleitet und vollendet. Noch ehe der Winter hereinbrach, hatte seine Truppe ein Quartier, dessen sich unsere Dreißigste schämen muß, da sie nichts Ähnliches aufzuweisen hat.

Viktor hat sich nicht gescheut, mit seinen Leuten selbst Hand anzulegen, doch hat er sie, als die Manipel-Kasernen, drei an der Zahl, glücklich hochgezogen waren, ständig weiter mit dem Ausbau beschäftigt. Fast jeden Tag gab es zudem Feldübungen, Tagesmärsche in die weiteste Umgebung, er scheint größten Wert auf die körperliche Ertüchtigung der Kohorte zu legen.

Da du auch seine privaten Neigungen erforschen möchtest, kann ich dir melden, daß ich nichts Ungewöhnliches an ihm bemerkte, mit Ausnahme seiner betonten Zurückhaltung gegenüber der Frauenwelt. Darin beeinflußt er auch seine Kohorte, wie es scheint. Die Gründe hierfür sind mir nicht bekannt, doch vermute ich wohl recht, daß die Leute christliche Gefährtinnen vermissen, denen sie sich ehelich verbinden könnten.

Hiermit habe ich ein Thema angeschnitten, das dir, mein Cäsar, besonders am Herzen zu liegen schien.

Es ist uns leider nicht gelungen, irgendeinen Einfluß auf die religiöse Haltung der Kohorte zu nehmen. Dagegen machen sich umgekehrt Bewegungen in der Tricesimae bemerkbar, die mich fürchten lassen, Viktors Beispiel werde mitreißend wirken unter den Legionären unserer bewährten Legion. Gerade die noch begeisterungsfähigen jüngeren Soldaten fühlen sich angezogen von der unleugbar straffen Zucht der Prätorianerkohorte.

Es ist sogar vorgekommen, daß einige Manipel — ihm

darin gleichtuend, — für angekündigte Gladiatoren-
kämpfe am Marsfest abgesagt haben. Viktor besucht mit
seinen Männern lediglich unblutige Wettkämpfe oder Tierhetzen. Hierzu hat er — das sei nebenbei bemerkt — im
vergangenen Winter selbst einen jungen Bären an die
Arena-Wärter geliefert, den er mit beherzten Männern
lebend in den Waldungen einfangen konnte.

Du siehst, er ist ausdauernd und unerschrocken, doch
nicht nur bei Jagd und Spiel, sondern leider auch der hohen
Behörde gegenüber. So hat er ohne zu zögern sich geweigert,
am Ursarius-Feste dem Götterbilde, das sich großer Verehrung unter der Bevölkerung erfreut, zu opfern.

Ich weiß, mein Cäsar, du bist in diesen Anliegen tole-
rant, doch fürchte ich da wiederum wegen der Macht des
Beispiels. Ich habe gezögert, dem jungen Offizier einen
öffentlichen Verweis erteilen zu lassen und ihn unter vier
Augen zu mir gerufen. Ich erhielt freimütige Antworten.

Viktor denkt nicht daran, seine Knie vor irgendeinem
irdischen Standbild zu beugen. Ich weiß, mein Cäsar, die
Zeiten sind endgültig vorüber, da man Menschen um derlei
Delikte willen strafrechtlich verfolgen konnte. Befehls-
gemäß habe ich dir auch hierüber Auskunft gegeben.

Ich möchte jedoch dem Primipilus kein Unrecht tun,
meine private Meinung ist, daß man diese Haltung am
besten ignoriert, je mehr Aufhebens davon gemacht wird,
umso schlimmer für die Truppe.

Du fragst, ob sich Viktor irgendwelche Feinde machte.
Bei den Priestern, den Hütern des Kaiserkults, steht er
nicht in gutem Ansehen. Sonst wüßte ich keine Feindschaf-
ten, die er sich zugezogen hätte, außer der — das sage ich
im Scherz — meiner einzigen Tochter, die von dem Primipilus nur in verächtlichem Ton spricht.

Es ist dir bekannt, daß ich um die Meinung der Frauen, namentlich der jungen, nicht viel gebe, doch erachte ich es als meine Pflicht, dir auch Geringfügigkeiten zu schreiben, wie du es verlangtest.

Der Postkurier ließ mir dein kleines privates Schreiben hier — ich danke dir dafür, besonders, daß du mir erlaubst, meinem Cäsar einen Rat zu erteilen.

Es ist dieser: setze den Primipilus Viktor wieder in seine alten Rechte als Führer deiner persönlichen Schutztruppe ein. Er verdient deine Mißachtung nicht. Viktor ist ein Mann, bei dem mein Cäsar sicher ist. Erinnere dich seiner zu gegebener Zeit. Die Huld des Mithras-Helios möge weiter deine glorreichen Taten begleiten.

Ich schicke dies Schreiben versiegelt mit der nächsten Staatspost, die nach Lutetia geht. Mein Schreibersklave gehört dem Geheimdienst an. — Lebe wohl!

Clemens, Severus, Publius

Der Cäsar sitzt in einem stillen Zimmer seines Winterpalastes an der Seine und liest das lange Schreiben mehrmals hintereinander. Selten hat er einen Brief aus entlegenen Gauen so genau studiert. Dieser Mann Viktor entspricht ganz dem Bild, das er sich von ihm machte.

Treu und tapfer im Kriege, aber noch stärker im Frieden. Der Krieg scheint nicht sein Handwerk zu sein.

Er ist aber auch nicht der Mann, dem es genügte, vor Karteien zu sitzen und eine Beamtenlaufbahn zum Kaiserhof einzuschlagen.

Was wäre zu machen? Julian nagt an seiner Unterlippe.

Er könnte ihn hier gebrauchen, eingesponnen in einem Netz widerwärtiger Intrige, die sein bestes Handeln erstickt. Manchmal sehnt er sich nach der fast groben Offenheit des Centurio primipili; Julian wußte wenigstens, woran er mit Viktor war. Hier aber muß er von seinen ersten Generälen und Beratern Verrat fürchten.

Er müht sich um Aufbau — seine Beamten untergraben alles. Es ist nicht im Sinne des Kaisers Konstantius, daß dieser Cäsar zu einem neuen Volkshelden werde, der nach den Kämpfen seinem Gallien einen segensreichen Frieden verschafft. Julian weiß auch dies:

Sie spotten insgeheim über seine Mühen, Gerechtigkeit und Barmherzigkeit miteinander in Einklang zu bringen. Viktor hätte das ernstgenommen. Warum mußte gerade diese Idee ihn zum unversöhnlichen Gegner des jungen Centurio machen? Konnte es Viktor nicht gleich sein, ob sein Cäsar Nächstenliebe und Menschenfreundlichkeit als Mithrasjünger übte oder als Christ?

Mit einer wahren Verbissenheit legt Julian es darauf an, nun erst recht zu beweisen, daß die Übung beider Tugenden möglich sei — aus menschlicher Charakterstärke. Er hört sich gelassen Pamphlete gegen seine Person an, das Gegeifer dreister Höflinge, die seine asketische Strenge verhöhnen, den bissigen Witz unverschämter Legaten.

Aber es ist ein düsterer Fanatismus, der ihn treibt, auch seine Feinde zu ertragen. Dieser Viktor im fernen Traiana und sein Gott sollen erfahren, daß er es ohne sie beide schafft, ein sauberer Mensch und ein milder Cäsar zu sein.

Wahrhaftig, Julian tut, was in seiner Macht steht. Die Bürger befreit er von drückenden Gesetzen, hebt Steuerlasten auf, sofern sie unerträglich wurden, unter seiner Regierung hebt sich der Handel, und auch der Bürger darf an ihm verdienen, nicht nur der Schwarm der Höflinge. Ist einer ungerecht verklagt worden, so braucht er nur den Cäsar anzurufen und er wird Gerechtigkeit finden.

Mögen sie über seinen Eifer, selbst Gericht zu halten, sich die Mäuler zerreißen! Es wird ihn nicht hindern, dem Recht zum Sieg zu helfen. Er wird einmal der Herold einer besseren Zeit heißen! Gerade weil er nicht mehr der rohen Gewalt, sondern dem adligen Denken den Vorrang gibt. Julian wird zeigen, was der Mensch vermag, wenn er nur edel ist, wie es die alten Hellenen lehrten!

Offener als zuvor verkündet er — umgeben von einem Gremium gelehrter Rhetoren, Dichter und Wissenschaftler, nun auch seine religiöse Überzeugung.

Julian besucht zwar noch den christlichen Gottesdienst, er duldet Bischöfe und Priesterschaft in Lutetia —, aber wenn er vor dem Volk oder zu seinen Soldaten von religiösen Pflichten spricht —, dann horchen Heiden und Christen erstaunt auf. Es gibt keine klare Gegenüberstellung mehr — hier Christen- hier Heidentum. In Julians Mund werden die Götter Griechenlands und Asiens zu Freunden des einen wahren Gottes.

Was sollen sie denn damit anfangen, etwa morgens dem Mars opfern, mittags der Kybele, nachmittags dem Helios und abends dem Christus? Die einfachen Leute, die ihm zuhören, werden verwirrt — irgendwo taucht wieder das hartnäckige Gerücht auf, damals, als Julian in Gallien einzog, im Winter 355 in der Nähe von Lugdunum (Lyon) habe ihm eine alte blinde Frau geweissagt, der Cäsar werde die Götter wieder zu Ehren bringen und deswegen werde sein Name ruhmreich sein, nicht wegen seiner Schlachten oder sonstiger Taten.

Noch schweigen die Gelehrten — noch täuscht er die Kirche — fern in Traiana weiß Julian den Mann, der nicht mehr geschwiegen hätte, der mit seinem wachsamen Blick die Täuschung durchschaut hätte, hat er ihm doch überwältigt von Zorn und Eifer, zuviel anvertraut von seinem innersten Sinnen und Planen.

Viktor durfte von da an nicht mehr in seiner Nähe sein, er ahnt nicht, weswegen er am Niederrhein mit seinen Soldaten Schanzarbeiten verrichten muß. In der Stille baut der Cäsar jetzt auf, was einmal sein Lebenswerk heißen wird. Mitwisser kann er nicht brauchen.

Wenn ihm sein Genius, der ihm in schlaflosen — durchgrübelten Nächten erschien, die Macht zuspielen wird, dann kann er auch vor die christlichen Soldaten hintreten und offen seine Ziele verkündigen. Einstweilen jubeln ihm Christen und Heiden zu als dem Wohltäter, dem selbstlosen Befreier Galliens.

Und ihre Huldigung wird so laut, daß auch Kaiser Konstantius sie vernimmt. Blühender Wohlstand in Gallien? Jubel um den Befreier?

Finster blickt der Augustus ...

*

Der Prokonsul hat seinen guten Tag.

Jeder Sklave im Palast merkt es gleich. Die Falten auf seiner Stirn sind verschwunden, die Schatten unter den nachtdunklen Augen vergangen. Der qualvolle Kopfschmerz, der ihn hier in der schwülen Delta-Niederung zuweilen überfällt, scheint ihn heute nicht zu plagen.

Hoch und blau steht der Sommer über dem Niederrhein, wölbt seinen gewaltigen Bogen über die grünen Wälder. Ein Tag, für einen Ausritt wie geschaffen.

Aber er will heute nicht allein sein, so läßt er sich im Gemach seiner Tochter melden. Er findet Diana, wie sie in der Fensternische sitzt und sehnsüchtig über Traiana hinwegträumt in die Himmelsweite, darin unablässig die Wolken wandern und ziehen.

Als er näherkommt, gleitet eine Schriftrolle aus den blauen Falten der Stola Dianas, er ist in seiner Hagerkeit geschmeidig genug, sie eher aufzufangen als die Tochter.

„Ovid!" sagt er kopfschüttelnd, „das ist doch keine Lektüre für dich, mein Kind. Hast du sie dir wieder heimlich von Lea entliehen?"

Diana schüttelt den Kopf.

„Mit der bin ich schon ein halbes Jahr lang entzweit."

„Weswegen?"

„Sie gab mir einmal einen schlechten Rat."

Er lacht.

„Da müßte ich mit der halben Welt böse sein. Aber gut so, nur tu mir den Gefallen und verfeinde dich auch mit allen Angewohnheiten, die du von ihr übernommen hast."

Er steckt die Rolle in die Toga. Diana ist gekränkt.

„Soll ich mir wirklich das Stottern holen bei den langweiligen Gedichten des Asinius, die er mir täglich durch seinen Lieblingssklaven ins Haus schickt?"

Ihr Vater lächelt nur, ein beharrlicher Werber ist dieser Legat, das muß er ihm lassen — er wird Diana, seine einzige Tochter, nicht zwingen; auf Herzensgeschichten versteht er sich schlecht, darum lenkt er ab:

„Du solltest grundsätzlich nicht dauernd lesen, sondern mit mir ausreiten."

Sie zuckt die Achseln.

„Wohin? Wieder die öde Heerstraße entlang, an Sümpfen und Grabfeldern vorüber? Hier ist ja doch nichts zu erleben."

Er lächelt vieldeutig, sein hageres braunes Gesicht verjüngt sich darunter.

„Vielleicht doch — ich habe gehört, daß die Offiziere der Tricesimae heute eine große Treibjagd veranstalten. Sie sind vollzählig."

Diana blickt ihn plötzlich atemlos an.

„Leider ist auch dein Feind Viktor geladen", fügt er bedauernd hinzu, „aber wir müssen ihm ja nicht unbedingt begegnen."

Sie springt vom Fenstersims, ordnet hastig ihre Gewänder.

„Das ist doch einerlei! Eine Treibjagd — auf Kleinwild?"

„Auf Sauen!"

„Haha — Schwarzwild also — ich bin dabei, da ist noch Gefahr! Wann beginnt sie, Vater?"

„Langsam — wir kommen ohnehin zu spät, aber solche Jagden ziehen sich Stunden hin, das weißt du. Ehe die Männer zum Schuß kommen, übernehmen die Treiber die Hauptarbeit, davon möchte ich dich fernhalten, kleide dich in Ruhe um."

„Was zieht man an, Vater?"

Er lacht.

„Frage deine Sklavinnen — du reitest doch nicht das erste Mal mit."

Sie ist schon hinaus. Die Möglichkeit, dem Kohortenführer Viktor zu begegnen, scheint sie wirklich nicht zu stören.

Sogar damit ist sie versöhnt, daß sie vor dem Palast scheinbar zufällig mit dem Legaten zusammenstoßen, der dasselbe Vorhaben hat. Die Männer zwinkern einander zu. Vielleicht kommt Asinius Crassus diesmal einen großen Schritt weiter, in der Nähe des Prokonsuls wird Diana ihre spöttische Zunge zügeln, die ihm schon soviel Qualen bereitet hat.

Im Gegensatz zu anderen Frauen ist Diana rasch fertig. Sie reitet eine weiße Stute, ein schönes feuriges Tier, das der Vater ihr zum neunzehnten Geburtstag schenkte, und sie hat noch kaum ordentlich gedankt für eine solche Gabe.

In ihrer Vorfreude ist sie freundlicher zu dem Legaten, als sie es sich vorgenommen hat. Jedes Lächeln fängt der Verliebte durstig auf. In seinem Alter hat man es allgemein nötig, um die Gunst der Frauen zu ringen; er treibt jedoch zu wenig Sport, sich die Gelenkigkeit der Jugend zu erhalten.

Diana scheint keine Schwäche für wohlbeleibte Männer zu haben, sie lacht, als er sich auf den Rappen quält. Vorn und hinten helfen die Sklaven nach. Aber als er einmal hoch zu Roß ist, wirkt er gleich männlicher.

In seiner Jugend muß Asinius Crassus das klassische Profil der Römer besessen haben, jetzt formt sich langsam ein Doppelkinn und die Tränensäcke unter den Augen verraten schlaflose Nächte eines Mannes, der dem Wein zu gern zuspricht.

Niemand weiß, wer den Ton angab, plötzlich dreht sich das Gespräch um Viktor. Ja, er wird auch dabei sein, wieder einmal mit seinem sprichwörtlichen Jagdglück zu prahlen.

Der Legat hört ihn nur zu oft rühmen. Die Jugend von Traiana ist für den Mann begeistert, als sei er ein Wettkämpfer aus dem Amphitheater. Gewiß, die Sache mit dem Bären . . .

„Man sollte nicht solch ein Aufhebens daraus machen. Wer verbürgt uns, daß er wirklich allein war, als er den Bären überwältigte? Christen dichten gern Legenden um ihre Helden. Ich hingegen, als ich noch nicht mit kaiserlichen Staatsgeschäften überlastet war —"

Diana setzt ihre Stute in Trab — jetzt kommt wieder eine seiner uralten Jagdgeschichten, die sie auswendig kennt, — wie er Kaiser Konstantius einmal persönlich den besten Kapitalhirsch vor der Nase abschoß und dafür noch eine Auszeichnung erhielt!

Herrlich diese Hügelketten!

„Diana — Diana!"

Sie hört nicht, reitet dem Wald entgegen und wartet dort, bis die beiden Männer nachkommen, hat es merkwürdig eilig, ins Jagdgebiet zu gelangen.

Da hat sie doch schon einen der Treibersklaven der Tricesimae abgefangen und fragt ihn aus. Sie sehen noch, wie sie ihm eine funkelnde Münze zuwirft, das war sicher ein Aureus. Sie geht leichtfertig mit dem Gelde um.

„Was hast du erfahren, Diana?"

„Daß wir uns sputen müssen, wenn wir nicht nur erleben wollen, wie sie die Beute heimschleppen lassen. Dort hinaus, sagte der Sklave, ja, wir müssen einzeln reiten."

Ihr Vater macht eine Kopfbewegung.

„Wir nehmen dich in die Mitte — keinen Widerspruch, Diana, das hier ist unwegsames Urgelände. Aufgepaßt, ich reite voraus."

Das ist Asinius Crassus mehr als recht. Er hält sich Diana dicht auf den Fersen, aber er kommt leider nicht dazu, ihr Komplimente zu machen; denn alle Augenblicke muß er sich ächzend auf den Pferdehals bücken, weil die Zweige dicht über sie hinstreifen, der reinste Urwald! Wenn er an die gepflegten kaiserlichen Jagden denkt —

„Au!" ein Ast schlägt ihm gegen die Stirn, Diana lag fast flach auf dem Rücken der Stute, ihr hat er nichts getan, sie lacht hell auf.

„Bei der Pirsch läßt sich schlecht dichten, Legat, die

besten Verse werden einem buchstäblich aus dem Kopf geschlagen!"

„Besser die Verse als eine schöne Frau", stöhnt der beleibte Mann und reibt sich die Stirn. Eine saure Strapaze, er muß sich seine Liebe zu Diana manchen Schweißtropfen kosten lassen. Immer wieder geht es durch Dickicht, über Bachläufe, durch Morast — dieser verdammte Sklave scheint sie irregeführt zu haben. Auch der Prokonsul blickt sich lauschend um.

„Still! War das ein Zuruf? Bist du auch ganz sicher, Diana, daß die Fährte richtig ist?"

„Natürlich, ich kenne das Gelände der Hardt. Wir kommen richtig aus. Nun stärker nach links ab, ja, den schmalen Pfad, wo der Jagdweg sich gabelt." — Ah — sie hat recht.

Da drüben kauert ein Legionär im Dickicht, einer, der die Treibersklaven beaufsichtigt. Asinius ruft ihn an.

„He — Mann, zu welcher Centurie gehörst du?"

Der blickt sich verwirrt um. Hohe Herrschaften auf der Jagd!

„Zur zweiten Centurie des ersten Manipels der Prätorianerkohorte."

Ach, das ist keiner der Tricesimae, sondern einer von Viktors Leuten. Asinius Crassus verzieht das Gesicht und wischt sich den Schweiß ab.

„Wie lange wartest du schon hier? Seid ihr noch immer nicht zum Schuß gekommen?"

Der Mann lächelt.

„Bitte um Entschuldigung, aber die Jagd ist ja fast zu Ende. Dort drüben ist das Gebiet — Vorsicht, daß die Herren nicht in den Kessel geraten!"

Diana prescht ihre Stute vor.

„Habt ihr Beute gemacht?"

„Bis jetzt zählte ich drei Eber und acht Sauen —" grinst der Soldat, „das wird wohl für eine Festtafel der Legion hinlangen."

Diana springt vom Pferd, wirft ihm die Zügel zu.

„Jetzt müssen wir zu Fuß weiter."

Asinius Crassus blickt entsetzt! Aber doch nicht hier, — das ist dichtestes Unterholz, hat sie vor, ihn lebendig zu Tode zu schinden? Sie schürzt ihre Tunika und hat schon das Jagdmesser bereit.

„Komm, Vater, wir hauen uns hier durch. Ich muß wenigstens den Schluß des großen Treibens gesehen haben. Da drüben ist doch schon die Lichtung — ich sehe es deutlich!"

Knirschend plumpst der Legat vom Pferderücken, — ja, jetzt hören sie das langgezogene Geschrei der Treiber, Hornsignale hier und dort. Diana ist nicht mehr zu halten. Einige Atemzüge lang zögert er, ob er wirklich folgen soll — aber sich jetzt eine Blöße zu geben, wäre unverzeihlich, er könnte alle Hoffnungen begraben.

Gut, daß er wenigstens waidgerecht gekleidet ist, das Lederkoller über die kurze graue Tunika gezogen hat! Knie und Arme freilich werden gehörig von den Dornenranken aufgerissen. Dazu eine Luft zum Ersticken!

In solch dichtem Unterholz müssen sich die Legionen des unglücklichen Varus verfangen haben. Bei Vetera steht noch ein Denkmal für einen gefallenen Offizier, er war in seinem Alter.

Asinius bricht immer aufs neue der Schweiß aus, er behindert ihn mehr als das leidige Kriechen und Vorwärtsdringen; der Legat ist kurzsichtig. „Diana!" sie hat einen beachtlichen Vorsprung, ist geschmeidig wie eine Hindin und an dem Prokonsul ist auch kein Gramm zuviel.

Immer näher das Jauchzen der Treiber — nun das Zischen von Wurfspeeren über die Lichtung hin, wo die letzten Sauen in wilden Fluchten vergeblich auszubrechen suchen!

Asinius Crassus umklammert eine Buche und nimmt zur Vorsicht volle Deckung. Mit Diana, die von der Jagdleidenschaft ergriffen ist wie ein Mann, wird man erst beim Schmaus wieder vernünftig reden können.

Das Horn bläst Signal: „Halali — Sau tot —"

Alle Treiber weichen zurück, die Jäger dringen im Kreise vor — in dem Augenblick bricht in Sichtweite vor dem Legaten noch einmal ein Eber durch.

Jetzt packt die Jagdlust auch ihn. Er hebt den Wurfspieß — im gleichen Augenblick sucht einer der Treibersklaven hinzuzuspringen und den Eber in den Ring zurückzuhetzen.

Asinius Crassus brüllt außer sich:

„Heda — du, weg — sofort aus dem Weg!"

Aber der Treiber achtet nicht auf ihn, er hat seine Anweisungen von den Offizieren — Im nächsten Augenblick wirft er mit einem erstickten Aufschrei die Arme hoch, fällt taumelnd vornüber, den Wurfspeer zwischen den Schultern. Dianas Aufschrei klang fast zusammen mit dem seinen.

Das ist der Mann, den sie vorhin nach dem Standort der Prätorianerkohorte fragte —

Im Augenblick ist der sterbende Sklave umringt — alles rennt herbei, Soldaten, Offiziere und Sklaven — sie stehen im Umkreis. Langsam kommt der Legat näher — der Sklave verröchelt vor seinen Füßen. Er zuckt die Schultern und blickt auf.

Viktors Augen messen ihn! —

„Ich hatte ihn angeworben —" Er bückt sich — unbe-kümmert um die Gaffer zeichnet er dem Toten ein Kreuz auf die Stirn. Kreideweiß im Gesicht erhebt er sich dann.

„Wie war der Hergang?"

Oho, er fragt wie ein Quaestor — weiß er nicht, wen er vor sich hat? Der Legat richtet sich hoch auf.

„Er hat mir den Eber vergrämt, obgleich ich ihm zu-schrie, er solle sich packen!"

„Hat dein Wurfspeer dem Eber gegolten?"

„Das kannst du nehmen wie du willst, ich habe keine Schuld. Was ist der Sklave dir wert?"

Viktor flammt ihn an.

„Was er mir wert ist?"

„Ja, das Gesetz schreibt dreißig Silberdenare vor, soviel wie für einen geschundenen Ochsen. Ich lege zehn als Jagd-buße dazu und wir sind quitt."

Der Centurio mißt den Legaten von Kopf zu Fuß.

„Behalte deine Denare! Er ist ein Mensch wie du und ich."

Dem Legaten schießt das Blut zu Kopf.

„Du vergleichst einen Sklaven mit mir?"

Viktor antwortet nicht mehr, gibt seinen Soldaten einen kurzen Befehl, sie brechen Zweige von den Bäumen, for-men rasch eine Tragbahre.

Der Legat ist fassungslos. Läßt man einen Sklaven nicht dort liegen, wo er verreckt ist? Wo käme er hin, wenn er den Sklaven, die er etwa zu Kampfspielen aufkauft, ehrende Begräbnisse verschaffen würde wie für freie Bürger?

Denn das hat dieser Narr doch wohl vor? Er folgt wort-los der Bahre — da ist Diana plötzlich an seiner Seite.

„Viktor — bitte, höre mich an. Ich schenkte dem Manne vor einer Stunde etwa ein Goldstück. Wenn er ein Heide ist, lege ihm die Münze auf die Zunge — für den Charon."

Nur für Sekunden streift sein Blick ihr Gesicht.

„Er war Christ", antwortet er ruhig und mit einem Ausdruck, als trauere er um den Mann, „aber ich danke dir, Domina."

Dann, als sei sie gar nicht vorhanden, stapft er weiter. Seine Jagdgefährten suchen lärmend über den Vorfall wegzukommen. Die Hifthörner hallen weithin über den Heissiwald, verkünden, daß die Jagd zu Ende ging.

Verärgert und wütend beschließt der Legat den Tag, ihm persönlich würde es nichts ausmachen, daß er den Sklaven traf statt des Ebers, aber daß dieser hochmütige Primipilus ihn vor der ganzen Jagdgesellschaft herunterzumachen wagte, daran wird er noch lange zu würgen haben.

Heute abend beim Umtrunk, den der Prokonsul den Offizieren zum Abschluß der Hatz gibt, wird er ihn mit Spottversen überschütten, diese Niederlage wettzumachen. Das weichliche Christentum, welches Herren und Sklaven auf eine Stufe stellt, er wird es durch ein Spottlied verächtlich machen, damit es unmöglich wird für ganz Traiana.

Denn mit den Liebesgedichten scheint es eine Weile aus zu sein. Diana schenkte ihm keinen Blick mehr auf dem Heimritt. —

Aber er dichtete vergeblich seine Satire — Viktor ist nicht beim Gelage, er ließ sich höflich entschuldigen. Für ihn liegt kein Anlaß vor, die so unglückliche Jagd zu feiern. Und die Weiber haben einen Klatsch mehr in Traiana.

Wann ist das vorgekommen, daß ein Kohortenführer es wagte, den obersten Legaten des Cäsars zu beleidigen? Und die Sklaven gar sind außer sich — sie haben Viktor geachtet, jetzt sind sie noch daran, ihn zu lieben. Ein merkwürdiger Ruhm für einen Offizier, von den Vornehmen verlacht und von den Niedrigen verehrt zu werden!

Viktor stellt alle Begriffe auf den Kopf.

Als Diana ihre ehemalige Freundin Lea auf der Straße trifft, gibt sie versöhnt den Gruß zurück. Geschmeidig wie immer tut Lea, als wäre nie etwas zwischen ihnen vorgefallen, auch sie weiß natürlich die neueste Geschichte um den jungen Aufrührer schon.

„Denke dir, Diana, er hat es gewagt, den Sklaven im Gräberfeld an der Heerstraße beizusetzen, mitten unter die freien Bürger!"

Diana denkt nur an eines. Tag und Nacht klingt es ihr in den Ohren, dies knappe: ‚Ich danke dir, Domina!‘ Zum ersten Mal hat er sie ‚Herrin‘ genannt, die unselige Kinderei mit den durchgehenden Pferden auf dem Vorstenberg ist vergessen.

„Lea, er ist besser als ich es wahrhaben wollte. Ja, trotz der Sklavengeschichte. Aber ich fürchte für diesen Mann — er ist unbedacht."

Lea lächelt.

„Wie du ihn liebst!"

Sie lacht der errötenden Diana ins Gesicht

„Was soll ich für ihn tun — denn wenn du mich jetzt ansprichst, so darum, weil du nicht weißt, wie du ihn für dich bekommen sollst. Jetzt wirst du blaß, aber es ist doch ein offenes Geheimnis — wir wissen, worauf das hinausläuft, wenn ein Höhergestellter einen Untergebenen haßt."

Diana blickt sich um, stets spricht Lea laut und unbekümmert. Wie alle Liebenden fürchtet sie die Entdeckung.

„Lea, wo und wann kann ich dich in Ruhe sprechen?"

„In meinen Privatgemächern natürlich. Kommst du gleich mit?"

Die alte Freundschaft ist wieder hergestellt.

Vor der Villa des Dekurios gehen sie bereits per Arm

wie einst und die Nachbarinnen tuscheln. Lea jagt ihre Sklavinnen kurzerhand auf den Hof hinaus, dann sucht sie mit Diana den kühlen Innenraum auf, weist ihr den gepolsterten Divan an, Platz genug für zwei.

Lea räkelt sich so, daß sie der jungen Freundin gerade gegenüber liegt, ihre Füße streifen fast deren Schulter, sie läßt die golbestickten Hausschuhe spielen, das Angebinde eines ihrer Verehrer. Aber Diana hat jetzt keinen Sinn für Eitelkeiten.

„Lea, was könnte geschehen, damit der Legat wieder mit Viktor ausgesöhnt wird?"

Lea stützt den Arm ins Kissen und richtet sich halb auf.

„Du verlangst viel — aber jetzt erinnere ich dich an unser Gespräch in den Thermen. Frauen erreichen alles, wenn sie nur wollen.

Gut, du hast dem Legaten noch keine endgültige Absage gegeben? Nun mußt du das Feuer schüren — und du erhältst von ihm, was du willst, sogar die Schonung deines echten Geliebten — nur darf er diesen Beweggrund nicht ahnen."

Diana schaut sie groß an.

„Ich soll ihm Hoffnung machen, während ich —"

„Jawohl, aber nur einige Tropfen Nektar! Sage ihm, seine jüngsten Gedichte zeigten eine zunehmende Reife. Man muß jede Schwäche eines Mannes auszunutzen wissen. Einen Eitlen brauchst du nur zu loben, einem Ehrgeizigen durchblicken zu lassen, du habest gute Verbindungen, einem Prahlsüchtigen, du glaubtest an seine unvorstellbaren Reichtümer, — welche Schwäche hat übrigens Viktor?"

Diana denkt lange nach, ehe sie antwortet, ihre grünlichen Augen schimmern, sie lehnt sich zurück, den Arm

unterm Kopf. Als Lea schon glaubt, sie habe die Frage
überhört, sagt sie leise:

„Seine Schwäche heißt — *Veritas!*"

Lea stutzt — „Wahrheit? Aber das ist doch eine Tugend."
Diana schüttelt den Kopf.

„Seine Schwäche, er sagt die Wahrheit um jeden Preis,
ich fürchte, sogar um den seines Lebens, wenn es sein
müßte."

„Hm — und Veritas ohne Wein ist eine starke Medizin,
die nicht jeder schluckt, am wenigsten der trinkfreudige
Legat. Wein mildert auch die Wahrheit. Weißt du was, —
wir müssen die beiden Männer beim Wein versöhnen."

Diana starrt sie an. „Wie stellst du dir das vor? Du
wirst den Legaten nie bewegen können, Viktor einzuladen."

„Wenn du dabei wärest, eine Kleinigkeit. Es kann ja
ein Gastmahl vorangehen, bei dem du gerade zugegen bist.
Laß mich nur machen!

Der Legat liebt das Würfelspiel fast so leidenschaftlich
wie dich, und er merkt dabei ebensowenig, wenn er betrogen wird, wie in der Liebe. Jeden dritten Wochentag
kommt er hierher, mit den Dekurionen zu würfeln."

„Und dann?"

„Würfeln wir einmal darum, wem aus der Runde es zuerst gelingen wird, den Nimbus des jungen Helden zu zerstören."

„Lea!"

„Fürchte nichts um deinen Kohortenführer — du weißt,
wie der Trunk auch den größten Mann erniedrigt — der
Legat braucht ihn nur einmal unter den Tisch zu trinken
— ich weiß, welche Mengen er verträgt — und sein Ehr-
gefühl wird wieder hergestellt sein.

Das des Viktor aber wäre auf ungefährliche Art gedämpft — denn beim Volk verschlägt es wenig, wenn durchsickert, daß sein Idol eine menschliche Schwäche hat."

Diana zögert. „Weißt du denn keine andere Möglichkeit?"

„Fürs erste nicht. Der Wein hat schon schärfere Gegner ausgesöhnt. Der Legat braucht nur eine scheinbare Überlegenheit, und sei es beim Trunk, dann ist sein inneres Gleichgewicht wieder hergestellt."

„Und wenn er ihn im Rausch beleidigt?"

„Das wird nicht vorkommen, wenn du durchblicken ließest, Viktor gelte noch immer als Freund des Cäsars."

Diana setzt sich.

„Das wäre nicht einmal eine Lüge — mein Vater hat mir anvertraut, daß der Cäsar seinetwegen einen Sonderkurier sandte, aber — Lea, — dies bleibt unter uns."

„Weißt du nichts Näheres darüber?"

„Nein, die Amtsgeheimnisse eines Konsuls sind unverletzlich."

„Schade — aber vielleicht hat das Geheimnisvolle den größeren Reiz. Was könnte man dahinter vermuten!"

Sie kneift die Augen zu und wühlt die Hände ins krause rote Haar, einen Moment lang gleicht sie einer schläfrigen Katze. Dann fährt sie auf und lacht.

„Ich hab's! Du wirst dich noch wundern, was alles der Legat für Viktor zu tun bereit sein wird! Verlasse dich auf mich — die Sache macht mir Vergnügen. In Kürze wirst du den Beschützer der Sklaven wiedersehen."

Diana strahlt auf:

„Wunderbar, Lea — aber gehe vorsichtig zu Werk."

„Ist mir schon einmal etwas mißlungen?"

Sie rollt sich behaglich zusammen.

„Und nun muß ich dir Elementarunterricht geben — in der Liebe."

Viktor und Mallosus erhalten zugleich die Einladung durch den Botensklaven des Asinius Crassus.

Die Offiziere der Prätorianerkohorte sind zum Ehrengastmahl geladen, welches der Legat im eigenen Hause gibt und zwar zur Erinnerung an die sieg- und ruhmreiche Schlacht um Argentoratum vor Jahresfrist.

In einem langen höflichen Schreiben legt der Legat dar, wie er schon auf die Gelegenheit gewartet habe, die Kohorte zu ehren, welche sich in jenen Kriegstagen so hohe Verdienste um den persönlichen Schutz des Cäsars erworben habe.

Zum Mahl lade er daher die beiden ranghöchsten Offiziere der Kohorte — für die Mannschaften gäbe er noch am folgenden Tag eine Ehrenfeier, zu der auch die Angehörigen der Dreißigsten und die Bürger der Stadt Ulpia Traiana geladen würden.

Mallosus bewegt seinen schlecht verheilten Unterkiefer langsam hin und her, als kaue er an einem zähen Stück Fleisch, eine Bewegung, die Viktor richtig als Unbehagen deutet.

„Was ist geschehen, Viktor, wenn dich dieser hohle Weinschlauch plötzlich zu ehren sucht?"

Viktor lächelt in sich hinein, bei jeder Gelegenheit platzt Mallosus mit seiner verhaltenen Wut auf den Legaten heraus, zum Glück hören die Mannschaften nicht zu, sie haben ihren eigenen Raum in der ersten Manipel-Kaserne.

„Nehmen wir doch das Nächstliegende an, daß er wirklich das Wohl und die Ehre des Cäsars im Auge hat."

„Haha — der zittert doch nur um seine Stellung. Es hat sich herumgesprochen bis in den äußersten Norden des Imperiums, daß der Cäsar die meisten hohen Beamtenposten neu besetze — mit hellenistischen Philosophen. Von

Philosophie versteht aber der Dicke so wenig wie ein Ochs. Auch wenn der in Griechenland das Maul aufmacht, kommt nur Gebrüll heraus."

„Sei nicht boshaft, Mallosus. Auch dieser Legat hat sicherlich seine guten Seiten — vielleicht entdecken wir sie nun."

„Das Muster eines Mannes, wenn er christlich wäre, was? Vielleicht wird er bei der Gelegenheit dein Katechumenenschüler und reiht sich unter deine Sklaven ein."

„Mallosus, wir dürfen nicht bitter werden. Gott hat uns hierhergestellt und von Ewigkeit her gewußt, wir würden diesem Legaten begegnen. Der kann nichts tun, als was Gott zuläßt."

Mallosus knirscht in sich hinein.

„Es fehlt nur, du betrachtest es als eine Order unseres obersten Feldherrn, an dem Gastmahl teilzunehmen."

„Der Herr ist auch zu den Pharisäern gegangen — sie suchten ihn noch beim Mahl zu verhöhnen."

„Mit dir wird man nicht fertig. Ein Glück, daß ich mitkommen darf, dir rechtzeitig eine Warnung zu geben, wenn du zu vertrauensselig wirst und seine Phrasen um den Cäsar ernstnimmst. Sei vorsichtig, Viktor. Vorsicht ist nicht einmal auf dem Schlachtfeld eine Untugend."

Viktor blickt über die grünblauen Waldungen der Hees hin, sehnsüchtig, er liebt keine Gastgelage, die freie herrliche Natur am Niederrhein hat sein Herz gewonnen. Jetzt möchte er reiten — einsame Wege — — er seufzt.

„Diese Einladung ist Befehl, Mallosus, der Legat hat große Vollmachten über die hier lagernden Legionen, und wir gehören nun einmal dazu."

„Als lose Kohorte, ja. Ich möchte nur wissen, weshalb uns der Cäsar diesen öden Posten anvertraute."

„Er hat getan, was er mußte. Wir durften ein Stück Christentum hierhertragen, das genügt mir."

Mallosus weiß, im Wortgefecht mit Viktor pflegt er zu unterliegen, aber das ist immer so, es steigert die Liebe zu seinem Freund; eine seltsame Sache.

Man darf gespannt sein, ob auch der Legat eines Tages von Viktors Wesen überwältigt sein wird. Nicht mit einem Wort wird der Centurio den Streit um den gefallenen Sklaven noch erwähnen. Wenn er dem Heiden verziehen hat, dann gründlich.

Gott allein mag wissen, was ihn solche Entschlüsse an inneren Kämpfen kosten.

Pünktlich wie es seine Art ist, läßt sich Viktor mit seinem Gefährten im Atrium des Legatenpalastes melden. Schon im Vorraum spüren sie den warmen Dunst der vielen entzündeten Öllampen, aber als sie in den Speiseraum treten, stockt ihnen fast der Atem.

Die Luft ist von Öldunst und dem starken Duft des Rosenöls geschwängert, das die Sklaven ausgießen mußten, den warmen Brodem angenehmer zu machen. Rings an den Wänden flammen die steinernen Lampen. Einen Augenblick irritieren die Lichter — im Saal wird es still.

Viktor grüßt zum Lager des Gastgebers hin, — ein vornehmer Sklave, der Namensrufer, führt ihn und Mallosus rasch zum Ehrenplatz, der direkt an das Lager des Hausherrn stößt.

Diana lächelt ihn huldvoll an, sie hat mit ihrem Vater, dem Prokonsul, den Ehrenplatz inne; etwas verstört nimmt Mallosus neben Viktor das Lager in ihrer Nähe ein. Im Leben hat er noch nicht so vornehm gespeist, dicht neben den höchsten Staatsbeamten des Bezirks! Seine großmäuligen Schmähworte gegen den Legaten sind in irgendeine dunkle Zisterne seiner Seele versunken; der anerzogene Respekt vor den Vertretern des Imperiums steckt ihm in den Knochen.

Gut, daß Viktor die Unterhaltung an seiner Stelle lebendig erhält.

Wahrhaftig, der Legat scheint ein ganz umgänglicher Mensch zu sein. In seiner blendend weißen Toga praetexta liegt er da, lässig auf den linken Arm gestützt und macht geistreiche Scherze. Auch er scheint sich nicht mehr an das Jagdunglück zu erinnern; es ist als seien sie bei einem Freund zu Gast.

Vorsichtig schaut Mallosus sich um — noch einige erlesene Gäste teilen die Ehre mit ihnen — Porcius Rufus, ein hoher Befehlshaber der Dreißigsten mit seiner Frau, einer blonden Cugernerin, der Bürgermeister und seine Frau, Lea, ferner noch einige jüngere Offiziere.

Schon tragen die Sklaven Speisen auf — leichte, scharf gewürzte Vorspeisen und den magenstärkenden Mulsumwein. Mallosus schaut Viktor nach den Händen. Am liebsten würde er sich schon an der Gustatio sattessen, aber die feinen Herrschaften nippen nur davon, schweren Herzens läßt er die gewürzten Eier vorübergehen.

Aber jetzt werden seine Augen groß, als die Sklaven die Hauptgerichte herbeischleppen — Wildbret und feinste Gemüse von allen Sorten, es muß wohl gerade wieder ein Handelsschiff im Hafen von Traiana angelegt haben, gallisches Frühobst steht in Schalen für den Nachtisch bereit.

Mallosus verzichtet gern auf Unterhaltung mit den vornehmen Gästen und läßt das Goldhähnchen zwischen den Zähnen knacken. Immerhin eine Qual und eine Anstrengung für ihn, als breche sein Kiefer noch einmal zusammen; der Schweiß tritt ihm auf die Stirn.

Da stößt ihn Viktor an. Ruhe — Mallosus! Aufpassen, der Legat hält eine Festansprache! Zunächst ordnet er mit sicheren Griffen seine Toga, der rote Purpurstreifen muß zur Geltung kommen! Ein letztes Aufkichern über den jüngsten Legionswitz, den Porcius Rufus erzählte, erstickt die Bürgermeistersgattin mit ihrem Mundtuch.

Die Aussprache des Legaten ist schlecht, allzu satte Redner wirken träge, aber man hört gefaßt zu, wie es die Höflichkeit gebietet. Asinius Crassus hält sich selbst für einen gewiegten Rhetor. So strapaziert er die Geduld seiner Gäste.

Nun scheint er zum Schluß zu kommen:

„Und so hoffen wir, daß uns die Anwesenheit der Schutzkohorte unseres verehrten Cäsars einmal zum bleibenden Ruhm gereichen wird. Wir sind gewiß, daß die ehrenreichen Tage der Prätorianerkohorte noch nicht gezählt sind.

Unser Cäsar Julian hat bewiesen, daß er seine verdienten Offiziere nicht zu vergessen pflegt. Und so hebe ich denn meinen Pokal auf das Wohl der Männer, die ihr Leben für die Neuordnung des römischen Reiches einsetzten, als sie unsern geliebten Cäsar verteidigten."

Er trinkt Viktor zu, auch Mallosus erhebt sich, die übrigen Gäste warten, bis die Geehrten dem Legaten und dem Konsul zutranken, dann leeren auch sie die schweren, geschnitzten Pokale.

„Ex — ex!"

Der Sklave schleppt eilig den Mischkrug herbei, der Legat wehrt lachend ab — nicht zuviel Wasser — das ist Moselwein aus Trier, der hat wenig Mischung nötig.

Und nun reißen die Trinksprüche nicht mehr ab.

„Auf das Wohl unserer Legionen!"

„Dem Cäsar zum Heil!"

„Zum Gedenken an Argentoratum!"

Die Gäste werfen die Speisereste bereits unter den Tisch, sie sind gesättigt. Noch ist das Zeichen zum Aufbruch für die Frauen nicht gegeben. Ihnen nimmt man es nicht übel, wenn sie die Sklaven mit den Krügen vorübergehen lassen.

Die Unterhaltung wird leichter, fröhlicher. Das Gesicht des Legaten rötet sich immer stärker, das macht nicht nur die unerträgliche Hitze der vielen Lampen, die von den Sklaven ständig neu bedient werden, er trinkt rasch und viel.

Plötzlich gibt es eine Bewegung — Viktor spricht ernstlich auf den Sklaven mit dem Mischkrug ein, verlangt nun auch er den Wein ohne Zusatz, um es dem Legaten gleichzutun? Nein, er stülpt kurzerhand seinen Pokal um. Alle sehen jetzt den Zierrand mit der Umschrift: ‚Vita brevis, — spes fragilis — bibamus, sodales!' (Kurz das Leben, trügerisch Hoffnung — trinken wir, Kameraden!)

Der Legat traut seinen Augen nicht — auch Mallosus deckt die Hand abwehrend über seinen Pokal.

„Wie — der Gefeierte des Tages will doch wohl nicht andeuten, meine Weine seien ihm zu sauer?"

Viktor lächelt.

„Keineswegs, Legat! Wir haben genug, das ist alles."

Asinius Crassus lacht so heftig, daß die übrigen Gäste angesteckt werden — einer der gelungensten Scherze des Abends. Wo hat man einen Centurio gesehen, Mittelpunkt eines Gelages, der nach so kurzem Umtrunk dem Wein „valet" sagt?

Viktor lacht nicht mit. Diana neigt sich vor und sucht fast ängstlich einen Blick von ihm aufzufangen. Er wird doch nicht —

„Wir wollen unseren Gastgeber keineswegs hindern, die Feier fortzusetzen oder veranlassen, sich selbst Abbruch zu tun", erklärt Viktor jetzt, „aber wir haben unser Maß erreicht."

Das Gesicht des Legaten wird lang.

„Du willst mir die Gelegenheit nehmen, mich im Trunk mit dir zu messen?"

Viktor bleibt gelassen.

„Ich glaube doch, Legat, daß ein Trinkgelage nicht die einzige Gelegenheit ist, die Kräfte eines Mannes zu erproben."

Jetzt zuckt es um die Mundwinkel des Prokonsuls — aber der Legat läuft rot an.

„Ich war eben daran, dich zum rex convivii (Tafelpräsident) zu ernennen, damit du das Tempo und die Menge des Weinverbrauchs selbst bestimmen solltest — und nun gibst du mir einen Korb?"

„Fasse es bitte nicht als Beleidigung auf, Legat. Ich weiß die Ehre zu schätzen — aber ich bin hier einem Höherstehenden verpflichtet."

Der Legat, der sich wütend erhoben hat, sackt auf sein Lager zurück. Dem Cäsar also! Viktor hat ihm gewiß Enthaltsamkeit versprochen — oh, das sieht dem maßvollen Julian ähnlich! Durch sein weinbenebeltes Hirn dröhnt die Frage, ob er sich bereits etwas vergeben hat — wird dieser Primipilus ihn dem Cäsar als einen Säufer melden?

Er stiert vor sich hin, mühsam faßt er sich.

„Wenn die Sache so ist, Primipilus, dann muß ich dich bitten, wenigstens noch bis Mitternacht zu bleiben. Ich habe Flötenspieler und eine Tänzerin bestellt — ich weiß, es ist nicht die feinste Sitte, — aber man kennt doch Soldaten, ich wollte auch Abwechslung bieten."

Der Prokonsul erhebt sich und gibt auch seiner Tochter das Zeichen zum Aufbruch. In diesem Stadium wollen Männer unter sich sein. Sie wird mit Lea heimfahren, von Sklaven sicher geleitet. Porcus Rufus schlägt sich aufs Knie:

„Ah, Legat, das ist gut! Hast du etwa die Syrerin engagiert, die in Colonia Agrippensis am Rheinufer zur Belustigung der Legion ihren berüchtigten Tanz der sieben Schleier zum Besten gab?" — Asinius Crassus zwinkert listig.

„Wartet ab — das ist eine Sache, die man bespricht, wenn die Frauen bereits die Mäntel verlangten. Aber ihr kommt auf eure Kosten, auch du, Viktor. Wenn sie dir gefallen sollte, schenke ich sie dir für diese Nacht."

Diana fährt herum. Da haben sich die beiden Offiziere der Prätorianerkohorte schon wie ein Mann erhoben.

„Danke, Legat. Wir berauschen uns nicht — weder an Wein noch an Frauen."

Der Prokonsul, der sich schon zum Gehen wandte, dreht sich langsam um und zieht erstaunt die Brauen hoch. Lea stößt einen spitzen Schrei der höchsten Überraschung aus und kneift ihren Mann rasch in den Arm.

Das hat dem Crassus noch keiner zu sagen gewagt, man merkt, daß Viktor nüchtern blieb. Der Legat fängt an zu zittern — langsam, von tief drinnen her kocht die aufgestaute Wut in ihm hoch.

Er stützt sich schwer auf den wankenden Tisch.

„Ihr wollt aufbrechen — das Gelage vorzeitig verlassen?"

„Nicht vorzeitig, Legat, wir haben unseren Leuten ein Beispiel zu geben. Da ich strengste Order erließ, zu dieser Stunde wieder in der Kaserne zu sein, will ich sie selbst nicht brechen. Wenn ich heute in der Zucht nachlasse, versagt morgen die Mannschaft. Ich denke, du wirst das verstehen."

Darauf kann ein Staatsbeamter nichts erwidern, leider sind die Legionsoffiziere der Dreißigsten nach dieser Eröffnung gezwungen, ebenfalls aufzubrechen, sie gäben sich sonst ein schlechtes Zeugnis. Die Tafel des Legaten verwaist.

Höflich nehmen die Gäste Abschied.

Kerzengerade gehen die beiden Kohortenoffiziere hinaus. —

Draußen lehnt sich Diana an ihre Freundin, als wäre ihr schwindlig

„Lea, Lea — was haben wir da erreicht! Sagte ich nicht, seine Schwäche hieße Veritas?"

Ihr Vater nimmt sie fest bei der Hand.

„Komm, Diana — ich muß dir gestehen, mir hat lange kein Mann mehr gefallen, wie dieser. Wäre ich Cäsar, ich wüßte, wen ich zu meinem Gardeoffizier machte."

*

Das riesige steinerne Rund der Cavea des Amphitheaters von Traiana summt von Menschen. Und immer noch speien die Einlaßtore neues Gewimmel aus. Das drängt und stößt sich, hastet über die grauen Stufen die Ränge hinan — und nun zieht durch das gähnende Tor die Kohorte des Viktor im Marschtritt, stürmisch beklatscht vom einfachen Volk.

Der erste Rang — dicht über der Rampe — ist für die Helden des Tages reserviert.

Denn so ließ der Legat, Schutzherr der Festspiele verkünden: Als Gedenkfeier — diesmal für die Prätorianerkohorte — wird er zum Gedächtnis der Alemannenschlacht bei Argentoratum hier ein Schauspiel bieten. Er hat Viktor

beruhigt — es sind keine Fechtspiele, keine Gladiatoren-
kämpfe zu erwarten, eine Art Weihespiel vielmehr, eine
Schlachtenerinnerung für seine Leute.

Natürlich sind auch Offiziere und Mannschaften aus der
30. Legion gekommen. Das Programm ist geheimgeblieben,
die Spannung zu steigern.

Tubastöße — der Prokonsul und der Legat betreten
gemeinsam die Ehrenloge, grüßen mit erhobenem Arm in
die Runde, als Vertreter des Cäsars. Klatschen und Zurufe,
aber wer ein feines Ohr für derlei Dinge hat, findet heraus,
daß es eben weit begeisterter anschwoll, als Viktor und
Mallosus militärisch grüßten.

Nun wird es ruhiger, die Staatsbeamten setzen sich, die
Stadtväter, Senatoren und Quaestoren füllen den zweiten
Rang, hoch über ihnen im dritten summt das gemeine Volk
durcheinander wie im Bienenkorb.

Jetzt kommen durch die beiden Portae Pompae die
Lurenbläser und grüßen als erstes die kaiserliche Standarte,
alles erhebt sich. Darauf hält der Legat die unvermeidliche
Ansprache, den Sieg des Vorjahres in den begeistertsten
Tönen zu feiern. Man könnte glauben, er sei dabei-
gewesen, die Soldaten grinsen sich an. Außer bei der Jagd
hat er schon lange keine Wurflanze mehr schwirren hören.

Endlich läßt er sich wieder in seinen steinernen, mit
Kissen ausgepolsterten Ehrensessel sinken. Die Sonne
brennt vom blauen Sommerhimmel, die Hitze flimmert
über dem Riesenrund der Arena.

Da unten wird es nun lebendig, rasselnd öffnen sich die
Kettengitter vor den carceres, den unterirdischen Tier-
käfigen, die Tierkämpfer lassen einen stolzen Berberlöwen
hinaus — ah, ein prächtiges, junges, sonnengelbes Tier! Es
fegt ein paarmal durch die Runde, schüttelt dann die

Mähne und stutzt — das ist nicht die Freiheit, um die es nächtelang brüllte, sondern Kampf.

Ein Rudel Wölfe stürmt aus dem gegenüberliegenden Tierkerker — ausgehungerte Bestien aus der Eifel. Wahrhaftig, ein ungleicher Kampf — neun Wölfe gegen einen Löwen!

Das Volk rast vor Freude. So ist es richtig — ein gleichnishaftes Tierspiel — der Löwe ist der Cäsar, die Wölfe bedeuten die immer wieder ausbrechenden wilden Germanenstämme. Jeder versteht diese stumme Sprache.

Wie immer, wenn Wölfen Gefahr droht, vereinen sie sich zum Rudel. Noch bohrt der Löwe die Pranken in den Sand der Arena, unschlüssig ob er den Kampf annehmen soll. Dann bekommt er die scharfe Losung der Wölfe in die Nase und der uralte Instinkt, der kein geringeres Wesen neben sich duldet, stachelt den König der Tiere an.

Er wirft die Mähne auf, brüllt markerschütternd — der Anführer der Wölfe antwortet in langgezogenem Heulen. Auf den Rängen wird es atemlos still. Keine Menschen, — die Tiere sind sich allein gegenübergestellt. Die Wölfe umschnüren den Leu, — wollen sie ihn einkreisen?

Da macht der Berber bereits den ersten Satz, wirbelt durch die Luft, fliegt mit seinem ganzen Gewicht zermalmend auf einen der Wölfe nieder, seine Pranken zerreißen den nächsten in der Luft, daß das Blut umherspritzt.

Aber jetzt wissen seine Gegner, es geht um ihr Leben! Vereint fallen sie den König an mit geifernden Rachen, gierigen Krallen. Ah — auch der Löwe muß Haare lassen — sein Blut mischt sich mit dem des ersten erschlagenen Feindes.

Wieder ist er auf, saust in mächtigen Sätzen durch die Runde, wirbelt den Staub hoch, wendet blitzschnell —

bravo — seine Pranke wischt rechts und links aus — ein Wolf wirbelt zur Seite, verröchelt — rasend will der Löwe ihm die Kehle durchbeißen, da sind die Verbündeten des gefallenen Tieres über ihm!

Auf den Rängen erhebt sich das Volk, pfeift — schreit — soll das Gleichnis schlimm ausgehen? Werden die bis zum äußersten gereizten Wölfe dem Löwen den Garaus machen? Wozu diese Übermacht? In diesem Augenblick öffnet sich wieder ein Tierkerker — ein junger Löwe stürmt dem Bedrängten, dem König, zu Hilfe — ah — jetzt verstehen sie alle.

Das ist eine Allegorie — der junge Leu bedeutet die Prätorianerkohorte, die den Cäsar in der Bedrängnis verteidigt, im weiteren Sinne seine Legionen, die ihn zum Sieg führen.

Nun ist bald dem letzten Angreifer der Garaus gemacht — die beiden Löwen stehen mit aufgerecktem Kopf und brüllen ihre Kampflust durch die Arena, die Menge tost Beifall. Der Legat erhebt sich und grüßt eitel in die Runde. Das war eine Dichtung eigener Art, er hat dies Schauspiel erdacht und inszeniert.

Aber wartet, — wartet ab, bis die Sklaven die Kadaver durch die der Todesgöttin geweihte Porta entfernt haben, die Löwen zurückgehetzt wurden in ihre Käfige!

Es war nur ein Vorspiel, die Hauptsache kommt jetzt erst.

Als der letzte Sklave die Arena saubergefegt hat, hört man das knirschende Rasseln der versenkbaren Hebebühne — das Stimmengewirr der Schauspieler, die sich im unterirdischen Keller für die Ehrenspiele umkleideten, vernimmt man nicht.

Aber nun trägt die Hebebühne sie herauf — fünfzig,

— hundert, — einhundertfünfzig — zweihundert — zweihundertfünfzig —

Die Menge zählt laut mit — Sklaven in Germanentracht der Alemannen, bewaffnet mit Kurzschwertern und Lederschilden — die nächstfolgenden sind in römische Uniformen gekleidet, einige tragen gar den roten Helmbusch der Centurionen. Zwei gleiche Kampftruppen scheinen sich gegenüberzustehen — nein, die germanische ist stärker an Zahl. Gegeneinander nehmen sie Aufstellung, grüßen die Standarte.

Die Menge wird still. Ein unblutiges Schwertspiel wahrscheinlich — eine langweilige Sache, wie alle Weihestücke zur Erinnerung an ein Geschehen.

Da erhebt sich der Legat abermals aus seinem Ehrensitz, streckt die Hand aus mit der pathetischen Geste eines Feldherrn:

„... und so wagen wir es, die entscheidende Phase der Schlacht um Argentoratum noch einmal darzustellen. König Chnodomar ist bereits in Gefangenschaft geraten, mit ihm viele Fürsten der Angreifer. Die Schlacht gelangt in ihr entscheidendes Stadium, den Nahkampf, Mann gegen Mann!"

Die Menge klatscht, glaubt, er sei am Ende, da ruft er laut:

„Die Darsteller, — Römer wie Germanen — sind chaukische Sklaven, die ich gestern als Schiffsfracht von Augusta Treverorum kommen ließ, sie haben als Partisanen die Moselwälder unsicher gemacht und sind sämtlich dem Tode verfallen. Die Großmut Roms läßt ihnen nun die Chance, ihr Leben ehrenvoll für den Cäsar zu beschließen!"

Viktor springt auf — das ist doch wohl nicht möglich!

Also doch eine Art von Gladiatorenkampf, — nur geschickt in das Gewand eines historischen Schauspiels gekleidet! Der Legat setzt der Geschmacklosigkeit die Krone auf — jener Purpurgewandete dort zu Roß in der Prunkrüstung soll gar den Cäsar Julian darstellen, — schon schmettern die Tuben —

Da legt Viktor die Hände vor den Mund und schreit: „Halt! Ich gebiete Einhalt im Namen des Cäsars!"

Die Spieler drunten werden unsicher, starren zur Ehrenbühne der Staatsvertreter hinüber — der Legat wirft das Tuch in die Luft — gibt das Zeichen zum Angriff, als wäre nichts geschehen.

Diesem größenwahnsinnigen Centurio wird er zeigen, was bei ihm ein Sklavenleben gilt! Sie stürmen aufeinander los nach genauer Spielregel die Schlachtstellung um Argentoratum rekonstruierend — die Sklaven, welche die Alemannen darstellen, wissen, daß keiner von ihnen mit dem Leben davonkommen darf — trotzdem ringen sie verbissen und zäh im Nahkampf mit den „Römern", ihren eigenen Brüdern, die der Legat in die römischen Uniformen preßte!

Die Schwerter klirren aufeinander, Kampfgeschrei, brüllende Begeisterung auf den Rängen des Pöbels. Blut wollen sie sehen und Leichen, so gehört es sich für ein ordentliches Festspiel — der Legat weiß die Leidenschaften für sich zu gewinnen — vergessen, verhallt ist Viktors erbitterter Einspruch.

Da erheben sich vom zweiten Rang dreihundertundvierzig Mann der Prätorianerkohorte von den Sitzstufen; gegen die rasende Menge kommen sie nicht an; den Verlauf des Kampfspieles zu beeinflussen, liegt nicht in ihrer Macht.

Aber sie stampfen die Scalae hinab, formieren sich und marschieren die breite Runde, den Weg, der die Ehrenlogen von den Rängen des gemeinen Volkes trennt, entlang, einen schweigenden Protestmarsch, dem alle Köpfe folgen.

Viktor fordert von den Türsklaven Öffnung der großen Einlaß-Pforte.

Der Prätorianerkohorte zu Ehren wurden diese Spiele inszeniert — sie verläßt ostentativ das Amphitheater — jeder erfaßt das Maß der Beleidigung, die der Legat zu schlucken hat. Viktor und seine Leute sehen nicht zu, wie dieses unwürdige Ehrenspiel blutiger Schlachtopfer der zum Kampf gepreßten Sklaven seinen Lauf nimmt. Lange bevor die Hebebühne die Berge von Leichen und Verwundeten abwärts befördert, ehe die Todespforte sie aufnimmt, führt sie der Schweigemarsch durch Traiana.

Die Bürger, welche zuhause geblieben waren, starren der Kohorte atemlos nach, was mag da geschehen sein? Unmöglich können die Spiele schon ihr Ende gefunden haben! Viktor befiehlt vor dem Legatenpalast Halt.

Dann holt er persönlich die Standarte der Prätorianerkohorte, die sich neben dem Ehrenbanner der dreißigsten Legion in den Himmel reckt, herunter. Schweigend, wie sie gekommen, transportieren sie ihre Fahne ab — nach Tricesimae bis zum ‚Viktorsloog', wie sein Lager von den germanischen Bürgern um Bertunum genannt wird. Dort pflanzen sie die Vexilla wieder auf, blindlings ihrem Primipilus gehorchend. Es bedarf keiner Erklärung, sie haben verstanden und werden zu ihm stehen, ganz gleich, welche Folgen dieser verwegene Streich haben wird!

Selbst Mallosus wagt den ersten Offizier nicht zu tadeln, aber er sitzt finster da, den Kopf in die Fäuste gestützt und kaut. Viktor betrachtet ihn gelassen.

„Sprich dich ruhig aus, Mallosus, wir sind unter uns!"
Die dunklen Augen seines Gefährten sind umschattet.
Er hebt langsam den Kopf.

„Die nächsten sind wir."

„Was?"

„In der Arena. Du sollst es sehen. Und das Volk brüllt
bravo, wenn unsere Köpfe in den Sand rollen. Alles darf
man ihnen antasten, sogar den Cäsar — aber nicht ihre
Zirkusleidenschaften."

Viktor zuckt die Achseln.

„Wenn ich die Volksgunst nicht anders zu erhalten weiß,
als daß ich zu diesem Massenmord ja sage, — gut."

„Du willst wirklich die Kohorte für einen Haufen
Sklaven opfern?"

Viktor setzt sich ihm gegenüber.

„Mallosus — hast du immer noch nicht begriffen, daß
sie unsere Brüder sind? Ja, es sind Heiden — aber für sie
ist Christus gerade gekommen. Wer soll sie verteidigen,
wenn nicht wir?"

Mallosus schweigt. Es ist ja alles wahr, aber — sie sind
jung — und —

„Ich habe nicht gedacht, das Christentum sei ein Glaube,
der die Seinen wegen geringer Dinge das Leben einzusetzen
heißt."

Viktor nickt. „Es steht dir frei, Mallosus, du kannst es
retten — — aber dann wirst du es verlieren. Das hat Er
selbst gesagt."

Mallosus braust auf:

„Wer zum Teufel heißt uns den Legaten anzugreifen —
du kannst doch nicht mit deiner kleinen Kohorte sämtliche
Heiden hier im Norden vor den Kopf stoßen und heraus-
fordern."

„Die Apostel waren zwölf. Es wäre Verzagtheit zu denken, daß wir es nicht vermöchten."

Mallosus schüttelt den Kopf.

„Nein — sie sind in der Übermacht. Ein Legat und du — und der Pöbel hinter ihm. Ich habe genug —"

„Wie du willst, Mallosus — es steht dir frei, dich in den Veteranenstand versetzen zu lassen. Du kannst Bürger dieser schönen Stadt werden, einen Acker erhalten, Weib und Kind. Niemand wird es dir verübeln; deine letzte Verwundung wird mit dazu beitragen, daß man dich aus dem aktiven Heer ausscheiden läßt."

Mallosus starrt auf seine Fäuste, die sich öffnen und schließen.

„Ich will nicht meine Haut retten — sondern deine Leute!"

„Frage sie, ob sie mit dir gehen möchten."

In Mallosus brodelt Erbitterung.

„Das werde ich tun — du hast dir etwas vorgenommen, Viktor, das ist undurchführbar. Ich sehe klarer, ich bin der Erfahrenere und Ältere."

Viktor steht auf, das Herz krampft sich ihm zusammen, er ist blaß. Aber hat nicht auch der Herr selbst solche Stunden durchmachen müssen? Im Ölgarten floh nicht nur einer. Sie sehen sich an, schon wendet Mallosus sich zum Gehen, dann dreht er sich nochmal um.

„Verräter und Schurke, nicht wahr?"

„Nein, Mallosus — handle nach deinem Gewissen — ich nach dem meinen."

Der Mann starrt ihn an.

„Du würdest mich nicht verachten — wenn —"

„Keineswegs, ich kann die Männer nicht zwingen, mir zu folgen."

„Und wenn welche mit mir hielten?"

„Ich werde sie nicht hindern."

Mallosus nickt und geht hinaus. Die Schultern hängen ihm nach vorn. Eine Stunde später weiß Viktor Bescheid. Keine Meuterei, aber zehn von den Älteren folgen. Nun hat er selbst noch dreihundertunddreißig Mann — zwanzig fielen in den Schlachten, die Kohorte wurde nicht wieder auf volle Stärke gebracht. Genug, seinen Kampf weiterzuführen, er wird nicht die Männer zählen, wie David, wenn der Herr ruft. —

Diesmal schreibt der Legat einen Bericht an den Cäsar.

Er hat sich alles wohl überlegt; es ist unmöglich für ihn, Hand an einen Mann zu legen, der vielleicht noch die Gunst des Julian besitzen kann. So braucht er klare Weisungen, um die hat er in aller Bestimmtheit gebeten.

Ein Weihespiel zu Ehren des Cäsars gestört, die Soldaten aufgewiegelt, die Standarte vor dem Legatenpalast entfernt — das langt, einen Militärprozeß anzustrengen.

Vergeblich sucht Diana den Primipilus zu entschuldigen. Der Legat weiß es zu schätzen, daß sie in letzter Zeit zugänglicher ist, aber hier darf ihm selbst die Geliebte nicht dareinreden; dies ist eine Männersache.

Der Prokonsul hält sich zurück. Nicht er hat die törichten und einen niederen Geschmack verratenden ‚Festspiele' arrangiert. Julian ist in allen Tribunalanliegen sehr gerecht, dieser Ruf ging ihm von Lutetia voraus; er pflegt bei Gerichten selbst den Vorsitz zu führen. Der Cäsar wird seinen ehemaligen Prätorianeroffizier nicht ohne weiteres vollständig fallen lassen, zumal der Legat bei ihm gewiß nicht im besten Ansehen steht.

Der Prokonsul kann die Entscheidung abwarten.

Und sie zieht sich lange hin, viel zu lange. Die der Auffassung des Legaten zuneigenden Bürger bleiben nicht ständig erbittert, man urteilt mit der Zeit gelassener, ruhiger — der Vorfall scheint vergessen zu werden. Und immer noch keine Post aus Lutetia!

Eine Genugtuung für den Legaten ist das Gesuch des Mallosus bei der obersten Behörde, mit zehn Mann der Kohorte in den Veteranenstand versetzt zu werden. Asinius Crassus weiß ihm sofort bei den untergeordneten Stellen Gehör zu verschaffen. Er hofft, Mallosus sei gegen Viktors Tyrannei aufzuhetzen, so einen Mann muß er unterstützen.

Es wird Platz für ihn geschaffen in Traiana, er soll Haus und Hof mit den Seinen erhalten. Nur schade, daß es nicht zum offenen Bruch zwischen Viktor und Mallosus gekommen ist! Man könnte beinahe vermuten, selbst die alte Freundschaft zwischen den Männern sei bestehen geblieben, aber das ist doch sicher nur ein geschicktes Täuschungsmanöver!

Wo in der Welt wäre dergleichen gehört worden, daß zwei Offiziere vollständig entgegengesetzte Auffassungen von Pflichterfüllung hätten und einander dennoch freund blieben?

Auch innerhalb der Kohorte kommt es zu keinerlei Ausfälligkeiten gegen die neuen Veteranen, wieder scheinen die Männer dem Beispiel ihres Primipilus bedingungslos zu folgen.

Es ist im Februar des Jahres 360, als ein Sonderkurier auf schweißschäumendem Rappen bei der Poststation von Traiana eintrifft. Aber er hat ein versiegeltes Schreiben — nicht für den Legaten, sondern für den Prokonsul, den Statthalter von Traiana und — Asinius Crassus verfärbt sich, als er es vernimmt — ein eigenes Schreiben der Julianischen Kanzlei für den Rebellen, für Viktor!

Den Inhalt der amtlichen Rolle erfährt der Legat noch am gleichen Tag, der Prokonsul läßt ihn zu sich bitten. Nein, nichts Persönliches, keine Weisung für die Abwicklung des angestrebten Prozesses — aber eine Nachricht, die jedem Staatsbeamten klarmachen muß, daß jetzt keine Zeit ist, private Gerichtshändel auszufechten und Beleidigungen zu sühnen:

Sondermeldung für die Nordstation des Imperiums in Germanien:

Die Legionen in Lutetia haben einstimmig ihren Cäsar Julian zum „Augustus des Westens" ausgerufen und damit ihre alte Soldaten-Tradition erfüllt, selbst den Kaiser zu ernennen, dem sie untertan sein wollen.

Das heißt: Bürgerkrieg ist zu erwarten — niemals wird sich der auf seinen Titel ‚Alleinherrscher' so fanatisch bedachte Kaiser Konstantius seine Allgewalt streitig machen lassen.

Darüber vergißt auch der Prokonsul das Anliegen des Legaten, er wird ungehalten, als er ihn daran erinnert. Es geht um das Reich, gewaltige Erschütterungen stehen bevor, was soll da der Streit um ein gestörtes Festspiel?

Vielleicht sind bald viel gewaltigere Schlachten zu erwarten, als die um Argentoratum. Wenn zwei Augusti um die Macht ringen, werden alle Legionen mobil gemacht.

Der Brief an Viktor? Wahrscheinlich eine militärische Order, jetzt wird Julian sich an den Rat des Prokonsuls erinnern!

Verstört zieht der Legat ab. Die Welt bricht auseinander!

Es ist noch nicht Abend, als Viktor sich im Präfektenpalast melden läßt. Er wird dem Prokonsul persönlich gegenübergestellt und unterbreitet ihm das kaiserliche Schreiben.

Die hohe Militärbehörde von Lutetia ordnet an, daß die ehemalige Prätorianerkohorte sich unverzüglich im Eilmarsch nach Pannonien — Bezirk Vindobona (Wien) — bewegen müsse, um dort Quartier zu beziehen um das Eintreffen innergallischer Legionen sowie weitere Weisungen abzuwarten. Der Auftrag ist geheim und darf lediglich zur Kenntnis des Statthalters gelangen.

Abwartend wie immer, steht Viktor da, den Helm in der Hand, straff seine Haltung.

Prüfend mustert ihn der Prokonsul. Eine Weisung, die einem Offizier schlaflose Nächte verschaffen könnte, aber Viktor sieht nicht danach aus, als bereite sie ihm Kopfzerbrechen. Der Cäsar hat gerufen und er gehorcht. Vindobona! Pannonien — dort regiert doch Kaiser Konstantius — und der hat in den letzten Jahren an der oberen Donau absolute Ruhe herstellen können. Niemand weiß, ob Julian die unbequem gewordene Kohorte seinem Feind ausliefern will, oder ob er vorhat, Vindobona im voraus gegen einen Angriff mit Truppen zu belegen, die dann freilich auch die erste Stoßkraft des Gegners aufzufangen hätten, bis der „Augustus des Westens" nachgerückt ist!

Ist Viktor soldatisch so unerfahren, daß er nicht alle Möglichkeiten in Betracht zöge? Vorsichtig wägt der Prokonsul seine Worte.

„Du warst an der Schilderhebung des Cäsars also nicht beteiligt, Primipilus, ich gebe dir das zu bedenken. Die Soldaten an der Sequana (Seine) haben den Kaiser des Westens ausgerufen, nicht du. Folglich gerätst du zwischen zwei Feuer, wenn Julian dir die Entscheidung lassen sollte, welchem Heerbann du angehören möchtest."

Viktor lächelt.

„Ich fühle mich meinem Cäsar immer noch verpflichtet."

Der Prokonsul zieht die Brauen hoch — wie — seine Entscheidung ist schon gefallen? Obgleich er sich gegen die Schlachtenehrung im Amphitheater wandte und den Legaten brüskierte? Viktor scheint seine Gedanken zu lesen.

„Ich habe mich gegen den Mord in der Arena gewendet, nicht gegen den Cäsar."

Clemens Severus Publius staunt, — immer wieder diese freimütige Sprache, Diplomatie scheint ihm fremd, sonst hätte Viktor jetzt seine Beweggründe für sich behalten.

„Du bist also nur der Feind des Legaten?"

Viktor lächelt. „Ich bin keines Menschen Feind — nur der Sünde."

Der Prokonsul reißt die Augen auf. „Sünde — was meinst du damit?"

Viktor sieht den Statthalter freundlich, fast mitleidig an.

„Sünde ist Verletzung göttlicher Gesetze, die wir alle in uns tragen."

„Aber du lebst doch nach den Satzungen des Christengottes — und die sollten wir Heiden kennen?"

„Ja. In deinem Herzen, Prokonsul, spürst auch du, daß Mord immer Mord bleibt, mag man ihn heißen wie man will."

Der Präfekt wendet sich ab. Man darf dem jungen Offizier nicht zeigen, wie sehr er einem gefällt, es geht um die Ehre des Legaten!

„Es ist dir an einer Versöhnung mit dem Legaten Asinius Crassus also nichts gelegen, da du so unbeugsam bei deiner Meinung bleibst?"

Viktor:

„Von Versöhnung kann man nur sprechen, wenn ein Streit vorausging. Ich habe aber nicht mit dem Legaten gestritten und achte seine Würde."

Der Prokonsul lächelt.

„Ich darf ihn also deiner freundlichen Gefühle versichern, wenn er von deinem Abmarsch hört?"

„Ich scheue mich nicht, ihm persönlich ‚valet' zu sagen."

Fast reizt den Prokonsul dieser Mut zum Lachen.

„Sei getrost, er würde dich nicht empfangen. Erspare dir die Demütigung. Aber ich darf dir sagen, daß ich dich in Ehren entlasse. Du und deine Kohorte — ihr habt Traiana ein Beispiel der Zucht gegeben, wie ich es lange vergeblich für die Veteranenstadt ersehnte."

Er streift einen Ring von seiner Linken.

„Nimm dies Zeichen meiner besonderen Gunst. Und sollte dich der Weg je wieder nach Norden führen und du bedarfst meiner Vermittlung in irgendeinem Anliegen, so gib den Ring meinem Stellvertreter ab."

Viktor verneigt sich.

„Danke, Prokonsul."

Der zögert noch, dann sagt er etwas verlegen:

„Darf ich meiner Tochter ein Abschiedswort von dir überbringen?"

Viktor blickt erstaunt.

„Legt die Domina Wert darauf?"

Der Präfekt schaut ihn groß an.

Ist dieser junge Mensch blind für Frauen? Hat er nicht gemerkt, wie sehr Diana ihn schätzt? Ihre anscheinende Feindschaft hat sich nur zu rasch in glühende Begeisterung verwandelt. Wie ein Schatten geht es über das Gesicht des Prokonsuls. Nein, so blickt keiner, den Amor anrührte.

Viktor ist ahnungslos wie ein Knabe.

„Es wäre nur eine Geste der Höflichkeit, sie hat Anteil genommen an deinem Geschick", meint der Prokonsul verlegen. Viktor überlegt.

Dann sagt er:

„So melde ihr bitte, daß ich ihr Schicksal meinem Gott empfehle."

Das ist alles? Ja — Viktor schweigt.

Der Prokonsul macht eine Handbewegung, Viktor ist entlassen. Eine Weile hallt noch Viktors Schritt durch das Atrium. Der Präfekt lauscht ihm nach.

Dann tritt er in die inneren Gemächen, er möchte jetzt eine Weile allein sein. Seiner Tochter gibt er am klügsten erst von dem Abschiedsbesuch des Offiziers Bescheid, wenn dieser sich auf dem Nachtmarsch befindet.

Er kennt Diana, in ihrer Leidenschaftlichkeit wäre sie zu allem fähig. —

Viktor sucht noch auf demselben Wege Mallosus auf.

Sie besprechen die Lage miteinander, als ob der Unteroffizier noch zur Kohorte gehörte. Mallosus ist betroffen. Dies hatte er nicht erwartet. Wenn er nur vorher gewußt hätte, daß die Kohorte so rasch von Traiana abgezogen würde!

Viktor beruhigt ihn.

„Laß, Mallosus, ich sehe klar ein, es mußte alles so kommen, auch daß wir uns eine Weile trennten. Eine schwache Gruppe unserer Kohorte muß hier bleiben — als Sauerteig Christi."

Mallosus blickt schwermütig auf.

„Du traust uns zuviel zu, Viktor."

„Nein, es ist wie ich sage. Ihr müßt das Christentum, das wir unter den Sklaven der Transrhenana begründen konnten, festigen und wachhalten. Ihr seid nun Vorposten geworden und müßt die Stellung Christi halten."

Es ist Mallosus schwer ums Herz. —

„Und ihr? Wer weiß, was euch droht, zwischen die

Mühlsteine zu geraten, braucht sich niemand zu wünschen. Konstantius wird euch alle niedermachen lassen, wenn er siegt, ganz gleich, ob ihr den Cäsar als Augustus ausgerufen habt oder nicht."

Viktor ist sorglos.

„Der Kaiser hat mit den Persern genug zu tun. Ich glaube nicht, daß er sobald von Antiochia fort kann. Gestern las ich noch Anschläge an der Präfektur, die neue Grenzüberfälle dort melden. Am Ende wird unsere Sache friedlich beglichen."

„Beim Ehrgeiz des Julian? Nie. Ich möchte bloß wissen, was ihr in Vindobona machen sollt."

Viktor schmunzelt.

„Meine Leute wissen es schon — sie freuen sich, ihre Frauen und Bräute wiederzusehen, um sich endlich in der Kirche des heiligen Florianus trauen lassen zu können."

Mallosus lächelt bitter. „Seht zu, daß nicht Kirchen über euren Knochen erbaut werden — schließlich ist es knapp sechsundfünfzig Jahre her, daß der Centurio Florian für den Glauben sterben mußte, noch kein Menschenalter."

„Du kannst beruhigt sein, Mallosus, je näher nach Rom, desto näher der schützenden Ecclesia, die niemand mehr anzutasten wagt."

„Warte ab, wenn Julian erst den Thron bestiegen hat."

„Du rechnest also damit, daß er wirklich an die Macht kommt?"

Mallosus zuckt die Schultern.

„Soldaten sind immer mit den Stärkeren und Jüngeren. Unsereins ist vorsichtig, weil man selbst nun zum ‚alten Eisen' gehört. Zwei Jahre haben wir hier zusammen ausgehalten —" er stockt und bricht ab.

Es stimmt nicht ganz.

8   *Kein Weihrauch...*

Viktor nimmt seine Hand.

„Doch, Mallosus, nicht das Aushalten in der gleichen Kohorte, aber in demselben Glauben ist entscheidend. Laß dir dafür danken. Du hast es nicht leicht gehabt, stets der Zweite zu sein. Aber du weißt ja, die Letzten werden die Ersten sein."

Jetzt lacht auch Mallosus.

„Du bist ein Kerl, Viktor, im Himmel müßten sie erpicht darauf sein, dich in die glorreichen Legionen einzureihen. Was ich noch sagen wollte — ist ja eigentlich unnötig, — laßt euch die Kreuze nicht von den Schilden hauen."

Viktor wird ernst.

„Niemals, Mallosus. Du siehst zu schwarz, auch Julian kann das Rad der Zeit, selbst wenn er Alleinherrscher würde, nicht mehr zurückdrehen; der Sieg Christi ist schon über ihn weggeschritten."

Und nun packt er beide Hände des Freundes und drückt sie —

„Die alte Losung — Kamerad — orate pro nobis . . ."

Mallosus schießt das Wasser in die Augen, Viktor dreht sich rasch um.

„Grüß die andern —" sagt er heiser. Dann trennen sie sich. —

Über die riesige Heerstraße von Noviomagus nach Moguntiacum marschieren sie noch in dieser Nacht südwärts, schweigende Kolonnen.

Die ganze Nacht kommen sie nicht zur Rast — erst im Morgengrauen erreichen sie die erste Castra — Novaesium (Neuss), wo sie Halt machen.

Nach ihrer Route befragt, bewahren sie Schweigen. Geheimbefehl! Über Colonia Agrippensis geht es weiter rheinaufwärts bis Moguntiacum (Mainz), dort haben sie auf dem römischen Bergkastell noch ein paar ausgedehnte Rasttage und Gelegenheit, einmal die bürgerliche Ansiedlung am Rhein zu besuchen.

Alles ist hier größer, noch vornehmer und eleganter als in Traiana, obgleich sich die niederrheinische Stadt in der Ausdehnung mit Colonia Agrippensis messen kann.

Sie freuen sich, immer weiter nach Süden zu stoßen — als nächste Raststätte erwartet sie Castra Regina (Regensburg) und vielleicht auch die alte Bataversiedlung zwischen den gewaltigen Strömen Castra Batava (Passau). Hier ist die Endstation für den römischen Handel in Germanien, und jetzt dürfen sie wieder ausspannen.

Die Witterung war ihnen günstig, es hat keine Kranken gegeben, dafür ziehen am Welt-Horizont dunkle Wolken auf. Schon als sie in Batava einziehen, hören sie die erste Sondernachricht:

Der Cäsar hat, nachdem er, wie zu erwarten war, seine Bestätigung als „Augustus des Westens" vom Kaiser nicht erhielt, drei Legionen mobil gemacht. Er selber führt den nördlichen Zug durch Alemannensass (Elsaß) auf Argentoratum zu. Sein Ziel: die Donau!

Die Männer stehen wie erstarrt und sehen ihrem Kohortenführer nach den Lippen. Also doch! Der Cäsar hat sie nicht wie eine Straftruppe behandelt, allem Anschein nach erwartet er sie in Vindobona als seine Vorhut. Sie müssen den Empfang des Cäsars sichern und vorbereiten. Stürmische Freude bei den Leuten!

Sie lachen und singen. Vergessen sind alle Strapazen, sie hocken sich an den Straßenrand und erneuern die Fußbandagen. Jetzt werden sie durchhalten und wenn es siebenzig Meilen wären am Tage!

Viktor mahnt zur Besonnenheit, doch auch ihm schlägt

das Herz höher. Die Grenze ist ihnen nahe, dort hatten sie ihre ersten Gefechte mit Quaden und Sarmaten, es ist wie ein Stück Heimat.

Viktors Kohorte wird von der allgemeinen Begeisterung für den künftigen Kaiser angesteckt.

Konstantius hat es nicht verstanden, sich beim Heer und beim Volk beliebt zu machen; Hinterlist, Grausamkeit und Willkür gehen seinem Namen voraus. Selbst in Rom ist nicht viel Widerstand gegen Julian zu erwarten.

Als sie die Ländergrenze überschreiten, werfen die Soldaten die Arme hoch und brüllen vor Freude. Jetzt fängt ein anderes Leben für sie an — sie bekommen etwas zu tun, sie sind wieder ihres Cäsars Prätorianerkohorte, von der man einmal sprechen wird!

Viktor bleibt eigentümlich still.

*

„Die ,Thebäer' sind wieder im Lande!"

Wie ein Lauffeuer geht diese Nachricht durch die bürgerliche Siedlung bei Vindobona; es ist den geängstigten Menschen, als weiche aller Schrecken vor den mit Kreuzen bezeichneten Schilden. In diesem Zeichen hatte einst der große Konstantin gesiegt — aber die alten Leute deuten es anders.

„Das Kreuz geht dem neuen Kaiser Julian voraus, was wird von ihm zu erwarten sein?" Zuviel schon hat man von seiner Regierung in Gallien gehört, Gerüchte voll des Zwiespalts.

Aber als er mit seiner Legion in Vindobona eintrifft, da erliegen auch die Skeptiker der Macht seiner Persönlichkeit. Es ist, als sei Julian in den letzten Jahren gewachsen — und das betrifft nicht nur seine körperliche Statur.

Er hat das Aussehen und die natürliche Hoheit des geborenen Herrschers. Hochaufgereckt steht er an Bord seines Kriegsschiffes, das noch am Donauufer ankert, und nimmt die ersten Huldigungen entgegen. Pannonien ist ihm sicher.

Das ‚Ave — Cäsar!' seiner Untertanen klingt ihm wohl in den Ohren. Aber ist es ihnen auch bedacht? Furcht und Freude zugleich zwingen die Menschen vor ihm auf die Knie.

Es war gut, daß er seine ehemalige Prätorianerkohorte nach Vindobona voraussandte. Überall drängten sich die Christen um Viktor, Antwort von ihm auf ihre bangen Fragen zu erhalten: „Dürfen wir diesem Kaiser huldigen oder nicht?"

Viktor gab nur eine Antwort:

„Gebet dem Cäsar, was des Cäsars ist — und Gott, was Gottes ist."

Diese Auskunft ist ewig gültig, Viktor ist Stimme seines Herrn, und die Leute begreifen, weshalb diese Männer mit den Ehrenschilden der Martyrerlegion dem Cäsar trotz aller bedenklichen Nachrichten über seinen Götzenkult die Treue halten. Auch Mauritius und seine Gefährten haben einem heidnischen Cäsar gedient.

Julian läßt Viktors Kohorte auf sein Kriegsschiff beordern.

Eine Flotte riesiger Transportschiffe liegt auslaufbereit, — Vorhut und Nachhut des Cäsarenschiffes, in der Donau vor Anker.

Nachdem auch die Prätorianerkohorte sich eingeschifft hat — sie ergänzt Julians Truppe auf dreitausend Mann — gibt der Cäsar als Dux (Admiral) selbst das Zeichen und Hunderte von Rudersklaven legen sich in die Riemen.

Aufrauschend wie ein Sturmwind fliegen die stolzen

Schiffe stromabwärts, getragen von der raschen Strömung, vom günstigen Fahrtwind und der pausenlosen Anstrengung der Sklaven, die gehalten sind, das Äußerste aus ihren Kräften herauszuholen.

Es gilt schneller zu sein als das Schicksal.

Schreckensbleich starren die Menschen der Flotte nach — Brandpfeilen gleich stürmt sie vorüber — hochaufgerichtet in der Purpur-Toga an Deck des Cäsarenschiffes der Gewaltige, der die Macht des Imperiums an sich reißen will!

Wieder steht Viktor vor dem Angesicht des Cäsars, Auge in Auge ihm gegenüber.

Wird er sich nun verantworten müssen? Er ist bereit.

Die Offiziere der gallischen Legionen stecken die Köpfe zusammen — was mag es am Heck geben, wo der Cäsar über den Aufbauten thront — Majestät schon jetzt ausstrahlend in jeder Bewegung. Gegen den stürmischen Himmel zeichnet sich scharf seine Gestalt, aber auch die des Kohortenführers.

Es geschieht nichts Ungewöhnliches, wenn Julian sich mit Offizieren und Mannschaften persönlich unterhält, sie sind das von Lutetia her gewohnt. Selbst den geringsten Legionär pflegt er anzusprechen und läßt einem jeden Gerechtigkeit widerfahren.

Dieser Viktor aber ist lange bei ihm. Und er hat niemanden von seinen Unteroffizieren neben sich — man weiß, daß er zwei Jahre am nördlichen Niederrhein verbracht hatte — fern dem Cäsar, obgleich er nach seinen Taten verdient hätte, in dessen unmittelbarer Nähe das Lager aufzuschlagen. Niemand weiß, wodurch er sich unbeliebt gemacht hat.

Man munkelt — wird jetzt endgültig das Schicksal der kleinen versprengten Kohorte entschieden?

Der Cäsar streicht sich durch den dichten braunen Bart, den er sich entgegen der Römersitte in Anlehnung an seine verehrten griechischen Philosophen zugelegt hat, und stützt den Kopf in die Hände.

„Du sollst also noch einmal Gelegenheit haben, Centurio primi, dich in meiner Nähe zu bewähren. Ich habe gesehen, wie du dich auch bescheiden kannst, wenn du glaubst, beiseite geschoben zu sein. Und ich weiß es zu schätzen, daß du dir nirgendwo eine Empfehlung verschafftest, wieder in meine Gunst zu kommen."

Er blickt auf und lächelt vieldeutig.

„Ich indessen habe mir Informationen über dich besorgt, nicht durch Spitzel, die ich von meinem Hof verbannen werde — sondern durch die rechtmäßigen Vertreter der Staatsgewalt, mit denen du zu tun hattest — droben in Traiana."

Er sieht, daß Viktor errötet, und sagt:

„Ungebeten hat auch der Legat Asinius Crassus Bericht über dich erstattet. Sei beruhigt — ohne es zu beabsichtigen, hat er mir nur Schätzenswertes gesagt.

Auch ich kann Trunksucht, Wollust und Grausamkeit nicht ausstehen, sie sollen weder in meinem Leben noch in meinem Reiche geduldet werden.

Ich hörte mit Genugtuung, daß du es ablehntest, dir die Metzelei im Amphitheater anzuschauen. Ich hasse solche ‚Vergnügungen' der blinden Menge. Crassus hat mir einen Dienst erwiesen, dich in solch günstigem Licht darzustellen."

Nun lächelt auch Viktor — er hat für seine Leute gefürchtet, nicht für sich, jetzt darf er aufatmen. Des Cäsars Stirn ist hell, sein Blick, der etwas Unstetes bekommen hat, wird freundlich.

„Ich gebe dir also die Chance, Primipilus, für die nächsten Jahre mit deiner Kohorte wieder zu meiner Leibwache zu gehören und dich verdient zu machen. Ich habe Gewaltiges vor, wenn das Schicksal mir den Sieg schenkt.

Es kommt nur darauf an, daß du dich fügst — gleichviel was ich anordne, entweder verteidigst oder schützest, wie ich dir auch gebieten werde."

Er schweigt, wartet ab. Viktor blickt ihn an.

„Ich bin überzeugt, mein Cäsar, daß du nie etwas befehlen wirst, was ein christliches Gewissen verletzen würde, hast du mich doch oft deiner Sympathien für das Christentum versichert."

Blitzschnell senkt der Cäsar den Blick, seine Unterlippe verschwindet hinter den Zähnen. Er stockt minutenlang, dann sagt er in verändertem Ton:

„Gewisse Eigenschaften der ‚Galiläer' habe ich immer hoch geschätzt, — so die Selbstverleugnung, ihre freiwillige Armut, die Zucht, und über alles ihre Nächstenliebe. Aber das sind, wie ich dir schon einmal sagte, Tugenden, die sich auch ein sittlich handelnder Mensch erwerben kann, ohne Christ zu sein. Ich will sagen, daß ich noch immer ein edles Heidentum dem Christentum gleichstelle.

Du wirst begreifen, daß ich einem Offizier, sei er noch so verdient, nicht meine verborgensten Absichten anvertrauen kann. Aber aus meinem Handeln als Kaiser wirst du meine Gesinnung feststellen können."

Viktor schweigt. Der Cäsar will eine Antwort.

„Oder brauchst du als Christ deutlichere Aufklärung darüber, wem du zu dienen haben wirst?"

Viktor schüttelt den Kopf.

„Nein — ein Größerer hat gesagt: ‚An ihren Früchten werdet ihr sie erkennen'. Das wird auch mir zur Unterscheidung genügen."

Julian starrt ihn an — auch er kennt die Schrift, bis zum Überdruß hat er sie in seiner Jugend studieren müssen!

Dieser Viktor hat ein gewisses Quantum Mut zuviel, es könnte ihm einmal schwer zu schaffen machen. Deutet er die Vertraulichkeit des Cäsars so, als sei er schon seinesgleichen oder ihm gar überlegen?

Julian wird reserviert.

„Ich beordere dich zu meiner Truppe — es sind lauter bewährte Legionen, die mir nach Konstantinopel folgen. Ich hoffe, ihr werdet gute Kameradschaft halten."

Viktor ist aus der Unterredung entlassen. —

Die Offiziere der gallischen Truppen umringen ihn — aber aus Viktor ist nicht viel herauszuholen.

An diesem Abend sitzen sie lange zusammen. Das Schiff macht auch bei Nacht keine Rast, die Spannung des Kommenden hält sie alle wach. Sie gehen zweifellos entscheidungsreichen Tagen entgegen.

Wenn Viktor auch schweigsam ist — was sollte er schon viel von Traiana berichten? Mit seinem Kasernenbau steht er nicht einzigartig da; auch beim Wiederaufbau von Colonia Agrippensis im Jahre 359 haben die stolzesten Legionäre des Cäsars sich nicht gescheut, beim Aufbau der Privatmagazine Julians selbst ehrenhalber Hand anzulegen. Fünfzig Fuß lange Balken haben sie geschleppt, den Maurern die Kelle aus der Hand gerissen, wenn nur ein Blick des geliebten Cäsars sie traf.

Es entgeht ihnen beim Prahlen ganz, daß es etwas wesentlich anderes bedeutet, wenn eine Kohorte sich irgendwo in der Etappe ihre Befestigungen baut, weit weg vom Cäsar, der ihnen Lob spenden könnte. Viktor duldet es nicht, wenn seine Leute sich hervortun, so gibt er dem Gespräch eine andere Wendung.

Wie waren die Jahre in Lutetia? Sie müssen ihm noch ausführlich die Erhebung Julians zum Augustus schildern, man hört zuviel Doppelzüngiges darüber.

Es stimmt, daß der Cäsar nicht allzugroßen Widerstand leistete, als die enthusiastischen Heere ihm das Kaiserdiadem und den Purpur aufzwangen. Der Form nach hat er sich zwar dem Konstantius unterworfen und demütig um Anerkennung gebeten, aber als sie ausblieb, ebenso entschlossen seinen Feldzug gegen ihn ausgerufen, blitzschnell handelnd, verwegen und tollkühn.

Ihre Augen leuchten, wenn sie von Julian sprechen. Was alles hat er in der kurzen Herrschaft über Gallien geleistet? Die Grenzen befriedet, dem Volk Brot gegeben — und Zirkusspiele natürlich auch — haha.

Die Steuern hat er auf das erträgliche Maß herabgesetzt, Städte erbaut, die Geheimpolizei abgeschafft, persönlich Gericht gehalten, auch über unbedeutende geringe Leute, und das Größte:

„Stell dir das vor, Viktor, kürzlich noch ließ er in Lutetia verkündigen, fortan werde nur noch Verdienst entscheiden und Bewährung, ob einer aus dem gemeinen Stande zum Offizier aufrückt. Zu Ende ist es mit der Protektion reicher Muttersöhnchen, wir werden einen Offiziersstand bekommen, mit dem alle Schlachten zu gewinnen sind, keine gekauften Subjekte sind mehr dabei!"

Viktor blickt skeptisch. „Ihr unterschätzt die Heere des Konstantius, er wird jetzt nicht müßig sein; die Nachrichten von seinem Aufbruch sind beunruhigend genug."

Sie lachen. „Konstantius ist schon erledigt. Weißt du das denn nicht, Viktor? Sämtliche Orakel haben Julian rechtgegeben. Er soll den Vorsprung ausnutzen, sie bestätigten ihm noch gestern den sicheren Untergang seines Gegners."

Viktor beugt sich vor, plötzlich sehr ernst.

„Der Cäsar befragt die Dämonen?"

Sie lachen. „Na, du als Christ mußt ja so reden. Dämonen hin und her, sie sagen die Wahrheit. Damals haben sie auch recht behalten, daß er die Feldzüge in Gallien gewinnen wird. Er läßt keinen Tag vorübergehen, ohne die Stimmen der Götter zu hören zu allem, was er tun und lassen soll."

„So ist es also doch wahr, ich habe es nicht glauben wollen, daß der Cäsar den Göttern öffentlicht huldigt."

Der Gardeoffizier Juventius, in dessen Legion noch das rotflammende Labarum in Ehren gehalten wird, das Konstantin ihr verlieh, sagt mit Bitterkeit:

„Daran wirst du dich gewöhnen müssen. Natürlich ist der Cäsar klug genug, es noch nicht ganz mit den Christen zu verderben; regelmäßig hat er in Lutetia an christlichen Gottesdiensten teilgenommen — das stimmt ebenfalls. Aber es machte ihm nichts aus, sofort nach einem Pontifikalamt die Eingeweidebeschauer und Orakelwerfer aufzusuchen."

Ein gefährliches Thema, die christlichen Soldaten blicken finster. Viktor lenkt sie rasch ein, er steht auf.

„Sehen wir zu, daß wir selbst unsere Pflicht erfüllen. Es wird sich bald offenkundig entscheiden, ob der Kaiser zum Heidentum oder zum Christentum hält. Im christlichen Konstantinopel wird es keine Wahl für ihn geben."

Die Soldaten schweigen verbissen. Später nimmt Viktor Juventius beiseite und spricht unter vier Augen mit ihm.

„Hör, Kamerad, wir dürfen es nicht zum Aufstand kommen lassen unter den Leuten; wir sind für Ruhe und Ordnung verantwortlich, solange der Kaiser uns die alten Privilegien und Freiheiten läßt. Paulus sagt, daß wir auch der heidnischen Obrigkeit gehorsam sein müssen."

Juventius nagt mit zusammengezogenen Brauen an seiner Unterlippe.

„Du hast recht — sofern sie nichts anordnet, was den Glauben gefährdet. Ich sage dir nur, wir haben Julian in Lutetia beobachten können. Ich glaube nicht, daß die Christenheit Gutes von ihm zu erwarten hat — es waren vorwiegend heidnische Truppen, die ihn zum Augustus erhoben."

„Das dachte ich mir — trotzdem sind wir ihm verpflichtet, und das ist gut so. Wir haben zu sorgen, Juventius, was auch immer kommen mag, daß der Fortbestand einer christlichen Kerntruppe an der Seite Julians gesichert und gewährleistet bleibt."

Des Juventius dunkle Augen leuchten auf: „Das ist auch unsere Meinung, deswegen folgten wir den Befehlen. Wir müssen zusammenhalten, eine unzerstörbare Einheit bilden! Dann verlieren seine neuheidnischen Schwärmereien ihre Gefährlichkeit. Kaiser brauchen ihre Soldaten — er kann nicht ohne uns regieren."

Viktor gibt ihm spontan die Hand.

„So war mein Entschluß doch richtig, ich dachte ebenso. Gibt es noch mehr Offiziere deiner Art unter der Schiffs-bemannung?"

Juventius nickt. „Mein Freund Maximinus, er ist bei der Garde wie ich und hat dieselbe Gesinnung. Wir müssen feststehen, Viktor."

Sie drücken sich die Hände, sehen einander in die Augen. Viktor steht nicht mehr allein. In Konstantinopel wird er viele Gefährten finden. Überall ist beim Heere das Christentum eingedrungen, Julian wird es nicht ändern können.

Und noch lebt Kaiser Konstantius, — wäre aber seine Regierung ein Glück für sie? Viktor und Juventius beurteilen die Lage gleich:

„Ich weiß wirklich nicht, Viktor, ob es günstiger wäre, die Alleinherrschaft des wankelmütigen Konstantius länger zu ertragen und zu stützen. Halbe Christen sind jetzt schädlicher als ganze Heiden. Wie oft hat er den Arianismus gegen die Ecclesia des Westens ausgespielt; Athanasius und den Papst in Verbannung geschickt. Ich erinnere an die schmachvolle Synode von Rimini, die er erzwang."

Viktor stand damals im zwanzigsten Jahr, aber so etwas vergißt man nicht, der ganze Erdkreis schrie auf und entsetzte sich, arianisch zu werden, bis nach Augusta Treverorum lief die Erbitterung der Christen.

Es ging um nicht mehr und nicht weniger, als um die Gottheit Christi, die Konstantius als überzeugter Arianer auch jetzt noch leugnet. Nein, auch dieser Kaiser ist reif dafür, daß der Sturm der Geschichte ihn als einen morschen Baum fällt!

Und Konstantius stirbt. Noch ehe er eine erste Berührung mit den Truppen Julians erfuhr, erkrankt er in Kleinasien am Fieber. Wie sein Vater Konstantin empfängt er erst auf dem Sterbebett das Taufgewand.

Haben die Orakel des Julian Recht behalten? Der einfache Soldat glaubt zu gern, daß die Götter gleich den Menschen dem neuen Alleinherrscher zujubeln. Noch ehe er vom Tod seines Gegners etwas ahnt, formt Julian in Naissus, im Herzen des Balkangebirges, seine Regierung.

Fast sämtliche hohen Staatsämter besetzt er mit Gelehrten, Philosophen und Rednern — sogar der Finanzminister ist ein Rhetor, und als Gouverneur von Pannonia setzt er einen vergrübelten Historiker ein.

Viktor achtet bei dieser Regierungsbildung nur auf eines — die neuen Männer sind Heiden, hellenistisch gebildete Neuplatoniker.

In wüsten Schmähschriften gegen Konstantius ringt Julian um die Macht — sie treffen nur noch einen Toten.

Julian erschrickt — öffentlich beteuert er vor seinen Soldaten, daß er zwar um die Niederlage seines Gegners gebetet habe, nicht aber um diesen jähen Tod — seine Hände sind nicht vom Blut befleckt im Machtkampf, wie die seines Vorgängers.

Die Götter haben entschieden.

Und er ordnet öffentliche Trauer an, kleidet sich selbst in ein Trauergewand — in Konstantinopel aber strömt ihm das Volk geschmückt und bekränzt entgegen, einen Triumphator zu empfangen. Ohne eine Schlacht schlagen zu müssen, empfängt er die Ehren eines Siegers nach überwältigendem Ringen.

Es ist im November, als Julian den goldenen Thron in der Kaiserhalle von Konstantinopel besteigt, ausgerufen zum Augustus, zum Kaiser des riesigen Imperiums.

Und auch seine Legionen huldigen ihm.

Von allen Gauen des Reiches kommen Gesandtschaften, sich ihm zu Füßen zu werfen, demütig um Frieden zu bitten, aus allen Himmelsrichtungen des römischen Weltreiches strömen sie herbei, zitternd, zugleich hoffnungsfroh. Was wird die erste Handlung des neuen Herrschers sein?

Julian heißt das Heer in vollem Waffenglanz antreten, die Offiziere ihre Paradeuniform anlegen, und mit wehenden Standarten begibt er sich an der Spitze der Legionen zum Hafen am Bosporus — nicht um Kriegsschiffe zu besteigen — sondern um die Galeere zu empfangen, welche die sterblichen Überreste des Konstantius birgt. In der

Krypta der Apostelkirche soll der tote Kaiser beigesetzt werden.

Die Christen atmen auf — ist das die erste Sicherheit für ein Fortbestehen der alten Vorrechte der Kirche und des Inkraftbleibens sämtlicher Toleranzedikte seiner Vorgänger?

Da ordnet der neue Kaiser vor dem Senat die feierliche Apotheose für den Verstorbenen an. Getreu dem Brauch, der selbst einen Christenverfolger wie Diokletian in den siebenten Himmel erhob, läßt er Konstantius ehrenvoll unter die Götter erheben, ihm auf ewig den schon fast vergessenen Titel ‚Divus' — der Göttliche — zuerkennend.

Diesmal jubeln die Heiden. Freiwillig kommen sie, dem neuen ‚Gott' zu opfern. Auch das Heer wird von Julian aufgefordert, dem Divus Konstantius göttliche Ehren zu erweisen. Anstandslos folgen die von heidnischen Offizieren befehligten Legionen. Juventius und Maximinus, die das Christusmonogramm auf ihren Standarten tragen, besprechen sich sofort mit Viktor, der auf seinen Schilden ja ebenfalls das Kreuzeszeichen trägt.

„Was tun?"

Viktor lacht. Da gibt es nur eines:

„*Kein Weihrauch für Cäsar!*"

Wie sie das begründen sollen? Wer es dem Herrscher beibringen soll, daß sie die Ehrung verweigern?

Viktor tritt vor.

„Laßt mich machen, ich habe nur eine verhältnismäßig kleine Mannschaft hinter mir, schont eure Legionen. Ich werde euer Wortführer."

Nach einigem Zögern geben sie nach.

Geschlossen, die Kohorte hinter sich, tritt Viktor an, als der Befehl zur Rechtfertigung ihn erreicht. Im Hof der

Magnaura (Kaiserpalast) steht er und schreit es furchtlos zu den kaiserlichen Galerien hinauf:

„Wir opfern dem Divus nicht! Wir sind Christen. Es gibt für uns keine vergötzten Menschen, nur einen menschgewordenen Gott!" —

Julian läßt ihn vor sich kommen.

„Ich liebe eine aufrichtige Sprache — keine Duckmäuserei, das weißt du. Wie kommst du dazu, dich gleich meiner ersten Anordnung als Kaiser an das Heer zu widersetzen?"

Viktor steht wie aus Erz.

„Ich werde dir in allem gehorchen, Cäsar, was nicht meines Gottes Gebot verletzt."

Julian sitzt regungslos, atemlose Minuten, selbst die Kämmerer vor den Türen wagen sich nicht zu rühren. Leise sagt der Kaiser:

„Du hast Glück, — im Grunde genommen glaube auch ich nicht an die Göttlichkeit eines Mannes wie Konstantius. Ich genügte einem alten Brauch. Es kann mir gleich sein, was du einem Toten verweigerst, — wenn du nur dem Lebenden Gefolgschaft leistest."

Er tut, als lasse der Fall ihn gleichgültig. Julian weiß, daß er eigentlich schärfste Gegenmaßnahmen ergreifen müßte — aber er ist erst einige Tage Augustus — und er will nicht in den Geruch eines Gewaltherrschers kommen. Nun, es wurde ihm klar, woran er mit Viktor ist.

„Sind noch mehr Offiziere der gleichen Meinung wie du?"

Viktor tut seinen Mund nicht auf, auch das rechnet Julian ihm hoch an; Verräterei ist ihm verhaßt. Wenn ihm dieser Mann nur nicht immer bei aller Gegensätzlichkeit so gefallen würde wegen seiner menschlichen Tugenden!

„Gut, schweige nur — ich kenne die Legionen, die das

Labarum (Christuszeichen) mitführen. Ich werde dich und diese Männer in Konstantinopel belassen, einstweilen. Wenn es euch auch nicht erlaubt ist, an Götterehrungen teilzunehmen, dem Befehl, den Aufbau der alten Kultstätten zu überwachen und zu schützen, werdet ihr euch nicht widersetzen können. Was in Byzanz gebaut wird, bestimme ich, damit Schluß, du bist entlassen."

Es ist Viktor gewiß — dieser Mann wird keine christliche Kultstätte errichten lassen. Aber Viktor ist im Zweifel, ob er als Christ auch eine bloße Baubewachung ablehnen muß. Er wird einen Presbyter fragen. Daher zögert er, scheint sich zu beugen.

Doch Julians Maske ist gefallen.

Nein, des Konstantius Nachfolger ist nicht einmal ein halber Christ — was er in der Stadt am Goldenen Horn aufbauen läßt, sind Göttertempel. Zuerst entsteht ein pompöses Mithräum zu Ehren des Gottes, der ihn so sicher zum Siege führte: Mithras-Helios. Die Kirche kann die Teilnahme am Götzenkult für die Soldaten verbieten, im Falle Viktors rät sie zur Klugheit.

Er hat mit seiner Kohorte lediglich die Bauarbeiten zu beaufsichtigen und zu sorgen, daß es zu keinerlei Unruhen kommt. Die Kirche soll kaiserliche Befehle, — soweit sie nicht unmittelbar den Glauben der Untertanen angreifen, — nicht durchkreuzen.

Zudem werden ja nicht nur Heidentempel erbaut: überall sieht man die Truppen am Werk — hier wird ein Obelisk errichtet, dort an der geplanten Privatbibliothek des Kaisers gebaut; am Hafen ziehen ganze Kolonnen entlang, neue Kais mit windgeschützten Molen zu errichten.

Noch achtet das Volk nicht argwöhnend darauf, was eigentlich alles in Konstantinopel erbaut wird.

Aber das erste Edikt Julians öffnet den Sorglosen die Augen:

Natürlich ein Toleranzedikt!

Jeder Cäsar macht sich bei Regierungsantritt durch mildernde Gesetze beliebt. Diesmal aber erstreckt sich die gebotene Toleranz nicht auf die Kirche, sondern kommt dem Heidentum zugute.

Der Kirche wird ihre Stellung als Staatsreligion entzogen — die heidnischen Kulte sind wieder gleichberechtigt und sollen neu aufleben. Julian begründet klug seinen ersten Schritt in dieser Richtung:

Er will der Kaiser der Gerechtigkeit, der Duldsamkeit und der weisen Versöhnung heißen. Damit will er dem Volk die Idee nahebringen, alle religiösen Kulte könnten friedlich nebeneinander existieren, ohne daß der Staat einen einzigen besonders bevorzugt.

Die Kirche ist hellhörig, sie warnt ihre Gläubigen, auch dann noch, als Julian zum Zeichen seiner ,Gutwilligkeit' alle verbannten Bischöfe der Papstkirche großherzig zurückrufen und wieder in Amt und Würden einsetzen läßt.

Der greise Athanasius, der schon manche Verbannung und Heimführung erlebte, durchschaut das Manöver.

Gleich nach seiner Heimkehr wird er den Kampf gegen den zerstörerischen Arianismus wieder aufnehmen in aller Schärfe, die Gottheit Christi verteidigen wie eh und je — aber gerade das hat Julian gewollt.

Nein, er selbst befleckt sich die Hände nicht — soll die Kirche sich aufreiben im Kampf um ihre Dogmen!

An einem Sonntag sitzen die Offiziere der Jovianer und Herkulianer-Legionen am Hafenkai beisammen, Juventius und Maximin. Sie starren auf das arzurblaue Becken des Bosporus, vom warmen Hauch der goldenen Luft umspült — es ist ein Tag von Licht und Glanz, aber ihre Mienen sind düster. Mit Viktor besprechen sie die Lage.

„Unsere Hoffnungen sind zuschanden, Primipilus. Wir ließen uns täuschen, aber wir sind es nicht allein. Jetzt ist es aus mit den toleranten Kirchenbesuchen Julians. Und wir können froh sein, wenn wir in den nächsten Jahren noch eine Basilika betreten dürfen."

Viktor schüttelt den Kopf.

„Heute kann ich euch sagen, was er damals auf dem Schiff vor Sirmium mit mir besprach: — er will lediglich Gleichberechtigung für alle Religionen, zu einer Verfolgung wird er es nicht kommen lassen."

„Aber diese Vielgötterei beschwört sie herauf, die Kirche kann da nicht gleichgültig zusehen. Hast du die Verlautbarungen des Gregor von Nazianz gelesen? Mit diesem streitbaren Bischof wird der Kaiser noch zu tun bekommen. Und dann ist der Kampf da."

Viktor überlegt.

„Ich glaube eher, daß Athanasius sich wieder zum Hauptsprecher machen wird, an ihn müssen wir uns halten. Er ist mit mehr als einem Cäsar fertig geworden."

Juventius rupft ein Büschel Schilfgras aus der Erde, ballt die Faust und starrt über das Meer hin mit brennenden Augen.

„Ich wünschte, wir würden mit ihm verbannt. Bei diesem Kaiser halte ich es nicht aus. Es gibt eine Katastrophe. Ich bin nicht rhetorisch geschult wie Athanasius."

Viktor lacht.

„Ich auch nicht. Man muß ihm nur freimütig gegenübertreten. Er hat es geschluckt, als ich ihm erklärte: ‚Kein Weihrauch für Cäsar!' und er wird sich noch an derbere Kost gewöhnen müssen."

„Wenn du glaubst, daß er grundsätzlich kein Blut sehen kann, irrst du dich. Hast du nicht die Gerichtsurteile in den kaiserlichen Prozessen gelesen? Da sind Köpfe gerollt!"

Maximinus mischt sich ein, er ist der Wortkargere.

„Dieser Mann weiß, was er tut. Damit es keinen Aufstand gab, hat er das Tribunal nach Chalcedon verlegt, er hat nicht gern Zuschauer beim Morden, verschleppt seine Opfer wie ein Raubtier."

Viktors Gerechtigkeitssinn lehnt sich gegen den harten Spruch auf:

„Du vergißt, Maximinus, daß es sich hier um echte Verbrecher handelte, wenigstens zum größten Teil. Was diese Leute sich im kaiserlichen Spionagedienst leisteten, das verlangt seine Sühne. Ganz gewiß hat es dort keinen Martyrer gegeben; nur weltliche Delikte wurden gesühnt, keiner starb um des Glaubens willen. Ihr seht zu schwarz."

Maximinus lacht.

„Ja, du — milde auch gegen deine Feinde! Damit kommst du nicht weiter. Tyrannen vernichtet man nicht durch Gebete."

Jetzt lenkt auch Juventius ein, die Sprache seines Kameraden ist ihm zu scharf.

„Warten wir noch ab, Maximinus, ich habe schon in Pannonien zur Geduld gemahnt. Viktor hat recht, wenn der neue Kaiser sieht, daß er durch seine Edikte Unruhen schafft, wird er seinen Thron nicht gefährden wollen. Er unterschätzt die Macht des Christentums. Es hat sich einer blutigen Verfolgung nicht gebeugt, da wird es auch diese Schwächung durch einen heidenfreundlichen Cäsar überwinden."

Maximinus lacht bitter auf.

„Heidenfreundlich? Stockheide ist er — dieser Heuchler

hat in Lutetia nur deswegen christliche Gottesdienste besucht, damit auch unsere Legionen zu ihm hielten. Damals brauchte er uns noch. Heute läßt er sich nacheinander in sämtliche Geheimkulte der Götzendiener einweihen — ganz gleich, welche Götter sie verehren."

Juventius schaut ihn groß an.

„Woher weißt du denn das?"

Maximinus lächelt ironisch.

„Gehöre ich umsonst zur Palastwache? Da sieht und hört man allerlei. Auch, daß unser Kaiser inzwischen Großmeister der Mithrassekte geworden ist. Wenn ich ihn frühmorgens auf den Stufen des Mithräums die Sonne anbeten sehe, dreht sich mir das Eingeweide um."

Viktor schaut fast wehmütig über die blau schimmernden Fluten des Bosporus hin.

„Es ist schade um ihn, Kameraden. Er hätte alle Anlagen, ein guter Christ zu sein. Daß er im arianischen Irrglauben erzogen wurde, ist ja nicht allein seine Schuld. Einen Christenglauben, der an der Gottheit des Herrn nicht mehr festhält, würde ich auch über Bord geworfen haben."

Maximinus schüttelt den Kopf.

„Er hatte Gelegenheit genug, die Wahrheit zu suchen und zu finden. Aber er wollte nicht, das Christentum war ihm nicht gebildet, nicht geistvoll, nicht angenehm genug. Er ist hochmütig — Christus als der Gekreuzigte kann natürlich nicht gegen den unverwundeten strahlenden Apoll in makelloser Schönheit an.

Das ist es. Schon vor Argentoratum nannten ihn manche Soldaten einen ‚weibischen Griechen'."

Viktor fährt auf.

„Vor Argentoratum war ich dabei — das ist nicht wahr! Der Cäsar hat sein Leben nicht geschont und sich mitten in die Gefahr geworfen. Ich wünsche nicht, daß er ungerecht beurteilt wird. Auch den Feinden das volle Maß der Justitia!"

Seine blauen Augen flammen — die Offiziere sehen sich an und verstummen. So ist Viktor — Gerechtigkeit für jeden.

Juventius lenkt ein.

„Viktor ist der Vernünftigere, laß uns nüchternen Sinnes bleiben, Maximinus, sonst verderben wir mehr, als wir gutmachen."

Nur widerwillig läßt der andere sich beschwichtigen und folgt ihnen, als die Kameraden sich erheben und einen Hafenrundgang machen. Sie ändern das Thema und beginnen ein echtes Soldatengespräch:

Das ist eine ‚Etappenstadt', was? Hier werden die Mannschaften keine Langeweile haben. Seht doch das goldene Byzanz, wie es ausgebreitet liegt in der Umarmung des Meeres — glänzend im Schmuck seiner Villen, Paläste und Kirchen. Und Gaststätten gibt es hier — keine liederlichen Tabernen, sondern solche, die man nach dem Dienst besuchen kann, ohne seinen Namen zu beschmutzen.

„Hast du die Mädchen schon gesehen, Viktor? Königinnen an Wuchs — und ihre Augen — als ob sich alle Sonne darin gesammelt hätte! Nein? Was ist mit dir los — bist du blind dafür? Na, da waren deine Leute aber anders. Was haben die gewettert, als sie von ihren Bräuten in Vindobona Abschied nehmen mußten; die hatten sich einen Heiratsurlaub versprochen, und ich fürchte, da ist manches in die Brüche gegangen durch unsern Einschiffungsbefehl nach Konstantinopel."

Viktor blickt mit zusammengezogenen Brauen flüchtig über das strahlende Stadtbild hin.

„Die Soldaten — sie machen mir Sorgen. Nicht wegen der Edikte des Kaisers — sondern wegen der schlechten Zucht hier. Da war es in Traiana unter der Dreißigsten noch besser, obgleich es dort eine reine Garnisontruppe war. Hier denken die Soldaten nur an Vergnügen, Theater, Wettspiele, Wein und Liebeleien. Wenn ich sie an den Geschäften und Marktständen um Perlen feilschen sehe, frage ich mich, ob man nicht bald auch die ganze Soldatenehre verschachern kann."

Juventius stutzt. Das ist eine scharfe Sprache — diesmal gegen die eigenen Leute.

„Laß den Männern doch ihr Vergnügen — ein bißchen Handel, das liegt jedem im Blut. Deine Bataver sind doch halbe Barbaren, da kannst du sagen, was du willst. Die werden von den Reichtümern fremder Völker immer mächtig angezogen, aber das geht vorüber, wenn sie merken, daß sie in ihrer Unkenntnis betrogen werden, laß dir's gesagt sein."

Viktor bleibt ernst.

„Nein, ich will nicht, daß sie in die Bazare laufen, sich abends betrinken und frivole Lieder singen. Bei einer Kasernenkontrolle mußte ich doch feststellen, daß einige sich Daunenkissen beschafft hatten. Ich werde den Kaiser bitten, scharfe Maßnahmen gegen jede Verweichlichung der Truppe zu treffen."

Maximinus lacht auf.

„Vielleicht lenkst du ihn dadurch davon ab, weitere ‚Toleranzedikte' für die Heiden aufzustellen, indem du seine Aufmerksamkeit auf die armen Kerle im Heer lenkst. Sie werden es dir bestimmt nicht danken, Viktor."

Der bleibt unnachgiebig.

„Aber ich bin für sie verantwortlich. So geht es nicht

weiter. Müßiggang verdirbt die besten Soldaten. Du darfst gewiß sein, Maximinus, daß ich deswegen unsere großen Anliegen nicht vergesse — das Christsein schließt jedenfalls das Soldatsein nicht aus. Ich muß es fertigbringen, in Byzanz die Augen offen zu halten als Offizier und als Christ."

Er stockt.

„Seht da —"

Sie sind in ein Handelsgäßchen eingebogen — etwa drei Viertel der an den offenen Bazaren feilschenden Käufer sind Soldaten. Den beiden Gardeoffizieren steigt das Blut zu Kopf — sie haben Angehörige ihrer Einheit entdeckt. Viktor will sie nicht beschämen — auch seine Leute sind keine Heiligen. Er legt einem die Hand auf die Schulter:

„Halt, Kamerad — was hast du da erhandelt?"

Der Mann fährt herum — ein junger Kerl mit einem offenen Kindergesicht. Fassungslos starrt er den Primipilus an — wie kommt denn der hierher? Er hatte geglaubt, der halte sich nur in Kirchen auf. Viktor macht eine Kopfbewegung, die er kennt — zögernd zieht er etwas aus der Tasche.

„Hier ist es — eine kleine Plastik, bunt gebrannt, für meine Stube."

Viktor betrachtet sie kritisch.

„Weißt du, was sie darstellt?"

„Ich denke, die Theotokos!" (Die Gottesgebärerin)

„Nein, das ist eine Abbildung der heidnischen Göttermutter Kybele. Die Gottesmutter würde sich bedanken, mit ihr verwechselt zu werden. Gib das zurück."

Er muß alle Beredungskunst aufwenden, bis der Händler sich bewegen läßt, die Kybele zurückzunehmen; der Soldat erwirbt dafür ein geschnitztes Trinkgefäß von erlesener

Schönheit. Der irdene Krug und die Feldflasche aus Ton sind ihm längst nicht mehr gut genug.

Stumm läßt Viktor ihn gewähren, es ist bezeichnend — überall suchen sie Verfeinerung und Genuß. Auch die Gardeoffiziere haben ihre Runde gemacht, den Käufern im Soldatenwams auf die Finger gesehen.

Sie finden Viktors üble Meinung bestätigt. Auch Maximinus sieht nun ein, daß der Kohortenführer durchgreifen kann. Viktor will keinen Frieden um jeden Preis, aber er behandelt die Menschen gleich, ob sie im Rang hoch über ihm stehen oder untergeordnet sind.

Wie unruhig er in seinem Herzen wegen der folgenschweren Erlasse des Kaisers ist, ahnen sie allerdings nicht. Er trägt seine Sorgen vor seinen Gott hin — immer wieder. Darüber hinaus bewahrt er sie still für sich.

Er braucht allerdings nicht lange zu warten, bis in aller Öffentlichkeit ein Protestschrei der Christen Konstantinopel und die Welt erschüttert.

Schlagartig werden die ersten Übergriffe der Heiden aus allen Teilen des Weltreiches bekannt. Die Toleranzedikte öffnen ihrer lange schwelenden Rachsucht Tür und Tor. Sie wittern Morgenluft!

Tag für Tag überstürzen sich die Nachrichten von Gewaltakten: Plünderung, Mord, Schändung christlicher Jungfrauen.

Die Christen lassen sich nicht ohne weiteres ihre alten Privilegien rauben. Schon die Rückgabe heidnischer Kultstätten und Kunstgegenstände, die Entschädigung für brotlos gewordene Götzendiener, ist eine Provozierung für sie — aber wo sie sich wehren, kommt der Pöbel über sie, der sich wie vom Kaiser geschützt weiß.

Am Vortage eines hohen Kultfestes des Sonnengottes

Mithras, den der Kaiser so stark verehrt, kommt es in Alexandrien zu schwersten Ausschreitungen. Dort kerkern die entfesselten Massen gar den arianischen Bischof Georgios von Kappadokien ein, der einst des Prinzen Julian Lehrmeister in der Irrlehre und im Hellenismus war. Er hatte es gewagt, trotz der kaiserlichen Erlasse die heidnischen Tempelstätten zu schmähen.

Da steht der Anschlag: Alexandria meldet: Lynchung des Bischofs Georgios im Gefängnis — öffentliche Verunehrung seines Leichnams!

Wird der Kaiser jetzt nicht zum scharfen Gegenschlag ausholen müssen? Das Volk wartet — er ist doch gegen alle Gewaltakte, so ließ er verlautbaren?

Ein lahmes Protestschreiben an die Bürger von Alexandrien ist alles, was an Reaktion aus dem Kaiserpalast erfolgt. Das kann doch nicht sein — es wäre ja unerhört — wo bleibt das Strafgericht, wo ein gerechtes Tribunal?

Nichts — ein paar Wochen später statt dessen ein erneuter Befehl von oben an die Christen, den Heiden alles auf Heller und Pfennig zurückzuerstatten, was ihnen einst enteignet worden war!

Nun erheben sich auch die Heiden in anderen Provinzen.

Syrien, Phönizien, Gaza, Heliopolis und Arethusa werden mobil — überall Aufstände, blutige Vergeltungsakte! Plünderung von Kirchen, Mißhandlung von Priestern, Schändung von Jungfrauen und Entweihung christlicher Kultgefäße! In Bostra wälzt sich ein Bildersturm durch alle Straßen — ganze Häuserreihen werden niedergerissen, weil die Heiden angeblich ehemalige Kultstätten, die dort standen, wieder aufrichten wollen!

Und dann wie ein Feuersignal ein Name: Marcus von Arethusa!

Er wird zum ersten Martyrer der ,unblutigen' Christenunterdrückung des Julian! Der Bischof von Nazianz sorgt, daß dessen Leidensgeschichte allen Christen bekannt wird. Es bleibt nicht verborgen, wie Julian mit seinem Begnadigungsbefehl zu spät kam!

Viktor liest das bischöfliche Rundschreiben, das Hunderte von amtlichen und anonymen Schreiber vervielfältigt haben — nach dem Gottesdienst wird es den lesekundigen Gläubigen angeboten.

Wie kam es dazu, daß die durch Julian so vorzüglich ausgebaute Staatspost diesmal versagte? Gab es keine Kurierreiter, die fähig waren, den Kaiserbefehl zum Aufschub der Hinrichtung rechtzeitig nach Arethusa zu bringen?

Der Kaiser bedauert, er entschuldigt sich — aber anderen Tages steht er wieder öffentlich vor der Statue der Fortuna am Straßenrand und betet dort entblößten Hauptes, als die Heidenpriester an Ort und Stelle einen Stier schlachten, die Göttin gnädig zu stimmen.

Und das geschieht, während jedes Kind in Byzanz weiß, daß erst vor kurzem der greise Bischof Maris von Chalcedon den Kaiser an der gleichen Stelle in aller Offenheit zurechtwies und ihn — da er nicht von seinem Götzendienst ließ, einen ruchlosen Abtrünnigen schalt!

Die Gardeoffiziere sind taktvoll genug, ihre Genugtuung Viktor nicht fühlen zu lassen, aber er spürt sie aus ihren verbissenen Mienen. Sie haben recht behalten, der Kaiser ist Heide und schämt sich keineswegs, dies allem Volk zu bekennen, auch dem gemeinen Mann im Heer, jeder weiß nun Bescheid.

Julian aber sieht ein, es wäre richtiger für Beruhigung der Volksgemüter zu sorgen — er wendet daher seine Aufmerksamkeit in den nächsten Monaten einer gründlichen Reform der inneren Verwaltung zu; eine Weile bleibt es still.

Wie ein lediglich auf Wiederaufbau bedachter friedlicher Regent widmet er sich dem Straßenneubau, ordnet das Reisewesen für Beamte und Bürger, greift in die veraltete Rechtsprechung der Justiz ein, — erneut macht er sich einen Namen als unbestechlicher Richter der Armen und Bedrängten — schafft soziale Einrichtungen, die christlichem Geist entstammt sein könnten.

Schon hoffen die Christen, das Unwetter sei vorübergegangen, — da verlesen die Priester von den Kanzeln eine Abschrift der kaiserlichen Schmähschrift gegen eine heidnische Sekte, die sich seiner Auffassung vom Miteinander der Religion nicht anpassen wollte.

Was geht das die Christen an? Oh — sehr viel — In dieser Schrift steht der sehr bemerkenswerte Satz: ‚Weltverächter seid ihr, so wie auch die *gottlosen Galiläer* gewisse Leute unter ihren Anhängern Weltentsagende nennen‘.

Die gottlosen Galiläer — das sind die Christen!

Man braucht sich nichts Gutes mehr für sie vom Kaiser zu erhoffen.

Wen wundert es noch, daß Julian von jetzt an — als wäre er ein Pontifex Maximus (Hoherpriester) — wahre Enzykliken über seine religiösen Überzeugungen herausgibt?

Sämtliche Götter Griechenlands und ihre Mysterien will er den Christen aufdrängen — Mithras-Helios vergleicht er mit Christus, die Göttermutter Kybele mit der Jungfrau Maria; ja er gibt eine Buchrolle heraus, die man als ‚Katechismus des Neuheidentums‘ ansehen kann.

Das zornige Lachen des großen Bischofs von Nazianz

rüttelt auch die schlafenden Christen wach, im Volkston donnert er gegen den neuen Götterkult:

„Zeus, du größter der Götter, der du dich wälzest im Miste, sei er von Schafen, sei er von Pferden, sei er von Maultieren! Sicher ist das ein Mythos, dazu bestimmt, die lebendige Kraft und Fruchtbarkeit seines Gottes darzustellen!"

Das Volk lacht, die Soldaten lachen, — ein Kaiser ist noch nicht gestürzt, wenn das Volk schimpft, aber er ist erledigt, wenn es lacht!

Aus der erhabenen Gelassenheit, mit der Julian alle Vorwürfe von seiten der Christen ertrug, wird unterdrückte Wut. Jetzt soll das Christentum erfahren, daß es nicht nur bei Edikten und Schmähschriften bleibt.

Nein, auch jetzt noch keine Gewalt — aber hinweg mit allen christlichen Symbolen in seinem Bereich!

Liegen nicht in den Staatskassen Münzen in goldenen und silbernen und kupfernen Haufen, die das Christusmonogramm tragen? Soll er etwa Christus seine Schätze verdanken?

Weg damit — Die Münzen werden eingeschmolzen, umgeprägt, mit heidnischen Symbolen versehen. Wo gibt es das aufreizende Symbol noch?

Wahrhaftig, es flattert seinen Legionen zu Häupten. Weg damit — er befiehlt die sofortige Einziehung aller Legionsstandarten und Feldzeichen, die das Christuszeichen tragen.

Am nächsten Tage sind die beiden Gardeoffiziere Juventius und Maximinus in der Kaiserhalle gemeldet — sie bringen auch den Kohortenoffizier Viktor mit, weigern sich geschlossen, die durch Tradition geheiligten Zeichen von ihren Standarten zu entfernen.

Julian verspottet sie.

Tradition, — was ist das? Mit ihm selbst beginnt eine neue Epoche der Geschichte. Er ist nicht verpflichtet, treu in den Fußstapfen eines Konstantin zu wandeln. Es bleibt dabei — herunter mit den Feldzeichen!

Viktor tritt vor.

„Augustus! Unsere ehemalige konstantinische Legion hat die Schilde der Thebäischen Legion als Auszeichnung, als Ehrenverleihung erhalten. Du kannst einem Offizier seine Orden, einer Truppe ihre Auszeichnungen erst nehmen, wenn sie sich des Verrats schuldig machten."

Ah, dieser Kohortenführer weiß in den soldatischen Gesetzen Bescheid.

Julian überlegt — Viktor hat recht — bei der Garde ist es eine andere Sache, ihre Fahnen sind eindeutig aus der Zeit Konstantins mitübernommen. Sie besitzen sie nicht aus Verdienst, sondern als Überlieferung — mit Traditionen kann man brechen — aber einer Legion oder Kohorte die Ehre nehmen ohne Grund — nein, dagegen wehrt sich sein Gerechtigkeitsgefühl.

Er ist kein Despot.

Der Kaiser legt die Hände auf die goldenen Lehnstützen des Thrones, den der Reichsadler krönt.

„Ihr wißt, ich bin ein Kaiser, mit dem jeder Mann reden kann — und zwar ohne Hinterhalt. Ich stimme zu: Viktor — die Kohorte darf die Ehrenzeichen — ihre mit Kreuzen versehenen Schilde — behalten. Meine Garde indessen hat ihre Symbole nach meinen Bestimmungen zu wählen.

Kein Wort mehr! Ihr könnt gehen und meine Anordnung den Legionen bekanntmachen.

Halt — Centurio primipili — du bleibst noch!"

Die zornigen Schritte der Gardisten verhallen auf dem Forum.

142

Bleich und zum äußersten entschlossen steht Viktor da — kommt nun doch ein Widerruf? Er wird um das Kreuz kämpfen und sei es mit seinem Herrscher!

Die Augen des Kaisers sind in der letzten Zeit noch flackernder geworden, das verzehrende Feuer des Fanatismus glüht darin.

„War es Zufall, daß dein Weg dich zugleich mit meinen Gardeoffizieren in die Magnaura führte — oder muß ich annehmen, Primipilus, du pflegst mit Juventius und Maximinus eine engere Freundschaft?"

Viktor antwortet sofort:

„Wir sind nicht nur Kameraden, sondern Christen."

„Ah, ihr haltet also um jeden Preis zusammen — auch gegen den Augustus, wenn es sein muß?"

„Unser Protest galt nicht dem Kaiser, sondern seinem Erlaß!"

„Ist das ein Unterschied?"

„Wir meinen es."

Julian lächelt, wieder imponiert ihm der Freimut Viktors. Das ist nicht Dreistigkeit, sondern etwas Größeres.

„Höre, Viktor, du hast Beweise genug dafür, wenn ich betone, ich sei dir gewogen. Ich wünsche nicht, daß du unter den Einfluß dieser beiden Gardeoffiziere gerätst. Ich habe gehört, ihr würdet viel in Weinstuben miteinander gesehen. Stimmt das?"

Viktor wird rot.

„Wir haben es als unsere Pflicht erachtet, unseren Soldaten abends zu folgen und sie zur Ordnung zu rufen, wo es nottut. Wenn wir ihnen in Tabernen folgten, so darum, weil für ihre Zucht zu fürchten war."

„Richtig, du hast mir da eine Eingabe gemacht — ich danke dir dafür. Ich werde rechtzeitig zusehen, daß solche

Zustände, wie du sie mir geschildert hast, beim Heer nicht einreißen. Du hast auch dort strenge Reformen zu erwarten. Schließlich hat auch dein Kaiser im Felde gestanden."

Viktor hört erstaunt zu — der Ton wird fast väterlich-freundschaftlich, ist das eine List — oder —

Julian lehnt sich zurück.

„Du selbst brauchst dich um die Durchführung der Verordnungen für Heereszucht nicht zu sorgen — ich werde dich und deine Truppe bis zur endgültigen Reform eine Weile allen bedenklichen Einflüssen entziehen."

Viktor erstarrt — abermalige Versetzung? Pannonien? Fragend blickt er auf. Der Kaiser nimmt eine Schriftrolle aus dem Regal — eine Landkarte, die er entbreitet.

„Was liest du da?"

Viktor buchstabiert, fährt mit den Fingern den Bosporus entlang — nach Kleinasien.

„Antiochien —"

Julian nickt.

„Du kannst dich darauf vorbereiten, mein Reisebegleiter zu werden mit der Prätorianerkohorte, die wieder ihrer alten Würde, Schutztruppe des Cäsars zu heißen, Ehre machen soll."

Viktor überlegt fieberhaft. Jetzt nach Antiochien — mitten im Frieden? Plant der Kaiser eine Vergnügungs- oder Studienreise — oder hat er vor, den von seinem Vorgänger begonnenen Perserkrieg fortzuführen? Auf jeden Fall wird er dem Befehl folgen müssen, er weiß nicht, ob er sich darüber freuen darf.

Julian tut, als bemerke er die Erregung des Centurio nicht, er nimmt nachlässig die Landkarte entgegen und legt sie beiseite.

„Aber das hat noch Zeit — wir müssen eine solche Reise

natürlich vorbereiten. Ich mache keine Spazierfahrten, das laß dir fürs erste gesagt sein. Noch bin ich der Cäsar, der ich im Westen war, auch wenn ich mich in Byzanz mehr mit Papieren herumschlagen mußte als mit dem Schwert."

Er meidet die Bezeichnung ‚Konstantinopel', die das Volk ständig an den verehrten Kaiser Konstantin den Großen erinnert. Viktor schweigt auf die Anspielung, welche Julians Flugschriften und Edikte betreffen.

„Ich werde die Staatskasse anweisen, dir Geld auszuhändigen und deiner Truppe einen Sondersold auszahlen zu lassen, wenn sie mir nicht nur gezwungenermaßen, sondern aus soldatischer Überzeugung folgt."

Viktor richtet sich auf.

„Mein Augustus! Meine Leute zum Gehorsam zu bewegen, bedarf ich nicht des Geldes."

„Traust du deiner Überredungskunst so viel zu?"

„Ich traue meinem Kaiser zu, daß er seine Beschlüsse dem Heer nahezubringen weiß."

Wie geschickt der junge Centurio antwortet — er läßt sich nicht festlegen, für einen neuen Kriegszug zu werben. Nun, Julian ist Herrscher genug, die Verantwortung allein zu tragen.

„Du sprichst richtig, solche Dinge wollen lange vorbereitet sein, ihr könnt damit rechnen, daß ich jetzt öfter vor der Truppe Ansprachen halten werde. Nutze die kommenden Monate gut, es wird geheimgehalten, wann wir aufbrechen. — Hast du noch etwas zu sagen?"

„Jawohl, mein Augustus! Ich bitte darum, die Anweisung, mich von den Gardeoffizieren fernzuhalten, nur als einen Wunsch, nicht als einen Befehl! meines Kaisers auslegen zu dürfen."

Julian lacht.

„So — meine Wünsche wären dir also gleichgültig?"

„Nein, mein Augustus. Aber ich weiß, daß der Kaiser nicht der Mann ist, harmlose Soldatenfreundschaften, die ihm nur nützen können, zu zerstören."

„Gut, um dieser hohen Meinung willen verhalte dich, wie du magst. Du hast mein Vertrauen."

Der Türwärter leitet den Offizier hinaus. —

Noch ficht Julian mit der Feder.

Im Juni 362 hängt in allen Städten und Dörfern um Konstantinopel die Abschrift eines Gesetzes, dessen Bedeutung nur wenige Menschen gleich erfassen. Man muß schon auf den hohen Schulen studiert haben, es zu verstehen. Aber die christlichen Erzieher und Rhetoren wissen genau, was für ein unerhörter Schlag jetzt gegen sie geführt wird: Julian erläßt als erster Cäsar ein „Schulgesetz", das der Kirche die Unterrichtsgewalt in Schulen und Hochschulen entweder untersagt oder schmälert.

Keiner seiner Vorgänger, und hätte er noch so brutal gegen das Christentum gewütet, war spitzfindig und geistreich genug, das Christentum in seiner Wurzel anzutasten. Diese epochemachende Neuerung bleibt Julian vorbehalten, sie ist seine ureigene Schöpfung!

Wahrhaftig, ein Meisterstück! ‚Die Galiläer' sind nach seiner kaiserlichen autoritären Meinung nicht fähig, die hohe Kultur und den Mythos Griechenlands der jungen Generation in richtiger Weise zu übermitteln. Wer für den Hellenismus nicht zu begeistern ist, der kann ihn auch nicht verkünden.

Also sind fortan alle Kandidaten der Rhetorik aufs strengste zu prüfen; über ihre sittliche Eignung als Erzieher und Lehrer hat eine kaiserliche Kommission zu entscheiden. Das heißt: Julian selbst wird die Auswahl treffen, wer in seinem Imperium unterrichten oder predigen darf. Die christlichen Grammatiker haben zu wählen zwischen Unterwerfung oder Amtsenthebung.

Wenn Eltern ihre Kinder also in altgriechischen Disziplinen unterrichten lassen wollen, müssen sie dulden, daß heidnische Rhetoren ihnen die ganze verführerische Macht des Neuplatonismus so darstellen, daß ihr christlicher Glaube gefährdet ist.

Als die ganze Gefahr dieses Dekrets offenbar wird, erhebt sich ein neuer Sturm der Empörung bei den Christen. Dies hier ist einschneidender als die Gleichstellung der Götterkulte mit dem Christentum.

Es gibt nur eine Meinung: der Kaiser wird größenwahnsinnig.

Kurze Zeit darauf erklärt er sich als Priester-König für das Heidentum, als Pontifex-Maximus.

„Hast du schon gehört, Viktor — dein Kaiser ‚mit den guten Anlagen zum echten Christen‘ läßt es sich nach dem Schlag gegen die Schulen jetzt angelegen sein, auch den Klerus einzusetzen!"

Mit dieser Nachricht überfallen die Gardeoffiziere eines Morgens den Primipilus der Prätorianerkohorte. Das können sie sich doch nicht versagen, diesen grimmigen Triumph. Sie überstürzen sich, reißen sich das Wort von den Lippen:

„Er will alle Handlungen der Priester kontrollieren!"

„Er führt Buch über die Kircheneinnahmen!"

„Julian will sogar den Priesternachwuchs bestellen —"

„Ach was, bestimmen, seine Leitung will er übernehmen."

„Sie hätten in ihren Anschauungen eins zu sein mit dem, der nach dem Willen der Götter Pontifex-maximus ist!"

„Es kommt immer besser, sogar die Gebetbücher will er neufassen lassen und den Text der Gebete bestimmen."

Viktor lächelt entwaffnend.

„Ihr irrt euch — auch ich habe davon gelesen, aber der Kaiser will all dies nur für seine heidnische Priesterschaft."

„Aber begreifst du denn nicht, Viktor, nach einer Weile wird ihn nichts hindern, seine Macht auch über die Kirche auszudehnen!"

„Er kann es nicht versuchen, wenn er sieht, daß er mit seinen Idealen schon beim Heidentum Schiffbruch erleidet."

Sie starren ihn an. Wie meint er denn das?

„Wartet ab — er hat den Heiden nicht nur eine Reform nach christlichem Vorbild aufgezwungen, denn all diese Begriffe gab es bisher nur bei der christlichen Kirche, sondern Julian erwartet auch, daß sie die Nächstenliebe fortan üben und sich allen Werken der Barmherzigkeit hingeben."

Das Lächeln auf seinem hellen Gesicht wird geradezu humorvoll.

„Wir werden sehen, wie die Heidenwelt darauf reagiert."

„Du meinst?"

„Es könnte einmal ein Christentum geben, daß von einem Neuheidentum durchdrungen ist. Dies würde dann Gefahr und Läuterung für die Kirche. Niemals aber wird es ein verchristlichtes Heidentum geben ohne Christus. Wer glaubt, ohne Christus seine Tugenden üben zu können, der täuscht sich selbst. Brausendes Gelächter unter den Heiden wird dem Cäsar antworten, wenn er Barmherzigkeit und strenge Moral verlangt."

Die Offiziere sehen sich an. Nun wollen sie nur noch eines wissen:

„Und diese Erkenntnis hindert dich nicht, dich seinem Zug nach Kleinasien anzuschließen?"

„Keineswegs, der Cäsar plant zunächst eine Inspektionsreise, und ich hoffe, er wird sich selbst dabei von der Unbeugsamkeit der ehrwürdigen Kirche Antiochiens überzeugen."

Juventius zuckt die Achseln.

„Ich glaube nicht, daß diesen Mann noch etwas ernüchtern kann. In seinen Augen lodert die Unerbittlichkeit eines Wahnsinnigen oder Besessenen."

Maximinus ballt die Fäuste.

„Laß ihn erst weg sein, ich werde nichts tun, den brodelnden Aufstand im Heer zu unterdrücken, dann mag er zusehen, ob er sich nach der ideologischen Schlappe auch eine militärische holt."

Viktor wird ernst.

„Gebe Gott, daß ihm an dem zu erwartenden einmütigen Widerstand der Kirche in Ost und West genug ist. Was ich tun kann, ihm vom Perserkrieg abzuraten, wird geschehen."

Maximinus lacht höhnisch.

„Glaubst du, daß du stärker bist als seine Orakelverkünder? Sie haben ihm doch schon geweissagt, der Geist Alexanders sei in ihm auferstanden.

Mit der Verbohrtheit der Selbstherrlichen wird er nun auch dessen Taten nachahmen wollen. Er glaubt sicherlich, er wäre berufen, Kleinasien und dem gesamten Osten die griechische Kultur zurückzubringen."

Viktor bleibt fest.

„Antiochia ist ein Stück Urkirche, geweiht und erworben durch das Blut der Apostel und Martyrer. Er wird dort nicht wagen, öffentlich den Götzen zu opfern."

Die Gardeoffiziere sehen sich schweigend an. Sie müssen Viktor ziehen lassen. Nur Erfahrungen können ihn belehren.

*

Es ist Sommersonnenwende des Jahres 362.

Das Heer Julians nimmt Route auf Nikomedia, über Nicaea und Ankyra stoßen sie tiefer hinein ins Herz Kleinasiens. Sein Ziel ist Antiochia, die gewaltige Metropole.

In Pessinus, wo er vor dem Bild der Göttermutter Kybele betete, entgeht er mit knapper Not der ersten gegen ihn angezettelten Verschwörung von Christen, die den Neuheiden in ihrem Lande nicht dulden wollen!

Aber Julian sieht das nicht als Warnung an, sondern eher als ein gutes Omen. Seine Götter schützen ihn; Orakelsprüche warnen den Kaiser und fordern ihn zu blutiger Rache auf, als zwei junge Christen den Götzenaltar, vor dem Julian opferte, niederreißen und ihn als einen Abgefallenen öffentlich schmähen.

Eine Bittschrift der Stadt um Begnadigung der jugendlichen Rebellen weist er ab — die Beleidiger der Götter müssen sterben.

Über den Tauruspaß zieht er weiter, Antiochia entgegen.

Und hier sieht er die kühnsten Hoffnungen anscheinend erfüllt. Das wiedererstarkte Heidentum begrüßt ihn als seinen Retter und Befreier, streut ihm Blumen und Kleider auf den Weg — berühmte Gelehrte heißen ihn überschwenglich willkommen. Alle Gebäude und Paläste sind illuminiert, Straßen und Plätze versinken in Blumen, bunte Wasserspiele sprühen ihm zur Ehre gen Himmel!

Dieser glorreiche Einzug dünkt Julian als Vorzeichen des nahen Sieges. Hier wird er nicht nur seine Heere für den kommenden Perserfeldzug aufstellen, sondern Antiochia zur Zentrale des Neuheidentums machen, wie es ihm vorschwebt.

Jeden Morgen flammen in Julians Palastgärten die Opferfeuer zu Ehren aller Götter auf; jeder Götzentempel wird von ihm mit Gaben bedacht. Hekatomben von Stieren werden geschlachtet, schlemmerhafte Opfergastmähler für Kaiser und Soldaten veranstaltet, von denen sich nur die Prätorianerkohorte Viktors fernhält.

Die übrigen gallischen Truppen, die den Cäsar einst in Lutetia auf den Schild hoben, werden in kurzer Frist zu Fressern und Säufern, welche öffentlich Ärgernis erregen.

Ganz Syrien leidet unter einem trockenen Sommer, überall werden die Lebensmittel knapp, eine Teuerung droht — und das Spottwort läuft um, nur noch die Götzendiener des Kaisers könnten sich sattessen; ja bis zum Erbrechen stopften sie sich voll mit fettem Opferfleisch, während das Volk hungert.

Schon munkelt man, ganze Rinderrassen würden aussterben, wenn das so weitergehe — ist denn das der als maßvoll gerühmte Cäsar, der jetzt an Bacchanalen und Orgien teilnimmt?

Oder wie soll man es deuten, wenn er — der seine heidnische Priesterkleidung nun vor allem Volke zur Schau trägt, sich gleichzeitig nicht scheut, in einem ausgelassenen Zug trunkener Tempeldirnen gesehen zu werden?

Erschrick, Viktor, — dein Kaiser läßt sich nicht beirren durch die geschlossene Ablehnung der Christen, — zuviel Heiden jubeln ihm Dank!

Befremdet beobachtet Viktor das wüste Treiben — Julian betet zu Hermes, zu Mars, zu Pan, zu Demeter Kalliope und Jupiter, dessen zwei Stadttempel auf dem Gipfel und im Tale er wechselweise besucht! Er treibt seine Abgötterei nun hemmungslos — das strenge Byzanz, welches das Andenken des großen Konstantin eifersüchtig hütet, ist ja weit!

Ausgerechnet Viktor wird beordert, den Kaiser nach Daphne zu geleiten, zum Heiligtum Apolls. Er kann seinem

Cäsar den Begleitschutz in den berühmten Vorort nicht verweigern; schweren Herzens befiehlt er seine Kohorte zu sich, gibt klare Anweisungen. Sie haben sich lediglich auf ihre Pflichten als Leibwache zu beschränken.

Sollten sie zum Opfer aufgefordert werden, so lehnen sie wie immer ab. Seine Leute schweigen bedrückt.

Die Sorge, daß sie im luxuriösen Konstantinopel, im ausgelassenen Antiochia, verweichlicht werden, beunruhigt Viktor. Verlangt er nicht zuviel von diesen einfachen Leuten?

Aber als sie durch blumenlodernde Herbstgärten und rauschende Alleen dem lieblichen Tal von Daphne entgegenmarschieren, wird ihm leichter zu Sinn. Wohl zwei Stunden lang begleiten sie buntbewaldete Höhenzüge, blitzend klare Wasserfälle, blendend weiße Villen — diese Landschaft ist wie ein heiterer Traum, und nicht die Götter haben sie hervorgebracht, sondern der wahre Gott.

„Benedicite montes et colles, Domino —" betet Viktor bei sich, lobet, Berge und Hügel, den Herrn, alles Begrünte auf Erden lobe den Herrn!

Der herrliche Psalm zum Lobpreis der Gottesnatur ist wie zum Liede geschaffen; er singt leise vor sich hin, schaut zu den hohen Zypressen auf und lächelt den Vögeln zu, die sich jubilierend überbieten.

Was kann ihnen hier geschehen, mag der Ort auch tausendmal durch Menschentorheit den Götzen geweiht sein!

Es ist, als wolle der Herr seinem Beten antworten — beim ehemaligen Heiligtum Apolls findet er das Martyrergrab des heiligen Bischofs Babylas! Hier darf auch er knien und beten.

Ergriffen sinkt er nieder vor den Gebeinen des christlichen Helden, heißt auch seine Kohorte knien — während der Kaiser gegenüber vor Verfall und Ruinen steht, bleich, empört und entsetzt.

Weit und breit keine Seele mehr, die dem strahlenden Apoll ein Opfer brächte — aber bei Babylas, dem Martyrer, brennen Tag und Nacht die Kerzen.

Der Kaiser ist außer sich, jagt seine Boten zum ersten Heidenpriester, den er auftreiben kann. Hat man nicht gehört, daß die weissagende Orakelquelle der Daphne jahrhundertelang ihren Besuchern die Zukunft enthüllte? Einst hat sie Kaiser Hadrian den Sieg vorhergesagt — dies will er hören: er werde den Perserkrieg gewinnen!

Die Quelle muß zum Reden gebracht werden, hört ihr, — sie muß!

Julian tobt, schreit, droht, bebend vollzieht der Götzenpriester uralte, schon halb vergessene Riten — die Quelle schweigt.

Aber drüben das Martyrergrab redet noch im Schweigen und zieht alles an sich, ist belagert von Gläubigen — und von des Kaisers eigener Kohorte.

Fassungslos sieht er Viktor dort knien, und die Soldaten beten geschlossen im Chor. Den Kaiser überläuft ein Zittern. Dann überschlägt sich seine Stimme.

„Aufhören — sofort! Auf — marsch — kehrt —"

Niemand rührt sich. Sie sprechen das Gebet des Herrn zu Ende.

„Und führe uns nicht in Versuchung —" betet Viktor vor, sie antworten: ‚Sondern erlöse uns von dem Übel!' Und dabei gehen ihre Augen zum Kaiser.

Dann stehen sie geschlossen auf, wieder bereit für seinen Befehl.

Dem Kaiser beben die Lippen, er stottert vor unterdrückter Wut.

„Ab nach Daphne — Grabungstrupp informieren — Spaten und Schaufel — los!"

Viktor bleibt ruhig.

„Wohin soll das Kommando beordert werden?"

Ja — begreift er denn nicht?

„Hierher — die Gebeine des Martyrers müssen heraus — sie haben das Orakel verscheucht. Modernde Christenknochen gehören auf einen Friedhof, nicht in die Nähe eines Heiligtums des Apoll. Sorgt, daß ein Karren mitkommt, den Sarg beiseitezuschaffen!"

Viktor überlegt sekundenlang — die Soldaten starren ihn an — wird er dem ungeheuerlichen Befehl Folge leisten? Was geht in ihm vor? Sein Gesicht ist so, wie sie es nicht kennen — eine eiserne Maske. Nun nimmt er Haltung an — macht eine Bewegung —

„Kohorte — marsch!"

Tatsächlich — sie marschieren nach Daphne, mitten hinein in den eleganten Badeort, aber sie formen einen Schweigemarsch, einen Trauermarsch mit finsteren Gesichtern. Sollen sie an ihrem Kohortenführer allesamt irrewerden?

Auf dem Markt von Daphne macht Viktor halt, wendet sich um —

„Ihr Leute von Daphne! Verehrer des heiligen Babylas!"

Ist er toll geworden?

Viktor hält in eigener Vollmacht eine Ansprache an das Volk, fordert sie auf, zwar ein Grabungskommando zu bestellen, ihm aber in Prozessionsordnung zu folgen, dem Heiligen eine neue Ruhestätte zu bereiten.

Und er erklärt ihnen seine Handlungsweise; sie dürfen nicht dulden, daß etwa Heiden, die der Kaiser dingen könnte, die ehrwürdige Stätte schimpflich entweihen. Es ist gewiß, der Kaiser würde seinen Befehl durchsetzen, so oder so — aber sie werden Sorge tragen für eine würdige Umbettung.

Und er — Viktor, wird ihnen erklären, was sie bei der Prozession zu beten haben — es soll dem Kaiser in den Ohren gellen!

Betend graben die Soldaten den Sarkophag aus, heben ihn auf den in aller Eile mit Blumen geschmückten Karren, Hunderte formieren sich auf Viktors Befehl zur ordentlichen Prozession, er selbst zieht der Bevölkerung mit der Kohorte voraus — er selber stimmt noch in Gegenwart des Kaisers jenen zornrollenden Psalm an, in dem es heißt:

„Und *schämen* müssen sich alle, die den Bildern dienen!" Es ist der Psalm gegen die Götzendiener!

Er trifft Julian wie ein Peitschenschlag, mitten hinein in sein hochmütiges Gesicht!

Er kann nichts machen, hat er nicht selbst der Kohorte den Befehl zur Ausgrabung gegeben? Über das Wie hat er keine Anweisungen erlassen.

Knirschend blickt er der Prozession nach, wie sie unter den leuchtenden Herbstbäumen singend dahinzieht, ganz Daphne ist auf den Beinen — es folgt nicht ihm, sondern dem kleinen unbekannten Kohortenoffizier!

Der Kaiser kann nicht schlafen in dieser Nacht und — er soll es auch gar nicht.

Wäre er nicht schon hellwach, er würde geweckt von dem Geschrei in den Straßen, dem ungeheuren Jubel der erregten Menge!

Da stehen sie in hellen Haufen, deuten hinaus — der schon einmal geschleifte Götzentempel Apolls lodert jetzt in Flammen. Schwere Rauchwolken wälzen sich himmelan.

Julian fährt vom Lager hoch, alarmiert das Brandkom-

mando — aber sie kommen zu spät, gerade stürzt das ver-
kohlte Götterstandbild mit zusammenbrechendem Giebel
in die Glut. Was übrigbleibt, sind schwarze Mauerreste.

Julian schäumt. Seinen Verdacht auf Brandstiftung durch
Christen muß er bald aufgeben — Heiden hatten beim
Tempel Apolls auf sein Geheiß Wache gehalten — und die
Christen hatten sich die Nacht hindurch einmütig auf dem
Friedhof versammelt und vor der neuen Ruhestätte des
Märtyrers Sühneandachten gehalten.

Sie sagen, Feuer sei vom Himmel gefallen — gleich
sind sie mit ihren ‚Ammenmärchen' zur Hand, diese Le-
gendendichter!

Ein argwöhnischer Gedanke zuckt durch des Cäsars bro-
delndes Hirn — aha — der Heidendiener, welcher durch
das verstummte Orakel beschämt wurde, weil all seine
Riten nutzlos blieben, — er wird einen Racheakt voll-
zogen haben.

Her mit ihm — auf die Folterbank!

Ja, Julian greift zu dem bisher von ihm verworfenen
Mittel der Folterung, die Schändung des Apolloheiligtums
aufzuklären. Vergeblich — der Heide windet sich in
Qualen — kann aber nicht zugeben, was er nicht getan hat.
Sollten die Christen recht haben — hat der ‚Galiläer' sich
gerächt?

Oho, kein Grund, daß ein Kaiser sich vor dem Zimmermann duckt. Er wird sich auf seine Art Genugtuung
verschaffen.

Als erstes läßt er am anderen Tage Viktor kommen.
Alle Leutseligkeit, alle Duldsamkeit, die er bislang gegen
ihn bewahrte, ist dahin. Kalt und schroff empfängt er ihn,
ohne Gruß, er verliest das Absetzungsdekret:

„Und so schließe ich dich und deine Kohorte hiermit für

immer aus der Prätorianergarde, meiner persönlichen Schutzwache, aus. Da du dich keines militärischen Deliktes schuldig machtest, sondern nur auf deine Weise dem Christengott huldigtest, sehe ich von einer Ausstoßung aus dem Heere ab. Weitere Weisungen behalte ich mir für die Rückkehr nach Konstantinopel vor."

Er wirft ihm die Rolle zu —

„Lies das deiner Kohorte vor. Von jetzt an werde ich keinen Christen mehr in meiner Umgebung dulden; auch aus der Provinzverwaltung und dem Richterstande werde ich sie entfernen, ich werde auf meinem nächsten Feldzug darauf achten, keine christliche Stadt mehr zu betreten, die sich weigert zum Hellenismus überzutreten. Die Götter sind genug beleidigt."

Julians Abfall ist besiegelt und vollkommen.

Auch Viktor hat mit dem Apostaten nichts mehr zu bereden, er denkt nicht daran, sich zu entschuldigen.

Stumm senkt er die Stirn und geht.

Ganz Antiochia antwortet an Viktors Stelle dem Cäsar! Studenten und Halbwüchsige ziehen durch die Straßen; sie singen rasch gedichtete Spottlieder auf den ‚meckernden Ziegenbock mit dem Kaiserdiadem‘, den ‚linkischen Opferknecht‘, den ‚Afterphilosophen‘, der sich nachts die Finger mit Tinte beschmiert, um Dekrete herauszugeben, welche die ganze Welt verlacht‘.

Sie zeichnen Zerrbilder an die Wände der Villen, die Nachbildungen der kaiserlichen Münzen sein sollen, und ihn hohlwangig und bärtig darstellen, Asket und Gelehrter auf dem Thron!

Julian ist klug genug, nicht mit Gericht gegen die aufrührerische Jugend vorzugehen. Aufruhr der Erwachsenen wäre gefährlich, — die Jugend muß er noch gewinnen.

Wieder kehrt er den Maßvollen heraus, der Gewalt verschmäht, er antwortet lediglich durch eine geistreiche Spottschrift.

Viel gefährlicher als die jugendlichen Wirrköpfe wird ihm der alte Löwe auf dem Bischofssitz von Alexandria, wo Athanasius gegen den kaiserlichen Götzendiener wettert, daß ein Echo in allen Ecken des Weltreiches widerhallt.

Hatte er ihn nicht aus dem Exil gerufen, damit die leidigen Streitigkeiten zwischen Arius und Athanasius die Kirche in sich selbst spalten sollten? Athanasius war klüger als der Kaiser, er hat in den letzten Monaten den Streit begraben und statt dessen alle Christen zu einer einzigen Mauer des Widerstandes gegen den viel gefährlicheren Feind zusammengeschlossen!

Kampf dem Kaiser! Eilig schreibt Julian ein erneutes Absetzungsdekret, diesmal voll leidenschaftlichen Hasses gegen den Mann, den sein Volk wie einen Heiligen verehrt.

Julian aber nennt ihn in einem ,Hirtenschreiben' an die Alexandriner ,eine aufgeblasene Mißgeburt, einen unerträglichen Agitator'!

Weg mit Athanasius! Unverzüglich hat er die Stadt zu verlassen!

Athanasius lächelt mit der Überlegenheit eines Greises und der Weisheit des Heiligen dem Volk zu, das zu Tausenden das Ufer des Nils säumt, weinend und betend:

„Fürchtet euch nicht — auch dies kleine Wölkchen weht vorüber!"

Zum fünften Mal geht der alte Mann ins Exil um des Glaubens willen!

Merkt denn Julian nicht, wie er sich immer neue Hasser

bereitet in allen Weltgegenden — ist er mit Blindheit geschlagen?

Es ist, als spalte sich plötzlich Kleinasien, besonders aber die Stadt Antiochia in zwei Teile — glühende Anhänger und schärfste Hasser hat der Cäsar! Bei den Opferfeiern und Gelagen trinkt der heidnische Pöbel ihm zu, ruft Trinksprüche aus, die einem Gott gebühren.

Alle heidnischen Cäsaren ließen sich gern als ‚Divus‘ verehren, auch Julian winkt keineswegs ab.

Entsetzt starrt Viktor ihn an, wie er auf den Marmorstufen des Mithräums vor den gebeugten Knien der Opferpriester steht und ihr gotteslästerliches Lob entgegennimmt:

„Sei gegrüßt, der du dem Zeus entstammst — göttlicher Cäsar! Laß die Sonne deines Angesichtes gnädig deinem dich verehrenden Volke scheinen. Möge der Gottentstammte leben in Ewigkeit!“

Kein Gebot zum Maßhalten, der Kaiser steht erhobenen Hauptes wie eine Statue und schaut entzückt zu Helios auf, der Sonne, dem Siegesgestirn, das ihn nun auch noch zu göttlichem Triumph führt.

Aber noch am gleichen Tage, als er abwärts steigt in die Volksmenge und vor den Göttertempeln flammende Ansprachen hält, spürt er es wohl: der einzige Tribut, den das Volk dem neuen ‚Gott‘ zu zahlen bereit ist, bleibt flüchtige Huldigung bei rauschenden Schlemmergelagen. Wenn er mitreißend darüber predigt, sie möchten sich unter seiner Herrschaft nun auch eines geläuterten Lebens befleißigen, sich freihalten von Unzucht und Raub, Mord und Hinterlist, Enthaltsamkeit und Buße üben, — dann wird es plötzlich merkwürdig leer auf den Plätzen.

Hier und da drücken sich junge Leute beiseite, als sei er herumgegangen, Geld zu sammeln wie ein Jahrmarktschreier. Oder sie blicken zu Boden und bleiben stumm. Er tröstet sich damit, diese Begriffe eines gereinigten Hellenentums seien ihnen lediglich zu neu — aber in seinem Herzen spürt er mit nagender Bitterkeit, daß er es allein ist, der sich für seine Ideale begeistert!

Die Leute von Antiochia sind, wie er selbst ihnen bescheinigt, in hohem Maße elegant, gepflegt, kultiviert — aber verweichlicht bis ins Mark. Das Wort ‚Opfer‘ hat nur noch den Sinn von Opferschmaus, den sie erwarten, nicht den von Selbstverleugnung und Heroismus.

Es kommt vor, daß der Kaiser allein vor Götzenbildern steht, die sie so eifrig für ihn zu neuem Glanz herrichteten und bekränzten. Wenn er nicht da wäre — und die Zeit ist abzusehen — werden die Götterbilder wieder verwahrlosen und veröden. Fast kommt es ihm vor, als drängten sie sich nur zu ihm, weil sie heidnischen Sinnentaumel und Orgien erwarten, wie sie bei Kultfesten Brauch waren.

Es ist schwer, der Gott der niedrigen Menge zu sein.

Also zieht sich Julian verbittert in seinen Palast zurück.

Im Arbeitszimmer des Kaiserpalastes von Antiochia brennt wieder bis spät in die Nacht die Lampe. Unten auf der Straße patrouillieren die Christen an den Wachen vorüber. Was mag der Verhaßte dort oben wieder an infamen Dekreten aushecken?

Wenige Tage später wissen sie es.

In Sprechchören stehen sie unter dem Fenster und schreien seinen in Kleinasien erworbenen Beinamen hinauf:

„Julian Apostata — Julian — Apostata!"

Apostat — Abgefallener! Das soll sein neuer ‚Ehrentitel‘ sein. Verbissen läßt der Kaiser sie schreien.

„Julian Apostata — Gotteslästerer — Kleinasien verachtet dich!"

Sie kennen nun seine blasphemische Schrift: ‚Die Cäsaren — oder das Gastmahl'. In einer wüsten Satire lädt er alle heidnischen und ‚christlichen' Kaiser im Himmel zur Konferenz, wo sie sich ihrer Taten rühmen und einander im Redekampf herausstreichen.. Zum Schluß läßt er gar Jesus Christus auftreten, der alle Verführer und Verbrecher unter ihnen herbeiruft, damit sie sich in seiner Taufe reinwaschen; sie brauchen sich nur an ihre Brust zu schlagen, und schon sind aus den schwarzen Schafen weiße Lämmer geworden.

In einer zweiten Schrift macht er sich über den heilenden Herrn lustig, der ein klägliches Gefolge von Krüppeln, Bettlern, Aussätzigen und Besessenen um sich versammelt habe — ein ‚Gott' ohne jede Ästhetik, Lehrer eines armseligen galiläischen Fischerhaufens!

Die Christenheit nimmt seine Pamphlete nicht ruhig hin.

Hinaus mit dem Gotteslästerer aus Kleinasien — das ganze Land fürchtet den Zorn Gottes um seinetwillen.

Straßentumulte — kaiserliche Polizeiwachen werden angegriffen und niedergeknüppelt — niemand verrät die Täter — ganz Antiochia stemmt sich gegen ihn. Sie lassen Christus nicht weiter schmähen, ihre Kapellen und Altäre entweihen.

Schon hat Julian dem Gouverneur von Karien befohlen, alle Kapellen in der Nähe heidnischer Grabstätten niederreißen zu lassen, damit diese die heidnischen Tempelbezirke nicht ‚verunreinigen'.

Der Bürgerkrieg könnte bevorstehen. Die Volkswut steigt auf Siedehitze.

Einsichtige raten dem Kaiser zur Rückkehr nach Byzanz — was soll er weiter in der aufständischen Stadt tun? Seine Armeen sind gemustert, das strategische Aufmarschgelände ist ausgekundschaftet — überdies hört man auch von Unruhen aus Konstantinopel, es ist höchste Zeit, daß der Augustus in seine Magnaura zurückreist.

So bricht er auf, diesmal von einer heidnischen Prätorianerkohorte geleitet. Viktor scheint endgültig in Ungnade gefallen zu sein, und er hält sich mit seinen Leuten bewußt zurück, tut nichts, die kaiserliche Gunst wiederzugewinnen.

Als sie jedoch die Galeere zur Überquerung des Bosporus besteigen, spürt der Kaiser wohl, er hat in Antiochien eine Niederlage erlitten. Julian kehrt nicht wie ein Sieger aus der Schlacht heim.

Es ist wie ein Omen, daß er den Mann, auf dessen Treue er sonst bauen konnte, verloren hat: Viktor. Im Innersten ärgert ihn diese Tatsache mehr, als er zugeben mag.

Und damit sie nicht gleich in Byzanz bekannt wird, läßt er auch die ehemalige Prätorianerkohorte wieder auf die kaiserliche Galeere befehlen.

Ein Schiff ist nicht so groß, daß man sich dauernd ausweichen könnte, zumal der Kaiser unverändert darauf hält, mit den Soldaten in gutem Einvernehmen zu stehen. Der Kohortenführer hat aber selbst bei den Heiden mehr Freunde, als ihm lieb ist. So duldet er, daß ihm Viktor neben anderen Offizieren der Runde gegenübersitzt.

Ab und zu geht des Kaisers Blick von unter her lauernd über die gesenkten Gesichter, die vom Flammenschein des Bordfeuers rot beschienen sind. In Julians Augen flackert noch eine andere Glut, unheimlich, es ist, als zucke ständiges Wetterleuchten über sein mageres Gesicht.

Bis jetzt hat er vermieden, das Gespräch auf den Widerstand der Antiochier kommen zu lassen. Da wirft einer der Offiziere, der ihm schmeicheln will, das Wort hin:

„Ein Glück, wenn wir heimkehren, — Konstantinopel ist doch ein besserer Boden für hellenistische Ideen als dies steinige Syrien. Ich möchte nur wissen, was einer tun könnte, das Volk vom blinden Glauben an die Gottheit des Galiläers loszureißen. Wie diese stolzen Menschen sich einem Juden beugen konnten, ist mir unbegreiflich."

Der Kaiser hebt den Kopf, am Ufer gleitet eine kleine Stadt vorüber, mit weißen, flachwürfeligen Dächern.

Auf einem von ihnen steht eine schwarze Gestalt, scharf gegen den Abendhimmel gezeichnet — jetzt wendet sie sich — kniet langsam nieder, die Stirn berührt den Boden — es ist wie ein Schattenspiel gegen einen Hintergrund von Gold.

„Dort!" sagt Julian mit scharfem Lächeln, „wen vermutest du in dem Mann auf dem Dache?"

Der Offizier lacht. „Natürlich einen Juden. Er betet, das Gesicht in Richtung Jerusalem — seine Psalmen."

Der Cäsar nickt.

„Und doch ist dies eine christliche Stadt, nicht wahr?"

Der Mann nickt — was soll das? Der einzelne Jude wird dem Christentum kaum etwas anhaben können.

Das Lächeln des Kaisers wird zum diabolischen Grinsen.

„Wenn ich auch nur diesen einzigen Juden dazu bringen könnte, nicht mehr zum zerstörten, sondern zu einem wiedererstandenen Heiligtum hingewandt zu beten — dann habe ich die größte Schlacht gegen das Christentum gewonnen."

Die Offiziere blicken sich an — sie verstehen nicht.

Da meldet sich Viktor, der bislang stumm dasaß.

„Mein Cäsar, dieser Wunsch wird ewig ein Traumbild bleiben. Der Tempel von Jerusalem wird nicht mehr aufgebaut bis zum Ende der Zeiten."

Julian mißt ihn mit zugekniffenen Augen.

„Dies wollte ich ja gerade hören. Das ist eine Prophetie des Galiläers, ich kenne sie. Die ganze Christenheit ist verblendet genug, sie zu glauben. Aber *ich* werde den Galiläer als falschen Propheten entlarven."

Jetzt wird alles stumm im Kreise.

Das soll doch wohl nur eine rhetorische Phrase sein — das ist doch nicht möglich! Selbst die Heiden überläuft es bei dieser Vermessenheit. In Viktors entsetzte Augen hinein sagt der Kaiser, langsam — genußreich jedes Wort betonend:

„Vor der gesamten Christenheit werde ich den Galiläer als Lügner hinstellen. Die Tempeltrümmer sollen miteinbezogen werden in den Wiederaufbau. Ich werde auf dem Sion ein Heiligtum errichten, zum Hohn und Spott für den Papst und die Kirche, welche an die Prophetie dieses Mannes glauben, der gesagt hat, kein Stein werde auf dem anderen bleiben und bis zu seiner Wiederkehr werde der Tempel verwüstet liegen."

Viktor hält den flackernden Blick des Kaisers aus, er hat gesprochen, als seien seine Worte nur für ihn bestimmt, Auge in Auge mit dem Kohortenoffizier, der sich in Antiochia auf die Seite der christlichen Bevölkerung schlug — und betend protestierte!

Nun wandern auch die Augen der anderen Offiziere zu ihnen — fragend, forschend — was hat es denn da gegeben?

Viktor antwortet:

„Ich halte es für meine Pflicht, meinen Cäsar zu warnen. Gott läßt seines Sohnes nicht spotten."

Das hat Julian noch gefehlt.

„Darauf werde ich es gerade ankommen lassen — ich

164

bringe der Welt den Beweis, daß Christus ein Mensch war wie wir, der seine Wunschträume für Wahrheit hielt."

Viktor: „Christus hat gesagt: ich *bin* die Wahrheit."

Julian schlägt sich an die Stirn und hohnlacht.

„Und es fand sich keiner, der ihn mit sanfter Gewalt in Gewahrsam gebracht hätte, irgendwohin, wo man solchen Wahn zu heilen pflegt. Wenn erst der Tempel von Jerusalem neu erstanden ist, dann bricht dies Wahngebilde zusammen, das die Judenchristen um ihren Galiläer errichtet haben."

Seine Stimme hat in letzter Zeit die Neigung, sich entweder zu überschlagen, oder in heiseres, fast röchelndes Geflüster überzugehen. Viktors Stimme klingt wie ein Fanfarenstoß:

„Christus vincit!" („Christus siegt!")

Der Kaiser würdigt ihn keiner Antwort mehr — man wird ja sehen, wer hier recht behält. Für ihn ist Viktor ohnehin abgetan, er wartet nur darauf, daß er sich eines strafbaren Vergehens schuldig macht. —

In Konstantinopel empfängt den Kaiser kein jubelnder Zuruf mehr, als Julian aus der Galeere steigt. Die Stimmung ist auch hier umgeschlagen, er spürt es, sobald er den Fuß an Land gesetzt hat. Überall tückische Blicke, ingrimmige Mienen und eisernes Schweigen. Man weiß noch nicht, ob nur die letzten Dekrete des Kaisers an dieser gespannten Atmosphäre schuld sind, oder ob seine Vorbereitungen zum Kriege die feindliche Haltung der Bevölkerung verursachten. Man will keinen neuen Krieg, am wenigsten mit Persien, sondern Ruhe und Frieden. Die ehrgeizigen Pläne des Kaisers finden weder beim Volk noch beim Heer Widerhall.

Nun, er weiß sie einstweilen abzulenken, während im stillen Rüstung und geheime Mobilmachung weitergehen.

Offen ruft Julian die Juden in der Diaspora auf, nunmehr sei ihre Zeit gekommen, aus der Verbannung in ihre Heimat zurückzukehren. Er bricht mit der traditionell gewordenen Judenverfolgung Roms und gibt den Hebräern feierlich die Heilige Stadt und den Tempel zurück — mehr noch, der Kaiser richtet einen flammenden Appell an sie, nicht zu säumen, sondern mit allerhöchster Unterstützung an den raschen Wiederaufbau des Tempels auf dem Sion zu gehen.

Eifriger als die Hellenen sich um die Wiedererrichtung ihrer alten Kultstätten mühten, gehen die Juden ans Werk, das Volk erfaßt ein Taumel der Begeisterung, arm und reich gibt den letzten Denar; die jüdischen Frauen opfern gar ihren Hochzeitsschmuck und werfen alle Kleinodien in den Tempelschatz.

Fieberhaft geht das Werk voran, ein Heer von Freiwilligen schanzt und schafft auf dem Sion in Tag- und Nachtarbeit — schon steht die berühmte Säulenhalle Salomons aufgerichtet. —

Mit eisigem Triumph beobachtet der Kaiser von Konstantinopel aus das Werk — die Juden ahnen nicht, gegen welchen Gegner er sie ausspielt, sie glauben ihren Gott zu ehren!

Da erbebt die Welt von dem Aufschrei, der von den heiligen Höhen Sions hallt - Erdbeben von unerhörter Wucht erschüttern die ganze phönizische und palästinensische Küste. Die Erde schwankt wie im Taumel, bäumt sich auf, schüttelt sich, bebt — und mit einem Krachen, als solle Jerusalem selbst zusammenbrechen, stürzt die kaum errichtete Halle Salomons ein, begräbt die Arbeiter, die in ihr vor der Katastrophe Schutz suchen, unter sich. Die letzten, welche sich unter den Trümmern retten wollen, werden von Flammen lebendig verbrannt, die wie aus dem Abgrund der Hölle unter den Gesteinsmassen hervorschlagen, das ganze Bauwerk in eine fürchterliche Opferstätte verwandelnd, über der sich schwarze Rauchwolken ballen!

An den Küsten wälzen sich Flutwellen über die verwüsteten Landstriche hin und vernichten Hunderte von Menschenleben.

Gottesgericht — Gottes Zorn wurde offenbar! Die Erde bebte und stöhnte wie damals beim Tode des ‚Galiläers‘, als der Vorhang des Tempels für ewig zerriß!

„Bist du nun bekehrt, Cäsar?“ Er liest die Frage in den drohenden Blicken der Menschen. Nein, Julian hat für all dies nur eine Erklärung: „Ich vergaß, meine Götter zu befragen. Sie wissen, daß der Gott der Juden ein eifersüchtiger Gebieter ist, der selbst gesagt hat, er dulde keine fremden Götter neben sich.

Meine Götter sind es also, die den Aufbau vereitelten. Um ihretwillen mag ich ihn nicht weiterführen, nicht etwa, weil ich mich beuge.“

So verschleiert er geschickt seine Niederlage.

Die Palastwache aber berichtet um diese Zeit etwas Eigentümliches, das sich wie ein Lauffeuer durch Konstantinopel verbreitet: in der Magnaura hört man in letzter Zeit nachts ein unheimliches, anhaltendes Pochen, das den Kaiser um den Schlaf bringt. Es beginnt gegen Mitternacht und verliert sich im Morgengrauen. Vergeblich geht er seiner Spur nach, die Orakel schweigen hartnäckig darüber.

Aber in Konstantinopel wird ein Wort laut, das wie ein Menetekel klingt:

„Der Zimmermann aus Galiläa arbeitet an einem Sarg für Julian.“

Läuft ihm nicht ein Grauen über den Rücken, als er es vernimmt? Nein, er antwortet mit seinem ‚Leichenedikt‘ — verbietet grundsätzlich Totenbestattungen am Tage.

Nie wieder soll es möglich sein, daß ihn ein betendes Trauergeleit verspottet. Im Finstern sollen die Christen fortan ihre Toten verscharren. Er verspottet sie als „Leichenbeschauer“, die an allen Ecken und Enden Altäre über Martyrergräbern errichteten.

Dies Dekret beweist Viktor, daß Julian die Schmach von Daphne noch nicht überwunden hat, die Bitterkeit wühlt weiter in ihm. Sie wird sicherlich gesteigert durch die einmütig ablehnende Haltung, welche die Bevölkerung einnimmt, durch die Erregung, die im Heere gegen den Kaiser gärt.

Bei den alten bewährten Legionen zog die Konfiszierung der Standarten, die das Christuszeichen trugen, weite Kreise; es gärt und brodelt überall von unterdrücktem Aufruhr.

Wie gefährlich es steht, davon kann sich Viktor an einem stürmischen Februarabend selbst überzeugen. Wie schon oft macht er die Stadtrunde selbst, seine Leute in die Kasernen zu holen, ihre Ausgänge zu kontrollieren.

Dabei trifft er in einem abgelegenen Gasthaus seine Freunde, die beiden Gardeoffiziere Juventius und Maximinus, in einem verbissenen Wortgefecht mit anderen Centurionen.

Natürlich geht es um den Kaiser.

Eines fällt Viktor sofort auf: einfache Mannschaften fehlen, es sind lauter Offiziere und Unteroffiziere der beiden christlichen Legionen, ein paar Gesichter darunter, die er nicht kennt. Viktor wird kaum beachtet, als er sich hinzugesellt.

Nur Maximinus, der schon ziemlich scharf getrunken zu haben scheint, winkt ihn näher heran.

„Viktor — hierher, du gehörst mit dazu — deine Kohorte muß dabei sein. Jetzt heißt es zusammenhalten!"

Was haben sie vor? Truppenaufstand gegen den geplanten Perserfeldzug? Verweigerung der Teilnahme? Nein — Juventius beugt sich vor und wartet, bis der Wirt den Pokal des Kohortenführers gefüllt hat und sich wieder entfernt. Auch sein Gesicht ist weingerötet.

„Wozu gehören wir zur Garde — zur Palastwache?

Die Sache muß nur arrangiert werden. Judith ließ sich ebenfalls gehörig Zeit, die Enthauptung des Holofernes vorzubereiten. Und wir sind keine Weiber — uns dürfte es weit schwerer fallen, in die innersten Gemächer des Augustus einzudringen. . ."

Viktor schaut ihn an, daß er verstummt.

„Ihr plant Meuchelmord?"

Maximinus fährt auf.

„Nein! Gerechte Beseitigung eines unerträglichen gottlosen Tyrannen. Wir verbitten uns solche Bezeichnungen."

Viktors blaue Augen flammen Blitze.

„Hat euch Christus je geraten, gegen eure Feinde mit dem Schwert vorzugehen?"

„Unsinn, Viktor, du weißt selbst, was aus denen geworden ist, die Christus verfolgten — sind sie nicht alle eines gewaltsamen Todes gestorben? Und einer muß doch die Tat ausführen."

Viktor antwortet nur dies:

„Stecke dein Schwert in die Scheide, denn alle, die das Schwert ergreifen, werden durch das Schwert umkommen."

Die anderen Offiziere murmeln Beifall — er hat recht, was sollen sie mit ihrem Kopf spielen?

Bei der starken Sicherung der Kaiserhalle muß der Anschlag mißlingen. Sie lehnen nicht aus Frömmigkeit ab — bei den hitzigen Argumenten der Gardeoffiziere war es ihnen nicht wohl — gut, wenn sich einer findet, der ihnen zum Maßhalten rät.

Andererseits ist es gefährlich, es mit ihnen zu verderben, wenn der Anschlag ausgeführt werden sollte.

Sie blicken Viktor an. Der hebt die Hand:

„Kameraden, laßt euch zu keiner Bluttat hinreißen.

Diesen Mann werdet nicht ihr stürzen, sondern Christus selbst. Er wird ein Ende nehmen, das Gott herbeiführt, um aller Welt zu zeigen, wie jene in den Sand geschrieben sind, die sich gegen seinen Sohn erheben."

Maximinus lacht höhnisch.

„Dann geh doch — was hast du hier zu suchen, bete um den Tod des Tyrannen, vielleicht fällt sein Kopf dann von selbst wie ein fauler Apfel vom Baum."

Viktor erhebt sich.

„Ich warne euch — seid unbesorgt, zu eurem Verräter werde ich nicht; aber ich bete nicht um den Tod des Kaisers, sondern darum: ihr möget zur Vernunft kommen."

Juventius ist rasch an seiner Seite.

„Viktor — so geht es nicht weiter. Sollen wir zusehen, wie er die Kirche von Monat zu Monat mehr schwächt und untergräbt? Die Vernichtung eines Gottlosen ist moralisch gerechtfertigt, lies nur nach in den Schriften des Alten Bundes."

Viktor bleibt unbeugsam.

„Nein! Keine Gewalt! Ihr habt gesehen, wie Gott den frevelhaften Wiederaufbau des Tempels vereitelte — er ist auch mächtig genug, mit denen Gericht zu halten, die sich zum Feind seines Sohnes machen."

„Aber du warst doch in Antiochia, du hast erlebt, wie er seinen Abfall immer nur schlimmer trieb und daß es ehrenhafte Christen waren, die ihm dort nach dem Leben trachteten.

Wir sind Soldaten — unser Heer hat ihn zum Augustus proklamiert, und das Heer muß ihn beseitigen, wenn es sich in der Wahl irrte!"

Seine Stimme bebt vor Leidenschaft.

„Willst du warten, bis er das Kreuz nicht nur von den Standarten, sondern auch von den Kirchen entfernt?"

Viktor bleibt ruhig.

„Es wird ihm nicht gelingen, die Pforten der Hölle selbst vermögen die Kirche nicht zu überwältigen, das genügt mir."

Juventius wendet sich zurück, zuckt die Achseln — es ist nichts zu machen, sie müssen diesen Querkopf ziehen lassen.

Maximinus schreit: „Und wenn es zum Zweikampf mit Viktor kommen müßte, — ich führe aus, was wir beschlossen haben. Laß den Feigling laufen!"

Viktor ist blaß, der Schimpf zuckt ihm in allen Gliedern. Einen Moment lang sieht es aus, als wolle er die Forderung annehmen, dann hat er sich bezwungen. Er dreht sich um und geht grußlos hinaus. —

Nicht zum Kaiser führt ihn sein nächtlicher Weg, nicht in die Kaserne. In der dunklen, schweigenden Basilika kniet er lange vor dem Hochaltar, das Gesicht in den Händen, ringend um die Herzen seiner Kameraden.

Am anderen Morgen reißen verfrühte Tubasignale die Soldaten aus den Betten — alles antreten.

In dieser Nacht wurde ein Attentat auf die geheiligte Majestät der Kaisers in letzter Minute vereitelt; die Täter sind bereits gefaßt und nach kurzem Militärtribunal gerichtet worden.

Juventius und Maximin fielen durch das Schwert.

In der nächsten Stunde erreicht der Verhaftungsbefehl auch Viktor.

Es ist offenbar geworden, daß auch er sich in jener Taberne befand, in der das Komplott geschmiedet wurde. Scharfes Verhör — dann tritt ein Zeuge auf, der ihn entlastet.

Ein anderer bestätigt wörtlich, wie Viktor sich gegen den Mordanschlag wandte und die Verräter verließ. Das rettet seinen Kopf.

Aber Julian läßt ihn vor sich kommen, eigentlich hätte er ihm zu danken, weil Viktor sein Leben hatte schützen wollen. Aber da ist ein fataler Ausspruch überliefert, den er tat.

„Bist du wirklich der Meinung, ich würde als Kirchenverfolger eines Tages durch deinen Gott selbst gerichtet werden?" fragt der Cäsar mit einem steinernen Gesicht.

Viktor, der ungefesselt vor ihm steht, sieht ihn hocherhobenen Hauptes an.

„Ich bete für meinen Kaiser, ein solches Gericht möge nicht nötig werden."

Julian höhnisch:

„Du meinst, ich könnte mich doch noch bekehren, etwa wie Konstantius, den der Tod weich machte, so daß er sich das Taufgewand über den Kopf stülpen ließ, solange noch Atem in ihm war?"

Viktor schweigt und sieht ihn nur an.

Julian wendet die Augen weg, einen Moment lang ist er wie ein bissiger Hund, der den Blick des Menschen nicht erträgt.

„Ich will dir etwas sagen, Primipilus: Vor den Nonen des März werde ich mit dreihunderttausend Mann treuer Soldaten zum Euphrat aufbrechen.

Nach Beendigung des siegreichen Feldzuges aber **w e r d e ich die Kirche bis auf ihren Namen auslöschen!**"

Er krallt die Hände um die geschnitzten Löwenköpfe des Thronsessels und schreit:

„In späteren Jahrhunderten wird man in alten Schriftrollen forschen und nach der Bedeutung des Wortes ‚Christen' suchen — dann wird man dort den Vermerk finden: galiläische Sekte, die durch den Augustus Julian vernichtet wurde. — Sonst nichts!"

Viktor schweigt. Auf diesen Ausbruch von Hochmut und Haß ist nichts zu entgegnen. Dem Kaiser hat sein beherrschtes Schweigen immer mißfallen:

„Oder bist du etwa der Meinung, es könne umgekehrt werden; daß dort stehen könnte: Julian Apostata" — er lacht heiser, als er seinen schimpflichen Beinamen ausspricht, „letzter Kirchenverfolger des Römischen Reiches, der den vergeblichen Versuch zur Ausrottung der Ecclesia unternahm?"

Viktor sagt langsam: „Ja, das glaube ich."

Der Kaiser meint, nicht recht gehört zu haben, er lauscht dem Wort nach.

Dann schnellt er hoch.

„Meine Götter werden es dir beweisen! Die Orakel, die mich geleiten, werden Sieg verkündigen, mein Genius, der mir zu Lutetia erschien und mich auf den Thron führte, wird mit mir sein.

Helios selbst hat seine Hand auf mich gelegt. Zweifelst du am Götterspruch der Orakel?"

Viktor lächelt.

„Was du Götterstimmen nennst, sind Sprüche der Dämonen, die ihre Opfer so lange von Sieg zu Sieg führen, bis ihr Sturz am nächsten ist. Dann lassen sie es mit der Bosheit der Hölle im Stich. Ich warne dich, mein Augustus, den geplanten Feldzug auszuführen!"

Julian ist außer sich.

„Wer hat dich zu meinem Berater gemacht? Ich brauche dich nicht! Ich will dich nicht mehr sehen — du hast das Maß vollgemacht!

Wenn ich dir einen Mordanschlag auch nicht nachweisen kann, deine Gesinnung genügt mir."

Er faßt sich mühsam, die Ruhe des anderen zwingt ihn, die Beherrschung zu wahren.

„Du sollst jedoch sehen, daß dein Kaiser auch in der Erregung noch gerecht ist. Du hast den Anschlag verhindern wollen — gut! Darum trifft dich nicht die gleiche Strafe wie die Verschwörer — aber ich wende das alte Mittel an, mit dem ich mich schon öfter meiner Gegner entledigte, ohne in den Geruch eines Menschenschlächters zu kommen. Es heißt: Verbannung! Verbannung für die ganze Kohorte!"

Viktor steht hochaufgerichtet, den Helm unter dem Arm, es ist, als pralle der kaiserliche Schiedsspruch an ihm ab.

Julian kritzelt einige Worte auf ein Wachstäfelchen und läutet seinem Minister.

„Noch ehe die Sonne sinkt, wirst du mit deiner Kohorte aufbrechen gegen Norden. Euer Befehlsstandort heißt — Colonia Ulpia Traiana." Er genießt die Wirkung seiner Worte, obgleich sich wenig Bewegung auf Viktors Gesicht zeichnet.

Zurück zum Niederrhein also, zum äußersten Norden — nun, es hätte ärger kommen können. Das ist nicht gerade die Wüste — nur Entlegenheit im heidnischen Lande.

„Du wirst wie zuvor im Lager Tricesimae deine alten Unterkünfte einnehmen — aber als Truppe, die in Gewahrsam bleibt — Offiziere der Dreißigsten Legion werde ich zu euren Aufsehern bestimmen, damit ihr die Pest eurer christlichen Gesinnung nicht noch zu diesem letzten Bollwerk Germaniens tragt."

Julian steht auf, nur wenige Schritte trennen ihn von Viktor. „Was hast du zu entgegnen?"

„Ich gehorche, mein Augustus."

Der blickt argwöhnisch, freut sich Viktor? Aber es klingt so tonlos — nein, das ist nur Gehorsam.

Der Mann scheint keine verlassene Geliebte dort oben zu besitzen, auf deren Wiedersehen er sich freut — gibt es wirklich noch solch fraglosen Gehorsam, der sich freiwillig der Verbannung fügt?

Vielleicht hat Viktor das Ausmaß des Befehls nicht recht begriffen:

„Diese Entscheidung gilt auf Lebenszeit, für dich und die Kohorte. Ihr habt die Gunst, in der Nähe des Kaisers zu leben, für immer verwirkt."

Der Minister tritt ein, nimmt die Weisung entgegen, prüft den Centurio mit kritischem Blick.

Der Mann steht wie aus Erz, als empfinde er nicht die Schmach, von dem kommenden siegreichen Perserfeldzug ausgeschlossen zu sein.

Weisung an den Truppenbefehlshaber: Sofortige Bereitstellung eines Trosses für die ehemalige Prätorianerkohorte, die noch heute abmarschiert, Bewachung bis an die Grenze Pannoniens, von da aus freier Durchmarsch.

Es sind Eilmärsche geboten.

Für Sekunden zögert Julian noch — wenn der Mann jetzt um Gnade bäte, ein Bittgesuch stellen würde in Anbetracht früherer Verdienste — nein.

Erwartet er etwa, der Kaiser werde sich besinnen?

In Julians Blick funkelt nur tödlicher Haß.

„Es ist dir hiermit untersagt, bis zu eurem Aufbruch Angehörige anderer Truppenteile zu sprechen oder Kontakt mit der Zivilbevölkerung zu nehmen. Wie viele Stunden brauchst du, den Abmarsch vorzubereiten?"

„Eine!"

Julian prallt fast zurück.

Das ist ja schon überstürzte Ausweisung! — Fürchtet Viktor nun doch für seinen Kopf?

„Ich habe meine Kohorte zur Bedürfnislosigkeit erzogen. Wenn die Troßmeister fertig sind, können wir marschieren."

„Denkst du nicht an deine verheirateten Kameraden?"

„Ich nahm an, sie dürften ihre Familien im Troß mitnehmen."

„Nein! Daß ihr am Ende aus der Colonia Traiana eine christliche Siedlung macht! Das fehlte noch, im Gegenteil, ich werde Heiratsverbot für deine Kohorte erlassen."

„Dann bitte ich um zwei Stunden für den Aufbruch, damit die Männer Abschied nehmen können."

„Wenn sich einige aus der Kohorte bewegen lassen, zum Hellenismus überzutreten, so dürfen sie bleiben."

Jetzt lächelt Viktor sein sieghaftes Lächeln.

„Du wirst es nicht erleben, mein Augustus."

„Und du hast die Stirn, von all deinen Männern das gleiche Opfer zu fordern?"

„Sie werden es freiwillig bringen."

Diese feste Überzeugung könnte Julian zum Rasen bringen — ist die Kohorte einander so verschworen? Er kommt sich vor, als sei er unterlegen. —

Viktor stellt sich vor seine Kameraden hin und sagt:

„Wer Weib oder Kind, oder Haus oder Acker mehr liebt als Mich, der ist Meiner nicht wert, spricht der Herr. Ich gebe euch Bedenkzeit von einer Stunde."

Nach Ablauf der Frist sind sie vollzählig bei ihm.

Die Not hat sie zusammengeschmiedet, nicht einer fehlt. Es ist wie immer bei den Christen, Wohlleben schwächt sie, Verfolgung stärkt und eint. Ohne Zögern folgen sie ihrem Primipilus in die Verbannung.

Ehe die Sonne sinkt, trägt die Galeere sie aus dem Weichbild der goldenen Stadt am Bosporus.

Die heidnische Wachmannschaft der Straftruppe staunt.

Die Männer stehen in der Galeere und singen — merkwürdige Worte, die da im Winde hallen, zuchtvoll steigt und fällt die einfache Melodie:

„Converte, Domine, captivitatem nostram — sicut torrens in Austro! Qui seminant in lacrimis — in exsultatione metent!"

Sie bitten ihren Gott um Abkürzung der Gefangenschaft, und gleichzeitig jubeln sie siegesgewiß, weil jene, die unter Tränen säen, einmal mit Jauchzen ernten werden. Es klingt wie ein Siegeslied der Verbannten. Was wissen die Heiden von der Kraft jahrtausendealter Psalmen? Langsam gleitet die Galeere über die blaugoldenen Fluten des Bosporus, als wolle sie in den brennenden Himmel hineinstechen.

Aus der Ferne, wo der Kaiser auf der Galerie seiner Magnaura steht und dem ausfahrenden Schiff mit kalten Augen nachstarrt, sieht es gerade so aus, als nehme eine Flut von Licht die Männer auf.

Langsam wendet Julian sich um, eine merkwürdige Leere im Herzen, die er nicht wahrhaben will. In den letzten Jahren hat er nacheinander Freund um Freund verloren — es ist einsam um ihn geworden; er vergräbt sich immer tiefer in die Eiseskälte seines Hasses.

Irgendwo in der Ferne jagt ein Sonderkurier nordwärts, der Straftruppe voraus, die Weisung des Kaisers an den Präfekten und den Legaten der Colonia Traiana zu überbringen, ehe Viktor und seine Kohorte im Lager Tricesimae eintreffen.

Er wird ihn nie wiedersehen, diesen Mann, dessen Name ‚Sieger' heißt, der so oft vor ihm stand in all seinem seltsamen schweigenden Stolz, der zuweilen nahe einer unbegreiflichen Demut war!

Es wird nur noch einen Sieger geben, von dem die Welt spricht: Julian!

Laut sagt er den eigenen Namen vor sich hin, als er in die öde Kaiserhalle zurücktritt!

Irgendwo beginnt der gespenstische Finger wieder zu pochen, als klopfe das Schicksal an seine Pforte!

*

Sie haben die schnellen Donau- und Rheinschiffe verlassen. Viktor marschiert an der Spitze seiner Kohorte. Bei Tage und bei Nacht hallt das Pflaster der großen Römerstraße unter ihren Füßen, die sie nordwärts führt.

Eilmärsche sind befohlen, obwohl keinerlei Feindseligkeiten ausgebrochen sind. Und doch haben die schweigenden Männer alle das Gefühl, Kämpfen entgegenzugehen. Zwar haben die Bewachungsmannschaften sie bei Vindobona schon verlassen, aber sie wissen alle: die Kuriere, die an ihnen vorüberjagen, sind des Kaisers Boten, die ihren Abmarsch überwachen.

Sie machen nur die notwendigste Rast, ein magerer Troß ist ihnen mitgegeben; wochenlang essen sie die gleichen Dauerrationen, das Geld langt nicht, die Verpflegung zu verbessern. Aber keiner murrt. Die Zucht ist vorbildlicher denn je.

Die Nächte, in denen sie nicht marschieren, verbringen sie wie im Kriege in Zelten, am Boden hingeworfen; am Lagerfeuer macht die Wache die Runde — oft ist es Viktor selbst, der die anderen schlafen heißt. Getreu dem Kaiserbefehl hat er höchste Eile befohlen.

In den Kastellen werden sie begafft von den Bürgern — kein Zuruf fremder Einheiten grüßt sie mehr. Man scheint überall schon Bescheid zu wissen, wenn die ‚Thebäer‘ mit ihren Kreuzen auf den Schilden wieder nordwärts rücken.

Strafkommando!

Die Männer tun, als spürten sie keine Bitterkeit. Ohne persönliches Verschulden sind sie aus der Gemeinschaft der Legionen ausgeschlossen, eine versprengte, verfemte Kohorte.

Einmal machen sie geschlossen Halt mitten in einer Kolonie. Es ist Augusta Treverorum (Trier). Wie beim Präsentiermarsch ziehen sie durch die Porta Nigra in die Kaiserstadt ein — vorbei an den Truppenunterkünften, vorüber an Präfekten- und Legatenpalästen — bis zu der ersten Märtyrerkirche.

Dort besuchen sie geschlossen den Gottesdienst. Es ist Ostern geworden, sie feiern die Auferstehung des Herrn mit brennenden Lichtern in ihren Händen:

„Lumen Christi — Deo gratias!"

Mit diesem Licht in den Herzen marschieren sie weiter

nordwärts durch die tiefen Wälder, dem Niederrhein entgegen.

In Novaesium (Neuß) haben sie den letzten längeren Aufenthalt, einer ihrer jüngeren Kameraden ist erkrankt und wird auf den leer gewordenen Troßwagen geladen, er hat Fieber.

Viktor sucht vergeblich einen Arzt. Sie müssen weiter. Jede Stunde sieht der Primipilus nach seinem kranken Kameraden, gibt ihm zu trinken. „Mut, Linus, bald sind wir in der Garnison, da bekommst du ordentliche Pflege."

Ein früher Sommer steht über den Wäldern, aber das frische Grün und der Vogeljubel vermögen diesmal die Stimmung kaum zu beeinflussen. In manchen Bedrängnissen versagt der Trost der Natur, dann hilft nur die Einheit des Herzens mit Gott.

Stöhnend krallt sich der Kranke an die rüttelnden Planken des Plaustrums (Lastwagen). Wären sie nur erst am Ziel!

Zu aller Plage ziehen sich am frühen Nachmittag noch Gewitter über der Ebene zusammen. Blauschwarz verdunkelt sich der Himmel; die Vogelstimmen schweigen ängstlich, reglos steht die grünblaue Wand der Wälder, als atmeten sie nicht mehr.

Unter der drückenden Last der geschlossenen Wolkendecke zieht die Kohorte als kleiner verlorener Haufen über das bleigraue Band der Römerstraße nordwärts. Manch einer mag an den fast übermütigen Ausmarsch vor zwei Jahren, bei strahlendem Herbstwetter, zurückdenken. Was für eine düstere Spannung liegt jetzt über ihnen!

Ein Tannenschlag nimmt sie auf — schwarz ragen die Baumriesen, still und ernst — und jetzt grollt der erste Donner über den Himmel hin. Da gießt es schon — die

Soldaten ducken sich unwillkürlich vor den peitschenden Geißeln des Himmels.

Viktor zieht die Zeltplane über den Kranken — aber auch das ist keine Erleichterung für ihn — darunter glaubt der schwer Fiebernde zu ersticken und schlägt um sich. Im Fieberwahn redet er irre — verwünscht den Kaiser.

Aufgespeicherter Groll bricht da hervor — ein Glück, daß er keine fremden Zuhörer hat. Viktor sucht ihn vergeblich zu beruhigen:

„Linus, komm zu dir — ich bin bei dir, Viktor!"

Es nutzt nichts — der Regen bildet fast einen Schleier aus Wasser — sie triefen. —

„Die Kohorte — halt!"

Der Marschtritt bricht ab, sie stehen und sehen ihren Primipilus aus nassen Gesichtern unlustig an. Was, jetzt — Halt wegen eines einzigen Kranken?

Viktor deutet nach links.

„Dort — wir müssen Linus zu dem Gehöft bringen — in dem Zustand kann er unmöglich ins Lager. Er braucht Wärme und Trockenheit. Ich kann den Weitermarsch mit ihm nicht verantworten."

Der Unteroffizier folgt nicht gern, es ist höchstens noch eine Marschstunde bis Tricesimae, aber er hat gegen den Hauptmann noch nie ein Widerwort gewagt. Während die Männer seitwärts unter die Tannen treten, hebt er mit Viktor vorsichtig den kranken Kameraden in der Zeltplane vom Plaustrum; sie schlagen die schmale Tannenschneise ein, die zu dem hochgelegenen germanischen Gehöft führt.

Mit seinem fast zur Erde reichenden breiten Strohdach liegt es im rauschenden Regen wie eine Festung. Zum Glück ist der Waldboden nicht glitschig, sie können festen Tritt halten — nun weichen die Waldungen zurück, auf einer Lichtung liegt der Hof vor ihnen — umfriedet durch Mauer und Hecke. Werden die einsamen Bewohner, die Überfälle fürchten könnten, ihnen auftun?

Mit dem eisernen Klopfer schlagen sie gegen das Tor der Umfriedung, es hallt weit in der Runde. Natürlich hat man sie schon kommen sehen — in einen langen Regenumhang gewickelt, läuft ihnen ein Hofknecht entgegen.

Im Dialektlatein der Sugambrer fragt er nach dem Begehr. Viktor selbst gibt Auskunft, hebt die Bahre hoch — sofort wird ihnen geöffnet.

Erstaunlich dienstbereit ist der Hofknecht.

„Darf ich anpacken?"

So wird es Viktor möglich, dem Bauern selbst gegenüberzutreten.

Der steht unter dem geschnitzten Giebel, dessen Balken gekreuzt in den Himmel starren; weit gähnt hinter ihm das offene Haustor, fahlblond hängt das lange Haar dem Mann bis auf die Schultern. Ein Gesicht, sonnenbraun, wie aus Holz geschnitzt in langen groben Zügen — wasserhelle Augen!

„Willkommen, Römer! Wer bist du?"

Soll Viktor sagen: ‚Centurio einer Strafkolonne'?

Nein, er umgeht die Frage:

„Wir kommen mit unseren Leuten aus Richtung Moguntium und müssen bis Tricesimae. Ich bin Viktor, ihr Hauptmann. Unterwegs erkrankte mein Kamerad, wie du siehst. Ist es möglich, deine Gastfreundschaft für ihn in Anspruch zu nehmen?"

Die hellen Augen halten eine kurze scharfe Prüfung. Dann ein schmales Lächeln über dem dichten Bart.

„Tritt ein mit deinen Leuten - wo hast du die übrigen?"

Viktor ist verblüfft.

„Die ganze Kohorte?"

Der Mann lächelt noch: „Jawohl, sie kann in der Scheune Schutz suchen. Es ist ein schweres Gewitter."

Er hat recht, der Himmel flammt — der Donner rollt unaufhörlich. Viktor blickt hoch. „Ich bin überzeugt, daß uns nichts Übles treffen wird; aber sei bedankt, Bauer, wir dürfen dein Angebot nicht annehmen, weil wir pünktlich heute nachmittag in Tricesimae eintreffen müssen.

Nur für den Kranken kam ich eilige Hilfe zu erbitten."

Er tritt beiseite, der Bauer winkt die Träger heran, ruft dem Knecht in germanischer Sprache etwas zu, sie tragen ihn tiefer hinein in den breiten Hofraum, vorüber an Stallungen, dem Gesindehaus zu.

„Es ist recht. Deinen Mantel wirst du wohl ablegen dürfen, um den Trunk zu nehmen, ehe du dich überzeugst, daß dein Kamerad bei uns gut aufgehoben ist."

Das Latein des Sugambrers klingt hart, aber nicht unbeholfen, er scheint in seiner Jugend oft Umgang mit Römern gehabt zu haben, diente am Ende in ihren Heeren — wer weiß das?

Viktor kann nicht ablehnen, ohne den Mann zu beleidigen; er hat schon oft erfahren, wie empfindlich die Germanen sind, wenn man ihre Gastfreundschaft ausschlägt.

So nickt er, wirft das sagum (Mantel) ab und tritt mit dem Bauern ins Gehöft. An einer stattlichen Anzahl von offenen Rinderboxen gehen sie vorüber dem Wohnraum zu. Die breite Halle nimmt sie auf, Viktor schließt einen Moment lang die Augen, der Rauch des offenen Herdfeuers ist beißend scharf; dann blickt er zur Stirnwand hinüber, wo über dem hohen eichengeschnitzten Ehrensitz zwei Schwerter sich kreuzen. Die Wand blitzt von alten Waffen, als sei er in das Gehöft eines Edelings getreten.

Der Bauer weist ihm den erhöhten Platz an.

Dann wendet er sich zurück und ruft etwas: „Alrun!" wohl den Namen seiner Frau. — Es bleibt still. — Er geht mit ein paar ärgerlichen Schritten zur Tür, die in den Nebenraum führt, kommt dann zurück und entschuldigt sich.

„Die Mutter ist bereits um deinen Kameraden bemüht — du hast Glück gehabt, Centurio, wir haben hier einen alten Schäfer, der mehr weiß als die Doktoren von Rom. Er wird ihm bald aufhelfen, wenn ..."

Er stockt, unter die Tür tritt ein Mädchen, hochgewachsen und schmal. Sie hält eine tönerne Schale in beiden Händen. Wie breite Goldbänder fließen blonde Zöpfe ihre Schultern hinab bis zum Gürtel. Der gefältete Rock aus ungebleichter Wolle reicht bis auf ihre Füße.

Langsam kommt sie mit lächelnden Augen näher, spricht den Willkommensgruß und reicht dem Fremdling die Schale.

Zuvor aber erfüllt sie den Brauch der Sugambrer, selbst von dem Trank zu kosten, wohl zum Beweis dafür, daß den Gast keine Arglist erwartet.

Viktor, der den Dialekt zwar versteht, schüttelt lächelnd den Kopf und sagt in seiner Sprache:

„Ich danke dir, Mädchen, aber wir haben eine Gewähr, uns zu schützen!"

Und er schlägt langsam das Kreuz über die Schale, ehe er sich zum Trunk neigen will —, da bebt und schwankt das Gefäß in den Händen des Mädchens; er muß zugreifen, daß es nicht fällt, und so ruhen minutenlang ihre Hände fest umeinander.

„Was konnte dich so erschrecken?" fragt er, „verstehst du Latein?" Sie nickt, schaut ihn fassungslos aus strahlend blauen Augen an. Ein goldener Funke schwimmt darin.

„Du — bist Christ?"

„Ja", sagt er ruhig, dann trinkt er.

Als er aufblickt und die Schale zurückreicht, steht der Bauer da und streckt ihm die Hand entgegen. „Schlag ein, Centurio — du bist uns nicht nur Gast, sondern Freund. Auch wir sind Christen seit einiger Zeit!"

Er wendet sich um.

„Schau dort!"

In der Zimmerecke entdeckt er das Christuszeichen — das Chi und das Rho. (PX) — und frische Blumen darunter wie eine Opfergabe. Nun leuchten auch seine Augen auf, langsam nimmt er den Helm ab. „Es ist sehr schade, daß ich nicht länger deine Gastfreundschaft genießen kann", sagt er, tief atmend, „ich muß zur Kohorte zurück."

„Reinhild!" mahnt der Bauer seine Tochter, die wie gebannt dasteht und den hellhaarigen Römer anschaut. Sie senkt den Kopf und bringt eilig Brot und Salz.

„Du wirst immer als unser Freund willkommen sein", antwortet der Bauer.

Die Willkommens-Bräuche sind erfüllt, sie können zur Gesindestube hinübergehen. Dort findet Viktor den Linus auf Stroh und Linnen gebettet, ein Bärenfell wärmt ihn. Die Bäuerin hat schon einen Stein erhitzt und gegen seine Füße geschoben.

Neben dem Lager hockt ein weißhaariger Alter, struppig steht ihm das Haar rings um den Kopf wie eine Löwenmähne; sein Gesicht gleicht einer Baumwurzel, verwittert, braunschwarz, mit tausend Runen, aber die Augen sind hell wie Eis. Das ist Schäfer Kort, der als ‚Heiling‘ gilt.

Er steht auf und blickt den Centurio an, als wundere ihn nichts auf der Welt, als habe er den Fremdling immer schon gekannt.

„Wir werden eine Schwitzkur machen“, sagt er mit einer Stimme, die klingt wie Räderknarren. Viktor muß raten, was er meint.

„Einen Sud aus Schafgarbe, Lindenblüte und Flieder!“ ordnet er an, „schluckweise getrunken, das bricht die Glut!“

Klein und knorrig steht er da und schaut an ihm vorbei die Bäuerin an, die in einem Schapp (Holzlade) sucht.

„Laß das, Alrun —, ich gebe dir frische Kräuter, diesem hier kann ich helfen —, aber dem da — nicht.“

Und jetzt packen die wasserklaren Augen Viktor und lassen ihn nicht los. Einen Augenblick lang ist es, als stehe der Schäfer Kort unter seinen wimmelnden Schafen auf der Heide, klein und verloren unter einem gewaltigen Himmel —, aber in einem Raum, der keine Geheimnisse für ihn hat, weder innerhalb der Natur noch in der Übernatur.

„Ein weißes Kreuz über dem Theater der römischen Legionen“, murmelt der Alte wie im Traumgespräch, „ein Kreuz mitten am Himmel — und eine Stimme, die ihm gilt.“

Die Germanen verstummen und sehen sich bedeutungsvoll an —, da ist es wieder, das Geheimnisvolle um den alten Mann, der mehr weiß, als Menschenherzen aus sich selbst wissen können, der mehr zu hören pflegt, als sterbliche Ohren vernehmen. Es ist seine Last und seine Würde, welche sich über Geschlechter vererbte.

Noch immer schaut er den Centurio an, dann sagt er langsam:

„Du hast überwunden — Sieger —, du hast überwunden."

Und nach diesem rätselvollen Spruch dreht er sich um und geht grußlos hinaus. Sie kennen ihn, sie müssen ihn gewähren lassen, den Achtzigjährigen.

Viktor lächelt.

„War das ein Heidenorakel? Ich fürchte es nicht."

Die Bäuerin kommt zu ihm und gibt ihm die Hand.

„Kein Orakel, Centurio, der Schäfer ist ein Seher. Das ist eine Gottesgabe, die sich keiner wünschen soll. Möge er dir Heil geweissagt haben. Nicht immer bedeuten seine Gesichte ein Gutes."

Viktor ist gelassen.

„Mein Name ist ‚Sieger', da hat er recht geredet, einem Sieger sagt man gern voraus, er werde überwinden. Mir genügt von meinem Geschick soviel zu wissen, als Gott mir für diesen Tag kundtut." Er schaut in die Runde, lächelt dem Mädchen unter der Tür zu. „Und ich glaube, es war doch ein segensreicher Tag, Christen hier zu finden."

Darauf tritt er an das Lager des Kranken, es ist, als sei Linus bereits ruhiger geworden, fühlt er, daß er geborgen ist? Aber er ist noch nicht klar im Kopfe.

„Schäfer Kort wird ihm helfen, er heilt viele. Sogar die Soldaten von Tricensimae suchen ihn auf."

„Nicht nur die Soldaten", sagt das Mädchen eifrig, „selbst der Legat schickte kürzlich nach ihm."

Viktor staunt.

„Asinius Crassus aus Traiana?"

„So hieß er. Aber auch du darfst mit deinen Leuten kommen, so oft euch etwas fehlt. Schäfer Kort macht keinen Unterschied zwischen Römern und Germanen, Heiden oder Christen."

„Und wie muß ich dies Gehöft bezeichnen, wenn ich hierher ausreiten will?"

„Du bist auf dem Waldhof, Centurio. Mein Vater ist Bauer Wulfhart."

„Und du — dich nennt man Reinhild? Was bedeutet dein Name?"

Sie senkt die Augen und errötet. Die Mutter kommt ihr lächelnd zu Hilfe.

„Es würde in deiner Sprache so viel heißen wie ‚Ratgeberin im Kampf‘."

„Hat sie einen Helden, dem sie Rat geben kann?" hört Viktor sich selbst rasch fragen und wundert sich im Herzen, wie er dazu kommt. Kennt er diese Leute wirklich erst seit einer halben Stunde?

Reinhilde wendet sich eilig ab. Ehe jemand antworten kann, ruft sie: „Seht doch, der Himmel ist klar — das Gewitter hat sich verzogen."

Viktor fährt auf.

„Dann muß ich sofort zu meinen Leuten zurück, im Eilmarsch bis Tricesimae. Habt Dank für eure Gastfreundschaft. Ich werde bald wiederkommen, nach meinem Kameraden zu sehen." Er bückt sich und streicht dem jungen Soldaten einmal rasch und etwas scheu über die Stirn, dann läßt er sich von Bauer Wulfhart hinausgeleiten.

Das junge Gras vor dem Hof funkelt vor Frische und Nässe, die Tannen tropfen. Viktor ist zumute, als müsse er singen wie die Vögel, die jetzt wieder ihre Stimme erheben, erlöst von Schrecken. Wahrhaftig, ihm ist nicht mehr, als kehre er in die Verbannung zurück, sondern in eine größere Freiheit.

Auch bei der Kohorte ist die Stimmung besser geworden. Ob nur das Gewitter die Spannung verursachte?

Denen von Tricesimae werden sie zeigen, daß sie keinen Grund haben, mit hängenden Köpfen in ihre ehemaligen Kasernen einzuziehen. Die Heerstraße dampft, grell sticht die Sonne und trocknet ihnen die Kleider am Leibe. Vom nahen Rhein her stoßen Möwen durch das Himmelsblau, es riecht nach Frühling und Frische, die Erde atmet.

Schon von weitem sehen sie das Lager auf den Höhen von Bertunum, es scheint stärker befestigt worden zu sein. Ob die Franken wieder unruhig sind? Die Soldaten werden geschwätzig — eigentlich ist es ganz schön, das alte Nest mal wiederzusehen.

Auch Viktors Gedanken sind schneller als die Füße — was wird Mallosus zu ihrer Rückkehr sagen? Er freut sich auf das Wiedersehen, auch auf seine Gefährten, die sie als Veteranen vor zwei Jahren zurückließen. Seine Kameraden schwatzen aufgeregt über die Verpflegung, die sie erwarten, sie sind ausgehungert. Man wird sorgen, daß bald ein ordentliches Stück Wildbret auf den Tisch kommt.

Die Jagd! Der Sommer steht vor der Tür, — wieder werden Viktor die tiefen Wälder aufnehmen bei einsamen Pirschgängen.

Und irgendwo gibt es nun ein Mädchen, das dem Helden guten Rat gibt, wenn es zum Kampf geht. Warum sie wohl verstummte, als die Rede darauf kam —, ob sie einem Manne versprochen ist? Der Name paßt zu ihr — Klugheit strahlten ihre Augen aus —, Viktor faßt sich.

„Die Kohorte — halt! Formieren! . . .“

Zuchtvoll und ohne die tiefe Erschöpfung zu verraten, wollen sie in Tricensimae einziehen. Hier und da schnallt

189

einer das scheppernde Wehrgehenk fester, knüpft den Mantel ordentlicher, strafft die Lederriemen um die Beine.

Sie sind kein verlorener Haufen — noch lange nicht. An der nächsten Quelle erfrischen sie Gesicht und Hände —, ein ordentliches Thermalbad in Traiana und eine anschließende Schwitzkur müßten jetzt zu den höchsten Wonnen gehören, welche die Stadt zu bieten hat.

„Kohorte — marsch!"

Es ist, als kämen sie nur von einer kleinen Feldübung zurück, nicht von einem Marsch über Tausende von Meilen. Die Mannschaften der Dreißigsten Legion kommen aus dem Lager, als sie die Biegung nach Bertunum nehmen, rennen zuhauf und gaffen.

Da sind sie, — die Verbannten, die Straftruppe, die der Kaiser zum Norden schickte, damit sie Gehorsam lernt. Es ist schon bei den untersten Einheiten durchgesickert, was sich in Konstantinopel getan hat.

Da ist Viktor, der Freund jener Verräter, die hingerichtet wurden.

Man hat doch immer gewußt, daß es mit diesem eingebildeten Centurio, der in allem etwas Besonderes hervorkehren mußte, noch einmal etwas geben werde. Jetzt ist er in Ungnade gefallen — aber er sieht wahrhaftig nicht so aus, als wäre er sich dessen bewußt!

Wie hoch er noch den Kopf trägt, eine Miene, als gehörte ihm ganz Tricesimae —, na, dem werden sie es zeigen! Ihre Offiziere haben ihre Anweisungen von höchster Stelle, wie mit ihm zu verfahren ist.

Viktor geht straff aufgerichtet; sein Helm funkelt im Sonnenlicht, als wäre er aus getriebenem Silber. Sein Helmbusch leuchtet wie Purpur, seine Haltung, als wäre er Legionskommandant geworden. Sie lachen höhnisch in sich hinein, kein Gruß, kein soldatischer Zuruf; stumm lassen sie die Kohorte passieren.

Vor den Kasernen, die sie selbst einst erbauten, empfängt sie der Erste Offizier der Dreißigsten Legion, gefürchtet bei allem, was Waffen trägt, ein narbenzerhauenes Gesicht — Porcius Rufus.

Er verliest den Präfektenbefehl an die Kohorte:

1. Die Kohorte ist sich bewußt, ihren Standortwechsel einer Unbotmäßigkeit ihres Primipilus gegen seinen allerhöchsten Imperator und Augustus zu verdanken. Sie wird als Straftruppe behandelt.

2. Die Kohorte lebt in Tricesimae als geschlossene Einheit, sie hat keinen Anschluß an die ruhmvolle Dreißigste Legion, sondern ist ihr untergeordnet.

3. Jeder Offizier der Tricesimae hat Befehlsgewalt über die Kohorte und kann ihr Anweisungen geben, im Einvernehmen mit seinen eigenen militärischen Vorgesetzten.

4. Die Bewegungsfreiheit der Offiziere und Mannschaften der Kohorte wird insofern eingeschränkt, als der Centurio Primipilus für alle Unternehmungen die Genehmigung des Legionskommandanten oder seiner Stellvertreter einzuholen hat. Der Ausgang für Mannschaften bleibt auf einen bestimmten Umkreis des Lagers beschränkt.

5. Die Verpflegung wird für mindestens ein Jahr auf halbe Ration gesetzt. Schanzarbeiten und Handlungen, die sonst Sklaven überlassen werden, sind ohne Widerspruch von Angehörigen der Kohorte auszuführen.

6. Die Kohorte verliert das Recht, an Festspielen und Wettkämpfen teilzunehmen, mit Ausnahme des Götterkults und der Kaiserehrung.

Gegeben zu Colonia Ulpia Traiana, im März 363

Clemens, Severus Publius
Präfekt und Prokonsul

Asinius Crassus,
Legat Seiner Kaiserlichen Majestät.

Die schnarrende Stimme verstummt. Die Männer der Kohorte starren in haßbefriedigte Gesichter, die Soldaten der Tricesimae grinsen. Es war ein Genuß, das anzuhören.

In Viktors Gesicht regt sich kein Muskel.

Er übergibt das Feldzeichen der Kohorte der ihm übergeordneten Legion.

Da knarrt wieder des Porcius Rufus Stimme:

„Eure Waffen und Schilde verbleiben im Arsenal von Traiana, bis der Kaiser eure Rehabilitierung anordnet."

Die Schilde — ihre Ehrenzeichen — die Schilde der Thebäer! —

Viktor ruft:

„Ist das des Augustus Anordnung?"

„Es ist Befehl seines Stellvertreters für Traiana, des Legaten."

„Dann übergebe ich die Schilde dem Legaten nur persönlich."

Porcius Rufus stutzt. Er hat keinen schriftlichen Befehl, keinerlei Ausweis. Das Blut schießt ihm zur Stirn. Heiser schreit er:

„Dein Widerstand verschärft eure Lage. Glaube nicht,

daß du dich dadurch beim Legaten des Cäsars in einen besseren Ruf bringst. Aber was rede ich mit dir? Deinen Stolz werden wir auch noch klein kriegen!

Kohorte — abtreten!"

Er schnappt nach Luft. — Soviel Frechheit ist ihm noch nicht vorgekommen, hält der Primipilus seine schimpfliche Versetzung für einen Scherz? Er wird sich noch wundern. Bei ihm hat er jetzt schon ausgespielt, seine einzige Chance war ergebene Unterwerfung.

Die Manipelkasernen sind bereits geräumt, das heißt, verdreckt zurückgelassen, eine beispiellose Unordnung schlägt ihnen entgegen. Diese Nacht werden sie am Boden verbringen müssen; in die stinkenden Strohhaufen kann sich keiner legen, die sind verwanzt und verlaust.

Die Einrichtung ist teilweise demoliert, selbst das Eßgeschirr ungereinigt zurückgelassen. Sie müssen noch einmal mit der Eisernen Ration vom Troß vorliebnehmen, trinken Wasser zum Dörrbrot.

Stumm hocken sie in der Runde, aber man braucht auch keine Worte, sie denken alle dasselbe: Sträflinge! Was haben sie noch zu erwarten? Viktor spricht das Dankgebet, als hätten sie eine reichliche Willkommensmahlzeit gehabt.

Er fühlt, alle warten auf ein Wort von ihm. Er baut sich nicht großartig vor der Mannschaft auf, setzt sich zu ihnen, aber seine Hände baumeln nicht schlaff zwischen den hochgezogenen Knien, wie bei den meisten, sondern liegen zu Fäusten geballt auf den Schenkeln.

„Kameraden! Als wir vor zwei Jahren hier einzogen, da sagte ich euch, unsere Bewährung beginnt nicht im Kriege, sondern im Frieden, in der Garnison. Ich habe mich nicht geirrt. Sie empfängt aber ihre Feuerprobe in der Verfolgung, in der Ausstoßung."

Sie hören stumm zu, große Worte, das ist jetzt nichts für sie, das vertragen sie nicht auf den halbsatten Magen. Was können sie als Straftruppe schon tun?

„Ich werde die Schilde der Thebäer abgeben", sagt Viktor scheinbar gelassen.

Da kommt Leben in die Leute — jäh fliegen die Köpfe hoch — sie reißen die Augen auf — einige springen polternd hoch. „Was! Unsere Ehrenschilde? Unmöglich — wir dulden es nicht!" Sie schreien durcheinander.

Viktor verschafft sich mit einer Handbewegung Ruhe.

„Weshalb wollt ihr sie behalten, wenn ihr das Kreuz darauf nicht bejaht?" fragt er mit der gleichen unerschütterlichen Ruhe.

Sie verstehen nicht, was er will. Langsam steht Viktor auf.

„Ihr habt die Kreuze weggeworfen in dem Augenblick, wo ihr gegen die Verbannung Christi zu murren beginnt. Vergeßt nicht, wir ertragen nur seinetwillen die ungerechte Ausschließung. Wenn ihr aber das Kreuz nicht annehmen wollt — dann haben die Schilde ihre Bedeutung verloren und können im Arsenal verrosten.

Wißt ihr überhaupt, was es heißt, die Ehrenschilde der Martyrer-Legion übernommen zu haben? Oder wollt ihr euch mit dem Blut derer brüsten, denen ihr nicht in die Schmach folgen wollt — geschweige denn in ein Wagnis auf Leben und Tod? Was bedeuten die Schilde, wenn ihr nicht auch den Geist der Gefährten des Mauritius übernommen habt?"

Auch der letzte, der noch am Boden hockte, hat sich erhoben, Viktors stahlblanker Blick bannt ihn fest.

„Wer Christus nicht in die Gefangenschaft folgen will, sondern frei sein möchte, der trete heraus — er werfe sich dem Legaten zu Füßen und er ist wieder in Ehren."

Sie stehen reglos. Dann ruft einer:

„Viktor — zu dir gehören wir!"

„Nicht zu mir — zu Christus. Wenn ihr die Schilde seiner Martyrer neu annehmen wollt — dann wahrt erst ihre Gesinnung!"

Sie umringen ihn, ohne Ausnahme bereit, Erbitterung und Niedergeschlagenheit sind verflogen.

„Hier, Viktor, wir sind dabei, wir hauen dich raus, was auch immer kommen sollte! Sag nur, was wir zu tun haben."

„Nichts — euch fügen, alles andere wird uns bestimmt. Der Knecht ist nicht über dem Herrn und der Jünger nicht über dem Meister.

Ihr wißt, was ich sagen will: wenn dem Herrn keine zwölf Legionen Engel zu Hilfe kommen durften, dann wollen auch wir auf himmlische oder irdische Legionen verzichten. Unser Los ist das Kreuz — nehmen wir es im Geist umso fester an."

Ihre Gesichter sind fahl und abgespannt.

„Wir wollen aber auch bedacht sein, mit allen erlaubten Mitteln unsere Kräfte zu erhalten. Wie das geschehen soll? Um nichts macht euch Sorgen — nein, auch nicht um die ‚halbe Ration', die uns angeordnet ist."

Er lächelt sie an. „Ich halte zwar nichts von der Göttin Diana. Man sagt ja, diese Wälder hier seien ihr Reich. Aber ich glaube, schon ehe man hier den ersten römischen Soldaten kannte, wurde die volle Ration für uns gesichert. Gott sorgt für alle."

Die Unteroffiziere stecken die Köpfe zusammen.

„Verläßt du dich auf die Jagd allein?"

Viktor lacht.

„Ihr werdet sehen, was sich in dieser wildreichen und

menschenfreundlichen Gegend alles tun wird. Unser Tisch ist gedeckt — wartet ab.

Und was die verbotenen ,Belustigungen' angeht, da brauche ich wohl kaum einen Hinweis zu geben. Wenn sie uns zu Fechtspielen im Theater von Vetera nicht zulassen — die Natur ist unsere Arena und sollten sie uns die Thermen sperren — der Rhein hat hier eine gehörige Breite. Für alles ist gesorgt."

Wahrhaftig, er tut, als sei er in den Palast seines Kommandanten versetzt worden. Sie dürfen gespannt sein, was aus seinen kühnen Versprechungen wird.

Aber seine hellen Augen blicken siegesgewiß; auch die Argwöhnischsten unter ihnen verstummen. In ihre Mäntel gewickelt, die Zeltplane unter dem Kopf, schlafen sie auf den Boden hingestreckt. Sie sind viel zu müde, Kälte und Härte des Bodens zu spüren. Und morgen sind sie Herr im Haus. Bei den Bauern von Bertunum gibt es Stroh genug, das wissen sie von früher.

Ja, die Bauern besitzen nicht nur Stroh — sie geben noch viel mehr für die Soldaten. Bauer Wulfhart vom Waldhof muß noch in der gleichen Nacht nach Viktors Ankunft seine Boten herumgeschickt haben — alle wissen Bescheid: Christliche Soldaten wieder im Lande — niemand darf dulden, daß es ihnen an irgend etwas fehlt! Und dies, obgleich unter den Sugambrern noch niemand ahnt, welch echter Notstand herrscht. Sie verpflegen mit Freuden eine Strafkolonne! Was sie heimlich in die Kaserne schaffen, reicht für Monate.

Ist das Zufall oder ein ,Wunder', gewirkt wegen des unbeirrbaren Vertrauens ihres Primipilus? Lachend schleppen sie sich mit Lebensmittelsäcken ab — unterm Stroh verborgen. Sie können noch einpökeln. Und wenn sie die neue Ernte erst abgewartet haben, — die unter den Bauern Christen sind, werden nicht geizen.

Viktor hat gar nicht geahnt, wie weit das Christentum inzwischen hier vorgedrungen ist. Er hat noch zu wenig Möglichkeiten, in Ruhe mit den Bauern zu sprechen, um sich das Rätsel erklären zu lassen. War vor zwei Jahren nicht noch fast alles heidnisch?

Als er einen ersten Gang nach Tricesimae hinaus macht, sucht er zuerst jene Straße, wo Mallosus sich mit seinen Gefährten damals seßhaft machte.

Verwundert steht er vor verkohlten Trümmern. Hier muß also wieder einmal ein Brand ausgebrochen sein. Viktor hält einen Burschen an und fragt.

Der schaut groß.

„Mallosus? Meinst du den mit dem Loch im Kopf?"

Viktor lächelt.

„Nein, den ehemaligen Unteroffizier — der so undeutlich sprach, weil sein Kiefer gebrochen war. — Wie alt bist du?" —

„Fünfzehn!" sagt der Bursche.

„Da mußt du ihn gekannt haben. Wo ist er?"

Der Junge lacht ihn aus.

„Jetzt bist du dümmer als ich, Centurio. Es ist doch derselbe, der mit dem Kiefer und dem Loch im Kopf. Sie haben ihn bei den Sümpfen gefunden. ‚Märtpoort' sagen sie jetzt dazu." Viktor steht betroffen da.

Dem Bengel wird es zu langweilig, den Fremden aufzuklären über einen Mann, der längst tot ist. Er rennt weg, dem Rheinarm zu, wo sie Holzschiffe schwimmen lassen werden — eine ganze Kriegsflotte, sie spielen ‚Perserfeldzug'. Der Rhein wird zum Euphrat. Sie rücken siegreich hinüber, getreu den letzten Militärmeldungen.

Langsam geht der Kohortenführer die Straße hinab, biegt dann rechts in die Gasse ein, die zur Ziegelei führt. Noch immer sind die Häuser hier rotbraun gefärbt vom Qualm der Brennöfen. Eine ockerfarbene Rauchfahne weht auch jetzt von der Tegularia-Transrhenana über die Stadt hin.

Mallosus wird dort untergekommen sein, als die Häuser abbrannten. Er war bei den Sklaven beliebt. Schließlich können in Tricesimae und Traiana manche Veteranen den gleichen Namen führen.

Das Herz klopft ihm dumpf.

Vor der Fabrik fallen ihm gleich zwei neue Götterbilder auf anstelle der alten, rußgeschwärzten — Merkur und Vesta wie einst — nur viel pompöser aufgemacht. Noch immer das Gewimmel von Sklaven im Fabrikgelände, sie haben kaum Zeit aufzuschauen, ein Lastwagen nach dem anderen wird mit frischen Ziegeln abgefahren — strohumwickelt.

Der Bedarf ist groß, die Rheinlinie kann nie genug befestigt und bebaut werden. Er sucht und findet endlich einen Vorarbeiter, den er anredet.

Dem fährt es sichtlich durch alle Glieder, als er Viktor erkennt. Faßt läßt er sein Gerät fallen.

„Viktor — Cen — Centurio!", stottert er entgeistert, als sehe er ein Gespenst.

„Also haben sie doch recht — ihr seid wieder zurückgekommen."

Viktor lächelt. „Das siehst du — aber rasch, sag mir, Mann — wo steckt Mallosus, mein Freund?"

Der Arbeiter blickt sich um. „Muß das hier sein? Der — den holt keiner mehr zurück. Sie glauben, er liege immer noch bei der Märtpoort, aber", er flüstert jetzt, „wir haben ihn rausgeholt. In den Sümpfen geborgen, wir zeigen dir noch die Stelle."

Viktor will nicht verstehen.

„Mann, sprich doch langsamer — und ruhig — alles nacheinander. Wo ist Mallosus — und was ist ihm geschehen?"

Der Sklave starrt ihn an.

„Das haben sie euch also verschwiegen — die feige Bande. Kannst du nicht nach Feierabend vorbeikommen? Ich habe Sorge, sie beobachten uns, es ist sogar gefährlich, von ihm zu reden."

Viktor wird blaß. „Das ordne ich gleich. Ich brauche Ziegel zum Ausbessern der Kasernen, die in schlechtem Zustand sind. Warte einen Augenblick, ich spreche mit deinem Meister."

Nach kurzen Verhandlungen kommt er zurück.

„Es ist abgemacht. Er denkt, wir unterhielten uns über die Ziegellieferung. Mach es also kurz, Mann."

Der Sklave tritt in den Schatten.

„Ja, komm. Siehst du, Centurio, — die beiden Götterbilder da — die waren schuld. Mallosus hatte mit einem Wanderpriester, der von Colonia Agrippensis kam, eine kleine christliche Cella errichtet, damit wir uns zum Beten versammeln konnten. Er hatte ja zuletzt eine Menge Anhänger. Wohl an die fünfzig Sklaven wurden Christen. Wenn er auch schlecht sprach, was er sagte, das ging einem nahe."

„Ja, ich weiß — und dann?"

Der Mann fährt mit den Händen verlegen den Schurz entlang, es gibt eine rote Staubspur.

„Wir konnten ihn nicht retten, Viktor.

Du kennst doch das Edikt vom Augustus, daß die Heiden alle christlichen Stätten niederreißen dürfen, wenn sie in der Nähe von Götzentempeln oder Standbildern stehen, nicht?

Na, siehst du — so war es — drüben stand die Cella — und hier Merkur und Vesta, wie immer. Früher war es dem Asinius Crassus gleich, was damit los war. Er hat dem Merkur nie ein Opfer gebracht. Aber auf einmal setzte er sich dafür ein wie ein Verrückter. Behauptet, die Cella müsse weg, sie entweihe die Götterbilder vor der Fabrik.

Verstehst du? Er wollte sich beim Kaiser lieb Kind machen, es war gleich nach dem Edikt. Mallosus bot ihm an, die Cella woanders hinzusetzen, aber es war nur noch Platz in der Nähe vom Mithräum — und das ging doch schon gar nicht, wo Helios, der Lieblingsgott des Kaisers, ist.

Mallosus wehrte sich — der Legat machte ihm den Prozeß. Aber es half ihm nichts, niemand kann mehr wegen seines Christenglaubens umgebracht werden, höchstens noch wegen Majestätsbeleidigung und Hochverrat.

Und er war dem Legaten im Wege, er mußte weg.

Eines Tages brennt unsere Cella ab — klar, Brandstiftung, aber in der andern Nacht liegen Merkur und Vesta ohne Köpfe vor der Fabrik. Das war ein Theater, sage ich dir!"

Der Mann fährt sich über die Stirn, sie ist naß.

Viktor drängt.

„Und Mallosus — was geschah mit ihm?"

„Sie setzten ihm natürlich zu, alle wurden verhört, man konnte nichts beweisen. Da stellte sich denn heraus, daß Mallosus so etwas wie der Anführer der kleinen Christengemeinschaft von Traiana war.

Der Legat wurde aufmerksam und fand eine andere Fußfalle: du kennst ja das berüchtigte Predigt-Edikt, nach dem niemand mehr das Maul aufmachen darf, außer die kaiserlichen Beamten stimmen zu. Und Mallosus hatte es trotz seiner undeutlichen Aussprache soweit gebracht, daß er den Katechumenen regelmäßig Unterricht gab.

Das kam raus."

„Gab es ein ordentliches Tribunal?"

„Ja, der Prokonsul bestand darauf. Mallosus sagte zu seiner Verteidigung, der Knecht müsse den Kindern das Brot brechen, wenn der Herr verreist sei. Denn der Legat hatte ihm vorgeworfen, Predigen und Unterrichten sei Sache der Presbyter — aber wir haben doch noch keinen Priester hier — es ging hart auf hart.

Mallosus wollte sich dem Edikt nicht beugen, und der Legat forderte seine Verurteilung."

„Der Konsul stimmte zu?"

„Nein, er erkannte nur auf Ausweisung aller Christen aus Traiana. Aber der Legat wollte sich beim Cäsar einen Namen machen, was für ein Eiferer er sei für seine Sache.

Dieses fette Schwein weiß ja genau, daß es nur beim letzten Großschlachten vergessen wurde."

Viktor schüttelt den Kopf.

„Mann, bist du nicht Christ?"

„Ja, aber nichts soll mich hindern, dem Kerl eines vor den Schädel zu geben, wenn er mir mal im Dunklen begegnet. Er hat Mallosus auflauern lassen, als der mit seinen Gefährten auszog, sie wollten zu den Seefranken an die Küste.

Ungefähr bei den Brüchen haben sie ihn überfallen und mit seinen Leuten niedergemacht. Nur einer entkam, der uns die Sache nachher schilderte."

Viktor steht erschüttert, der Sklave schweigt betroffen, so hat er sich verfärbt. Seine Hand verkrampft sich über der Brust.

„Mallosus tot! Wie starb er?"

„Einer schlug ihm erst mit dem Lanzenschaft gegen den Kiefer, daß er zum zweitenmal brach, Mallosus stürzte zu Boden, und der Schuft hob die Lanze und durchbohrte ihm die rechte Schläfe, er war sofort tot."

Viktor schämt sich nicht, daß ihm das Wasser in die Augen steigt. Erst nach einer ganzen Weile fragt er:

„Und die andern?"

„Niedergemetzelt. Die Leichen warf man in die Sümpfe, aber wir haben sie geborgen. Laß dir das vom Schäfer Kort erzählen, der sie fand."

„Wo habt ihr ihn beigesetzt?"

„Der Ort wird geheimgehalten. Auf dem Waldhof erfährst du alles."

Der Sklave blickt unruhig nach seinem Meister zurück, der ungeduldig wird. So lange verhandelt man nicht um Ziegel. Er hat die verantwortungsvolle Aufgabe, jedem Ziegel den schon berühmt gewordenen Stempel der Transrhenana aufzudrücken, solange das Material noch weich ist, dabei kann einer kaum aufblicken.

Viktor merkt es.

„Gut, Mann — ich danke dir. Ich muß nun zum Prokonsul. Auch diese Sache werde ich dort zur Sprache bringen, verlaß dich drauf. Die junge Christengemeinde von Traiana darf nicht untergehen."

Er drückt ihm die Hand — dem Sklaven. Die anderen sehen es verwundert. Dann geht er hastig des Weges, der Via Praetoria zu, die zum Präfektenpalast führt. Er sieht kaum, wohin er die Füße setzt, achtet nicht auf die Menschen, denen er begegnet, die ihn anstarren. Viele erkennen ihn wieder — er ist das erstemal seit der Ankunft hier in der Kolonie.

Mallosus schändlich ermordet — aber als ein Martyrer Christi, das ist eindeutig. Sicherlich war er im Leben nicht das, was man sich unter einem Heiligen vorstellt —, aber er hat von Christus geglüht und ist für ihn eingestanden.

Das Maß der Liebe macht den Martyrer und das Zeugnis — nicht der gewaltsame Tod allein. Beides hat Mallosus besessen. Viktor möchte den Helm abnehmen und beten. Sobald er kann, wird er die letzte Ruhestätte des Gefährten aufsuchen.

Er stockt. Ganz in Gedanken versunken steht er schon vor der Palastwache. Er reckt sich auf, macht Meldung. Nach einer Weile wird er eingelassen.

Auf den ersten Blick sieht er, wie sehr der Prokonsul in den beiden Jahren gealtert ist; seine hagere Gestalt ist leicht gebeugt —, das Haar stark ergraut, die Augen liegen noch tiefer und düsterer, und die Linien von verborgenem Gram schneiden schärfer um seine Lippen. Jetzt blickt er erstaunt auf.

„Primipilus! Ich habe dein Gesuch erhalten. Es ist gut, daß du selbst kommst, dir die Antwort zu holen. Eigentlich dürfte ich dich nach allem, was geschah, nicht mehr allein anhören, du bist dem Legaten unterstellt. Aber — ich bin Herr meiner Entschlüsse."

„Ich danke dir, daß du mich vorließest, Präfekt."

Der macht eine abwehrende Handbewegung.

„Als du von hier auszogst, begleitete dich meine Gunst. Was mußte ich nun von dir hören! Du hast unbesonnen gehandelt — aber wer täte das nicht in seiner Jugend. Es liegt an dir, deine Prüfungszeit hier so zu verbringen, daß ich später ein Gnadengesuch für dich einreichen kann."

Viktor hebt den Kopf.

„Konsul! Ich habe mich nie gegen den Kaiser verfehlt und kann also auch nicht um Gnade bitten."

Der Konsul schaut ihn groß an.

„Du würdest dein Leben in Verbannung verbringen wollen?"

„Ich werde dann frei sein, wann mein Gott will."

Schweigen. — Dann sagt der Präfekt: „Dein Gott! — Weißt du, daß es meiner Ansicht nach im tiefsten Grunde nicht um dich, sondern um ihn geht?"

Viktor lächelt sein sonniges Lächeln. „Das ist meines Herzens Glaube!"

Der Konsul mustert ihn nachdenklich — was für eine unerschütterliche Überzeugung strahlen diese Christen aus!

Er muß an Mallosus denken, wie er dastand vor dem Tribun, ungelenker als dieser Viktor, kein solch sieghafter Mann, unbeholfener in der Rede — und doch! Irgendwie sind sie sich gleich.

„Er könnte auch einmal dein Verderben sein. Ich spreche nicht gern darüber, aber ich kenne deine Offenheit. Du würdest doch davon anfangen. Denke an das Geschick deines Freundes, der halsstarrig genug war, ein Kaisergebot wiederholt zu brechen, um seines Glaubens willen."

Es kommt Viktor sehr gelegen, wenn der Präfekt das schwierige Thema selber anschneidet. Es ist fast, als habe ihm dies innerlich keine Ruhe gelassen, als brenne er darauf, sich zu rechtfertigen.

„Ich hoffe, ich werde es nicht nötig haben, mich in Gegensatz zu Edikten zu setzen", sagt Viktor. In seinen Augen blinkt es scharf. „Aber ich hoffe ebenso, daß der infame Meuchelmord an meinem Kameraden eine gerechte Sühne findet. Auch ein Legat steht nicht außerhalb der Justitia."

Der Konsul fährt herum, er hatte sich verlegen abgewendet.

„Du willst gegen den Legaten prozessieren?"

„Ich weiß, der Cäsar liebte die Gerechtigkeit", sagt Viktor. „Was der Legat befahl, war grausame Willkür. Sie wird nicht straflos ausgehen, davon bin ich fest überzeugt."

Oho! — Viktor wagt eine Drohung gegen seinen mächtigsten Gegner, den er sich schon früher verbitterte! Dies ist ein starkes Stück.

„Du vergißt, daß du deinen Rang verloren hast, einer Straftruppe eingegliedert worden bist."

„Ich sprach nicht von einem irdischen Gericht, Konsul!"

Der stutzt. Denkt denn dieser mit beiden Füßen auf der Erde stehende junge Offizier bei jeder Gelegenheit an seine ‚Götter'? Er scheint ihre Macht erfahren zu haben.

Dem Konsul wird es unheimlich — er weiß sowohl wie jeder gebildete Römer, daß eine ‚Götterdämmerung' für die Götter Roms hereinbrach; diese ganze Verfolgung unter dem Apostaten ist nur wie ein letztes irres Aufflackern dämonischer Mächte, die sich bezwungen sehen.

Das ist ja seine geheime Trauer — es gibt keine Gottheiten mehr, zu denen ein Mann beten könnte — und dem Christentum dürfte er schon aus Standesgründen nicht zuneigen. Der Konsul ist einsam in jeder Weise. Er faßt sich mühsam.

„Lassen wir das dahingestellt sein. Es war ein juristisches Fehlurteil, ich weiß, aber welcher Richter wäre unfehlbar? Ich habe die Ermordung des Mallosus weder angeordnet noch gebilligt, aber ich fürchte, sie würde dem Kaiser nicht unangenehm sein, käme sie ihm zu Ohren. Das weiß der Legat. Ich würde dir dringend raten, dir Asinius Crassus nicht zum Feind zu machen."

Das heißt, er soll schweigen zum Mord an Mallosus und seinen Kameraden? Gewiß, er kann nichts mehr ändern.

„Eines gebe ich dir jetzt schon zu bedenken, Präfekt: ich werde alles tun, wenigstens das Lebenswerk meines Freundes zu retten, sei es dem Legaten gelegen oder ungelegen."

„Das bedeutet?"

„Ich werde versuchen, an seiner Stelle den versprengten Christen ein Halt zu sein. Das kann ich, ohne zu predigen, und zwar mit gutem Gewissen gegenüber dem Kaiser. Er hat kein einziges Edikt erlassen, nach dem es in Konstantinopel, Rom oder sonstwo den Christen untersagt wäre, ihre Gottesdienste gemeinsam zu feiern und einander beizustehen."

Das stimmt! — Man muß vorsichtig sein, der Centurio hat nicht umsonst lange Zeit im Schatten des Kaiserpalastes gelebt. Man wird ihn nicht hindern können, seiner religiösen Überzeugung zu leben, solange er sich nicht gegen Gesetze auflehnt oder Aufstände anzettelt.

Und das nachzuweisen dürfte selbst Asinius Crassus schwer fallen, denn Viktor ist klug.

Der Konsul lächelt.

„Du hast recht, alle Kulte sollten friedlich nebeneinander bestehen, so wäre es im Sinne des Kaisers; er hat nur dem Christentum seine Vorrangstellung entzogen. Wenn ihr vernünftig seid, braucht es deswegen nirgendwo mehr zu unliebsamen Zwischenfällen und blutigen Prozessen zu kommen."

Viktor horcht auf. Der Satz beweist, daß auch bis hierher schon die Nachrichten von Aufständen, Morden und Gewalttaten gedrungen sind, die der Kaiser entweder verursachte oder duldete. Seine Verfolgung verläuft nicht ganz so unblutig, wie er es bisher darzustellen beliebte.

„Auch die Christen haben ihre Rechte", fährt Viktor fort, „und so erbitte ich von dir, Präfekt: Sorge dafür, daß Porcius Rufus uns die Schilde zurückgibt, die er beschlagnahmen ließ — angeblich auf Anordnung des Legaten."

Eine unangenehme Sache! Der Konsul ist verstimmt.

„Ich kann mich nicht in Gegensatz zum Legaten bringen, er verkörpert die Staatsgewalt wie ich. Aber ich will versuchen, ihn zu bewegen ..."

„Was ist?"

Viktor streckt seine Hand vor — jetzt öffnet er sie — der Konsul schaut und — fährt zurück. Ein Ring — sein Ring — das Unterpfand eines Versprechens. Aber Viktor läßt nicht locker.

„Du sagtest selbst, Präfekt, wir schieden damals als Freunde. Diesen Ring gabst du mir zum Zeichen dieses Wohlwollens, und du erklärtest mir dazu, wenn ich einmal ein besonderes Anliegen an dich hätte, so solle ich ihn dir vorzeigen."

Der Prokonsul wird rot.

„Das stimmt. Aber willst du ihn dir nicht lieber für eine schwerwiegendere Angelegenheit aufbewahren? Unter uns Römern achtet man derlei Versprechen, und auch der Legat müßte Verständnis dafür zeigen.

Nur — ich spreche jetzt in deinem eigenen Interesse — es könnte einmal für dich eine Gelegenheit kommen, wo du dringlicher meines Beistandes bedürfen würdest.

Hier geht es um ein paar Schilde."

Viktor schüttelt den Kopf.

„Um die Ehre und Würde der ganzen Kohorte! Die Schilde der Thebäer sind Symbol und Auftrag, wir geben uns selbst auf, wenn wir sie lassen."

Der Konsul zuckt die Achseln.

„Ich verstehe nicht ganz. — Aber wie du willst. Gib mir mein Unterpfand zurück. Ich werde es Crassus zeigen und berichten. Morgen hast du die Schilde wieder."

Viktor verbeugt sich und reicht dem Präfekten den Ring, dabei sehen sie sich in die Augen.

„Ich warne dich, Viktor, deine Lage hier ist gefährlicher, als du anzunehmen scheinst."

„Danke, ich weiß es. Aber auch der Kaiser lebt jetzt nicht ungefährlich."

Fast ist es wieder zum Lachen — dieser trotzige Mut! Viktor weist darauf hin, daß mit dem Tode des Kaisers, der immerhin möglich ist, da er großen Schlachten entgegengeht, das Blatt sich gehörig wenden könne.

Im Grunde hat der junge Mensch noch alle Trümpfe in der Hand. Dem Konsul ist, als sei ihm eine Waffe nach der anderen kampflos entwunden worden. Wehe, wenn der Legat dies Empfinden bekäme, er nähme es nicht mit Würde hin!

„Ich hoffe, der Augustus wird nach dem Siege Amnestien erlassen, wie jeder große Feldherr. Sieh zu, Viktor, dich bis dahin aus allen Händeln herauszuhalten! Du darfst nun gehen."

Viktor grüßt militärisch. Er verläßt das Atrium in dem Bewußtsein, die Sache der Kohorte habe nie so gut gestanden, wenn nur der Mord an Mallosus nicht geschehen wäre. Sobald es ihm möglich ist, wird er auch das Letzte über ihn in Erfahrung bringen. — — —

Diana, die Gattin des Legaten Asinius Crassus, kommt aus dem Thermenbad, gefolgt von ihrer Sklavin Silla, die einen persischen Läuferteppich schleppt.

Die junge Frau kleidet nur eine leichte Tunika aus feinstem, blendend weißen Byssus, das Obergewand ist zu heiß — sie wird ein Sonnenbad nehmen in der Grünanlage des Thermenpalastes. Schon tritt sie aus dem Säulengang heraus und wendet sich dem leuchtenden Rasen zu, da wird sie angerufen.

„Diana — endlich! Ja, da bin ich, tut mir leid, daß ich mich wieder einmal verspäten mußte! Aber Porcius Rufus ließ sich nicht abweisen. Er ist für sein Alter ein etwas zu stürmischer Liebhaber."

Atemlos und hastig gibt sie ihr die Hand, Lea ist immer noch so lebhaft und launisch wie früher. Die Trauerkleidung um ihren am Schlagfuß verstorbenen Gatten hat sie nicht lange getragen — sie kleidet sich längst wieder in bunte Farben, und ihr Haar leuchtet immer noch ahornrot in der Sonne, umwunden vom grünen Perlenband.

Nein, auf ihrem Grabstein wird einmal nicht das stolze Wort ‚univira' stehen, das nur jenen Witwen gilt, die nach dem Tode des Gatten enthaltsam lebten. Immer wieder berichtet sie der jungen Frau von neuen Liebschaften, aber sie langweilen Diana nur.

Ohne die lahme Entschuldigung gelten zu lassen, schilt sie mit der Freundin:

„Ich kann total vereinsamen — das ist dir gleich. Immer bin ich allein, sogar im Thermenbad, wo alle ihre Freundinnen treffen. Du denkst eben nur an dich, Lea."

Die lacht.

„Das ist nicht wahr, eben, als mir Porcius etwas sehr Interessantes berichtete, dachte ich sehr stark an dich und wünschte heftig, du wärest bei mir gewesen. Aber zur Strafe für deine Ungeduld erfährst du es erst später.

„Was — wieder auf den öden Rasen? Nein, warte, ich spreche mit dem Badeverwalter. Wir steigen ihm aufs Dach. Ja, Silla soll den Teppich ruhig dort hinaufschleppen. Was meinst du, welche Aussicht wir da genießen?"

Sofort hat Diana ihren Ärger vergessen. Immer weiß Lea sie abzulenken und zu fesseln. Darum verlangt sie ja auch nach deren Freundschaft, obgleich die reife Matrone im Alter nicht zu ihr paßt und ihr Lebenswandel berüchtigt ist.

In wenigen Minuten ist es abgemacht, wie alles, was Lea in die Hand nimmt — sie dürfen das flache Dach besteigen. Da sind sie wunderbar allein — und Lea wird ihren neuesten Klatsch anbringen können, ohne sich über Lauscher zu ärgern.

Diana ist schneller als sie. Die Sklavin hat einen Kopf wie Feuer, als der Perserteppich endlich auf dem Dach ausgebreitet ist. Die Frauen werfen ihre Sitzkissen darauf — leichte Daunen.

„Halt, Silla!" ruft Lea der Sklavin zu, die sich gefügig zurückziehen will, „du läufst eben zum Erfrischungsraum und holst uns Austern vom Thermenwirt. Wenn er sagt, er hätte keine, bestellst du ihm, er solle mich nicht so schamlos anlügen, ich wüßte genau, heute morgen seien welche mit dem Schiff von Noviomagus (Nijmegen) angekommen."

Diana liegt schon, die Arme unterm Kopf.

„Du bist eine Schlemmerin, Lea, aber meinetwegen, Asinius soll sich mein Vergnügen auch etwas kosten lassen."

„Na, du kannst dich nicht beklagen, er verwöhnt dich doch, wo er nur kann."

Diana schaut mit großen Augen in den Himmel.

„Alles kann er mir für Geld kaufen, nur nicht, was ich mir wirklich wünschte."

Lea beugt sich über sie, mit aufgestützten Armen.

„Was ist denn jetzt schon wieder? Schmuck aus dem Orient? Warte die Beute von den Perserzügen ab, Liebling, da gibt es wieder exotische Sachen, doppelt kostbar, weil mit Blut erkauft."

„Ach geh weg — ich meine etwas anderes: ein Kind."

Lea lacht.

„Das mußt du ihm selbst sagen, nicht mir."

„Nein, ich fühle es, darauf warte ich umsonst. Wir bekommen keines; denn ich liebe ihn nicht."

Lea schlägt die Hände zusammen.

„Ja, das hast du dir also in den Kopf gesetzt, weil die Beschäftigung fehlt. Mein liebes Kind, ich will dir mal was sagen: Meine Mutter war eine pannonische Sklavin, mein Vater erwarb sie so vom Markt weg nach einem Feldzug, denn er hatte gerade Sold bekommen. Und damit kaufte er sie frei, aber nur, um sie sofort zu heiraten.

Meinst du, sie hätte den Eroberer geliebt? Ich glaube, das Gegenteil war der Fall. Und doch bin ich das neunte Kind aus dieser Ehe."

Jetzt muß Diana doch lächeln.

„Ein Kind könnte ich lieben — ihn niemals. Er wird mir jeden Tag widerwärtiger."

Lea streckt sich nun auch aus. „Das glaube ich. Du solltest ihn öfter zum Laconicum (Schwitzbad) schicken, er wird zu unförmig."

„Ach, das ist es ja nicht, er ist die Langeweile selbst. Und wie er sich für den Kaiser aufspielt, das ekelt mich an, er jagt hinter allem her, was den Augustus auf ihn aufmerksam machen könnte — und erreicht doch nichts."

„Warte ab, er ist ja noch kein Greis. Aber ich weiß genau, was dir fehlt — es war auch meine Schwäche: Abwechslung. Vielleicht kann ich dir diesmal wirklich helfen."

Sie blickt verschmitzt, ach ja, ihre Andeutung eben. — Aber da kommt Silla zurück, bringt eine Schale mit sechs meerfrischen Austern und einige Früchte dazu. Lea reißt sie ihr ohne Dank aus der Hand. Jetzt kann die Sklavin verschwinden.

„Moment! — Erst die Stärkung, dann die Neuigkeit. Glaub mir, du brauchst sie vorher."

Jetzt macht sie Diana doch neugierig.

Sie richtet sich auf. Lea hält ihr die Muscheln an die Lippen, nun schlürfen sie genießerisch. Ah, das tut gut bei der frühen Hitze.

Ein herrlicher Tag — und ein Rundblick von hier — weit, weit glaubt man sogar die Küste zu erkennen, und wie leuchtend das breite Silberband des Rheins, der die Wälder und Heiden durchschneidet!

„Schau mal dort hinüber", sagt Lea und wendet sich nach Süden.

Sie schauen hinüber nach den schimmernden Hügeln mit ihren tiefen Waldungen.

„Nein, weiter seitlich — ja, ich meine Tricesimae und die neuen Kasernen, was, glaubst du, ist dort los?"

Diana gähnt.

„Verschone mich mit Militärklatsch! Nichts anderes hört man hier, dies ganze Tricesimae ödet mich an."

„Nicht so vorlaut. Du mußt nicht wieder das Wagenlenkerstückchen ausprobieren, um ihm zu begegnen. Gestern noch sah ich ihn aus dem Palast Deines Vaters kommen, stolz wie immer — obgleich er gehörig geduckt worden ist."

Diana wird blaß.

„Nein! Lea!"

Die genießt die Überraschung und tut verwundert.

„Komische Sache, daß dein Vater und dein Mann darüber geschwiegen haben. Ganz Traiana weiß es bereits:
Viktor ist wieder im Lande. — Diesmal als Verbannter."

Sie will die letzte Auster an die Lippen setzen. Diana
schlägt sie ihr aus der Hand.

„Laß das, du bist schrecklich! Lea — ist das wahr —
Viktor hier — seit wann?"

„Kneife mich doch nicht so! Ich habe wirklich gedacht,
diese Liebe sei mit deiner Heirat endgültig abgetan."

Diana zittert, sie beherrscht sich mühsam.

„Sagtest du das nur zum Spott, er sei Verbannter —
oder . . .?"

„Nein, tatsächlich, er hat sich mit dem Kaiser überworfen. — Mit wem tat er das übrigens nicht, dieser Querkopf! Porcius Rufus sagt, er habe bei ihm schon jetzt ver-
spielt, alle macht er sich zu Feinden, sogar meine arme
Diana."

Die blickt nicht wie eine Feindin zum Truppenlager hinüber. Ihr Atem geht rasch.

„Wie sieht er aus?"

„Immer noch so unnahbar wie früher, kein Mann für
mich! Aber geh ihn dir doch anschauen — oder besser
noch: ‚fordere ihn an' — er ist ja deinem Mann unterstellt."

Diana stützt den Kopf in die Hände, schließt die Augen.

Viktor!

Sie hat geglaubt, nie wieder würde sie ihn sehen, als er
damals ohne Abschied von ihr ging, als wenn sie gar nicht
existiere. In der Verzweiflung hatte sie dem Legaten das
Jawort gegeben.

Lea beobachtet sie stumm, es ist leicht, sich vorzustellen, was in der jungen Frau vorgeht. Sie legt den Arm um Diana.

„Armes Kleines, kein Grund zum Kopfhängen! Ich sagte doch, du brauchst Abwechslung. Dein Dickerchen ist viel zu dumm und obendrein zu eingebildet, in Viktor — dem Verachteten — einen Nebenbuhler zu wittern.

Ein Wort von dir, und er schenkt ihn dir wie einen Sklaven."

Diana blickt auf, Tränen funkeln in ihren Augen.

„Lea, du bist schlecht. Dieser Viktor ist rein wie ein Knabe." —

Die Witwe lacht unverschämt.

„Weißt du, wo er sich in Konstantinopel aufgehalten hat? Es ist ein heißes Pflaster dort, ließ ich mir erzählen, und ein Klima, dem wenige widerstehen. Schließlich muß er, wenn ich richtig rechne, in sein dreiunddreißigstes Jahr gehen. Bist du wirklich so töricht, zu glauben, Liebe sei ihm fremd, wie damals?"

Diana schwankt zwischen Vertrauen und Eifersucht.

„Meinst du — so ein Mann — nein!"

„Arglose Taube — das haben wir schnell heraus. Er wird sicherlich darauf sinnen, seiner unglücklichen Lage in der Straftruppe ein Ende zu machen. Er braucht nichts dringlicher als die Gunst einer hochgestellten Frau."

Diana schüttelt den Kopf.

„Ich wüßte nicht, wie ich es anfangen sollte, daß er mir auch nur einen Blick schenkt."

Lea wirft sich übermütig auf den Teppich zurück und räkelt sich. — „Mädchen! Ich fühle mich wie zwanzig — wenn ich an deiner Stelle wäre, ich wüßte es!"

Diana kann nicht widerstehen zu fragen: „Wie denn?"

Darauf liegen sie scheinbar still nebeneinander, als nähmen sie faul ein Sonnenbad. Aber Lea flüstert ununterbrochen mit glänzenden Augen, und Diana hört ihr erwartungsvoll zu.

Als sie vom Dach herabsteigen, lachen beide.

*

Viktor benutzt die Gelegenheit, nach seinem kranken Kameraden Linus zu schauen, um auf dem Waldhof Näheres über den Tod von Mallosus und dessen Begräbnisstätte zu erfahren.

Die Sugambrer-Familie begrüßt ihn noch herzlicher als beim erstenmal, es ist als gehöre er zu ihnen. Es gibt allerdings vieles zu erklären auf beiden Seiten.

Lange redet der Bauer mit Viktor, ehe er seine Angehörigen herbeiruft. Er hatte nicht geahnt, daß dieser Centurio, der bei ihm vor dem Gewitter Schutz fand; der gleiche Mann sei, der schon vor zwei Jahren mit seiner Kohorte in Tricesimae gelegen und des Mallosus bester Freund gewesen. Ganz anders hätte er ihn dann behandelt!

Diesen Mallosus verehren sie als ihren ersten Martyrer der Gegend. An ihm hat sich das Sprichwort erfüllt, das Blut der Glaubenszeugen sei ein Same, der neue Christen erstehen lasse.

Dieser gewaltsame Tod um des Bekenntnisses willen hat viele Bauern von Bertunum dazu gebracht, sich näher mit dem Glauben der Kohorte zu befassen, zumal die Gewalttat von den immer noch verhaßten Legionären ausging. Viele Germanen hier sind nur dem Schein nach den Römern unterworfen. In dem Augenblick, wo sie abzögen, würden sie Festungen und Lager der Römer schleifen!

Einstweilen gibt es ihnen zu denken, daß da eine Handvoll Männer Mut bewies, sich der überwältigenden Staatsmacht des Imperiums zu widersetzen. Auf dem Thing haben die Bauern es beredet, einige christliche Sklaven berichteten alles, was sie wußten. Und der nächste Wanderprediger, den sie heimlich von Colonia Agrippensis holten, taufte und predigte in der Gegend.

Er hat auch den Versammlungsort bestimmt für die kleine Christengemeinde, der nur den Eingeweihten bekannt ist. Wenn die römische Weltmacht einmal gebrochen ist und ein christlicher Kaiser an die Regierung kommt, werden sie Mallosus in ihre Mitte holen und ihm eine Cella bauen.

Einstweilen muß alles verborgen bleiben.

„Und wo ruht er nun?"

„Morgen ist Sonntag — da wandern wir alle — jeder für sich, zu den Sümpfen. Dahin folgt uns kein Römer. Es geht stundenweit durchs Bruch, wir werden es dir zeigen. Schäfer Kort kann dich führen, er hat ja auch die Toten zuerst gefunden."

„Das habe ich gehört — wie ist ihm das gelungen?"

„Er ist ja im Sommer ständig draußen und zieht mit seinen Schafen über die Weiden umher. Er versorgt die Herden der ganzen Bauernschaften. Eines Abends nun, als schon die Dunkelheit hereinbrach — es war im Herbst — sah er gegen Norden überm Bruch ein merkwürdiges Licht."

„Einen Moorbrand?"

Der Bauer lächelt karg, etwas verlegen wie immer, wenn er über Dinge sprechen muß, die man nicht mit Händen greifen und beweisen kann:

„Nein — anders, auch keine Irrlichter, wie sie sonst gesehen werden. Nur ein sehr helles klares Licht — nicht am Himmel, sondern über dem Boden. Noch in derselben Nacht, als er die Schafe im Pferch hatte, ging er darauf zu.

Und da fand er sie denn, wo man sie in das Bruch geworfen hatte. Du weißt ja, das Moor erhält die Dinge. Sie waren noch, als wäre sie gerade erst erschlagen worden.

Wir alle gingen hin, sie zu sehen. Da ließen wir sie denn, bis der Presbyter kam und sie segnete. Den Mallosus legten wir in einen starken Eichensarg. Dann schafften wir die Martyrer auf eine Waldlichtung.

Viktor schaut erstaunt.

„Weshalb gerade dorthin?"

Der Bauer senkt die Augen. Es ist nicht leicht, das vor einem Römer zu bekennen — und ein wenig hängen die Sugambrer doch noch an den alten Göttern.

„Da war früher eine Weihestätte unserer Göttin Frigga, der Mütterlichen. Es geht aber eine alte Weissagung, nach der dieser Ort einmal Residenz einer Herrin werden soll, die größer und heiliger sei als Frigga.

Seit der Presbyter das Zeichen des Christengottes in den Stamm hieb, ist dort unser Versammlungsort. Da sind wir sicher, die Römer können uns keine Kirche mehr niederbrennen; denn vor den Sümpfen scheuen sie sich."

Viktor nickt.

„Das ist alles wohlüberlegt. Aber ich werde sorgen, daß Mallosus einmal seine Ruhestätte inmitten der Christengemeinde von Traiana und Bertunum findet."

Der Bauer blickt ihn fragend an. Er ist viel zu nüchtern, die Gefahren nicht abzuschätzen. Kam nicht genug Drohung aus Tricesimae? Was will Viktor tun?

Der sieht drein, als wisse er schon eine Lösung.

„Am Sonntag in aller Frühe bin ich bei euch — ich lasse

mich führen. — Nun aber zu meinem Kameraden. Was macht Linus?"

„Er ist ausgeritten."

„Was?!"

„Wir sagten dir doch sofort, Kort könne ihm helfen. Das Fieber war nach drei Tagen gebrochen, und wir taten alles, ihn hochzubringen. Du kannst warten, bis er zurückkommt — übrigens, du bist immer unser Gast, zu jeder Tages- und Nachtzeit, merke dir das!"

Viktor bedankt sich für alle selbstlose Hilfe, die rasche Unterstützung, die er in allen Schwierigkeiten durch die Bauernschaft erfuhr — sie halfen, noch ehe er darum bitten konnte. Das werden einmal vorbildliche Christen!

Als er zum Lager zurückkommt, findet er keinen seiner Kameraden mehr vor, außer Linus, der vom Waldhof geradewegs zu den Kasernen geritten ist. Vor der Unterkunft des ersten Manipels treffen sie zusammen. Linus springt lachend vom Pferd, schüttelt ihm die Hände.

Was ist denn hier los? Alles bei einer Geländeübung — und ohne Viktor?

Der blickt verlegen.

„Ach, das weißt du ja noch nicht, ich habe meinen Rang als Primipilus verloren. Porcius Rufus von der Tricesimae hat das Kommando einstweilen, ich werde sofort nachforschen, wo die Männer sind."

Er rennt hinüber zum Lager der Dreißigsten Legion, zur Kommandantur.

Porcius Rufus trifft er nicht an, er liegt mit Gelbsucht zu Bett, der Ärger wegen der Kohortenschilde ließ ihm die Galle überlaufen. Ist das eine Art vom Legaten, ihn brüsk zu übergehen?

Erst ordnete er die Beschlagnahmung der Thebäerschilde

an, und als der Legionsoffizier ein Beglaubigungsschreiben verlangt, wird er mit dem Bescheid abgespeist, Asinius Crassus halte es für ratsamer, die Ehrenzeichen nicht einzuziehen.

Keine Erklärung! Er hat ihn nicht einmal zu sich befohlen. Nun fühlt sich Porcius vor dem ehemaligen Primipilus erniedrigt.

Aber er hat sich auf seine Weise gerächt und Viktors Kohorte sofort zum Deichbau beordert; Schanzarbeit vom Morgengrauen bis zum Sonnenuntergang! Er wird die aufsässige Bande schon beschäftigen! Und wenn er neue Deiche ziehen und dem Rhein ein anderes Flußbett schaffen lassen müßte! Sie sollen nicht mehr aus den Kleidern kommen vor Müdigkeit. Natürlich ist es eine Selbstverständlichkeit für einen anständigen Kohortenführer, sich da nicht auszuschließen.

Viktor reitet sofort zum Hafengelände. Dort findet er seine Leute, sie schuften wie Sklaven, aber die Stimmung ist nicht schlecht. Mit großem Hallo wird er begrüßt, wortlos greift er zu. Sie werden durchhalten und sich nicht kleinkriegen lassen. Einmal wird Porcius Rufus seine Schinderei leid werden. Es gibt ja auch in der Tricesimae anständige Offiziere. Es soll sogar eine Menge heimlicher Christen dort in der Truppe geben. Die halten sich allerdings jetzt zurück.

Am Abend nehmen alle ein Freibad im Rhein, es wird zu einer Sportübung, das Flußbett zu durchqueren. Viktor schwimmt ihnen weit voran; sie lassen ihm gern den Sieg, schließlich weiß er selbst, daß er nicht wie sie vom Morgen an geschanzt hat. Am anderen Ufer stehen sie lachend beisammen, sonnenglänzend die braunen Leiber — endlich im Gefühl, frei zu sein.

Einer von ihnen blickt sich um. Sie sind auf dem rechten Ufer. — Hier gibt es keine unterworfenen Germanen; von hier aus stießen immer wieder kühne Freischärler gegen die Römer vor.

Ein junger Legionär deutet in die Runde, läßt seine Gedanken laut werden:

„Von da drüben, ließ ich mir erzählen, Primipilus, ist damals Claudius Civilis nach Vetera gestoßen und hat es im Sturm genommen. Wir sehen ja selbst, was davon übrigblieb.

Den Franken hier fehlt nur ein guter Anführer, der in der römischen Kriegsführung erfahren ist. Er muß was von Strategie kennen. Wenn Civilis damals verstanden hätte, den Sieg zu nutzen . . ."

Viktor sieht ihn an, daß er verstummt.

Schneidend seine Stimme: „Nein! Laßt solche Gedanken nicht in euch aufkommen. Wir sind keine Rebellen. Wir haben dem Kaiser Treue geschworen, und ich werde es nie auf mich nehmen, gegen ihn zu revoltieren."

Die Männer sehen sich verlegen und unschlüssig an. Den ganzen Morgen ist das ihr Gesprächsstoff gewesen: Rache gegen Porcius und die Tricesimae. Wegfegen sollte man sie . . .

„Wir fallen dem Cäsar jetzt, da er mit tapferen Legionen im Kriege steht, nicht in den Rücken."

Einer knurrt: „Oho, du tust ja, als ob er unser Freund wäre. Er hat uns ungerecht verbannt!"

Viktor streckt die Hand aus.

„Ruhe! Haltet die Schilde der Thebäer, die uns zurückgegeben sind, rein. Diese Männer sind nicht gefallen, weil sie Aufständische waren."

Jetzt ist alles vergessen.

„Was! Porcius hat die Ehrenzeichen herausgerückt? Das ist ja ein Wunder! Wie hast du das fertiggebracht!" Sie umringen ihn.

Viktor lächelt.

„Laßt das mein Geheimnis bleiben, es ist eine ganz natürliche Sache, Wunder spart Gott sich für bessere Gelegenheiten auf. Aber der Legat soll jetzt so etwas wie ein Wunder erleben. Mallosus kehrt zurück zum Lager."

Sie starren ihn an. Was soll denn das heißen? Mallosus liegt als Erschlagener weit draußen in den Brüchen.

Viktor winkt sie noch näher heran.

„Wer von euch wäre bereit, sich eine Nacht um die Ohren zu schlagen, trotz der Schanzarbeiten?"

Sie halten zu ihm, geschlossen. Nur, was hat er vor?

Viktor spricht mit gedämpfter Stimme auf sie ein, ab und zu von einem Auflachen unterbrochen. Mit Geschrei stürzen sie sich darauf wieder in die Fluten, schwimmen zurück, voll Gelächter und Tollheit, als habe ihnen die schwere Arbeit nichts ausgemacht.

Der Dreißigsten liefern sie einen Einmarsch wie bei der Parade. Gelb im Gesicht schaut Porcius Rufus von seinem Fenster aus zu. Er wird wohl noch lange nicht gesund sein.

*

Der Schäfer Kort wendet sich um, langsam, als weide er seine Herde.

„Einzeln gehen!" befiehlt er, und der römische Sklave gibt den Befehl an die Kohorte weiter. Es dauert eine Weile, bis sich Bürger und Soldaten im einbrechenden Dämmerlicht formiert haben, der Waldweg wird schmal.

Keiner darf jetzt vom Wege abkommen; denn diese

Gegend ist gefährlich. Wald und Sumpf wechseln miteinander, ohne daß ein Unkundiger die Scheidung merkt. Aber Kort kennt hier jeden Schritt. Der dichte Urwald verstärkt die Dunkelheit, sie kommen gerade noch zurecht, um den Eichenschlag zu erkennen, die kleine Lichtung, auf der eine junge Eiche die Mitte einnimmt.

Wahrhaftig, hier herrscht geheimnisreiche Stille, wie im Dom. Und das hat der Wanderprediger wohl auch gespürt, als er dort oben das Zeichen Christi in den Stamm hieb.

„Fackeln an!" gibt Viktor das Kommando. Sie machen Feuer, wegen der Nähe des dürren Dickichts beschränken sie die Zahl auf drei, — aber ihr Flammenschein genügt, den Waldgrund zu erleuchten.

„Schanzabteilung vor!"

Den ganzen Tag haben sie am Deich gewerkt, aber jetzt spucken sie in die Hände, greifen wieder zu.

„Dort liegen sie", sagt Schäfer Kort.

Die Menschen bilden einen Halbkreis, Kopf an Kopf. Dann erklingt das Knirschen der Spaten, das erstickte Poltern der ausgehobenen Erde. — Schweigen.

„Halt!" Viktor beugt sich vor.

Er will die Ehre, jene Eichensärge zu heben, den Dorfältesten von Bertunum überlassen, aber die Bauern treten zurück.

„Nein, er war euer Kamerad — und dein Freund."

Viktor winkt ein paar Soldaten heran, bückt sich.

Langsam heben sie den ersten Sarg ans Licht, er ist mit einem weißen Kreuz bezeichnet. Sie stellen ihn vorsichtig nieder. Viktor wendet sich um — die Leute knien, auch die Soldaten.

In diesem Sarg ruht Mallosus allein.

Viktors Stimme:

„Betet, Kameraden, damit wir gewürdigt werden, einen solchen Gefährten aufs neue in unsere Mitte zu nehmen!"

Viktor betet vor, sie antworten laut. Hier ist kein Feind, kein Spitzel in der Nähe. Der Wald ist eine schwarze, schweigende Wand um sie her.

Auch die Bauern, ihre Söhne, ihre Frauen, alle beten um die Gnade, Mallosus und seinen toten Kameraden Unterkunft geben zu dürfen.

Dann heben sie auch den breiten Sarg mit den Gebeinen der übrigen ans Licht; sie sind in der Eile alle miteinander beigesetzt worden.

Als sie sich erheben — nur Viktor kniet noch im Gebet versunken neben seinem toten Freund — eine Hand auf dem Sarg, als wolle er das weiße Kreuz ergreifen, das ihn schmückt — dreht sich Schäfer Kort um, deutet auf die Eiche, dann auf den Centurio und ruft etwas, das nicht alle Römer verstehen:

„Leute — merkt euch dies für eure Kinder und Kindeskinder. Von diesem Ort, von dem Hauptmann hier wird man noch ruhmvoll reden, wenn wir vergessen sind nach tausend Sommern und Wintern."

Schäfer Kort weiß mehr, als die Sterblichen wissen, ihm sind Geheimnisse anvertraut, die erst in der Zukunft offenbar werden.

Ehrfürchtig staunend blicken die Menschen zu dem Mann hinüber, der sich nun ahnungslos erhebt — kaum ein Wort verstand er vom Dialekt.

Aber er sieht, mit welcher Scheu sie ihn betrachten, wie sie fast vor seinem Schritt zurückweichen — und kann es sich nicht erklären.

Ruhig gibt er das Kommando:

„Antreten — und — aufheben." Er bückt sich, nimmt selbst eine Kante des Sarges, der Mallosus birgt, auf die Schulter.

„Kohorte, marsch!"

Die Truppe voraus, die Bauern als Gefolge, stampfen sie den engen Weg zurück, bis er sich lichtet, breiter wird, sich zum Feldweg weitet.

Da halten sie wieder an, formieren sich zur feierlichen Prozession.

„Alle Fackeln — an!"

Sie geben das Feuer weiter.

Jeder der Soldaten trägt nun ein loderndes Feuerscheit in der Rechten; die Bauern empfangen von ihnen das Licht, geben es an die Frauen und Kinder — es sind nur die Knaben mitgekommen zum nächtlichen Bußgang. Der mühevolle Weg ist weit, aber weder Kinder noch Greise klagen. Der glühende Lichterzug bewegt sich langsam südwärts und sie singen.

Noch kennen die Germanen keine christlichen Lieder, sie lauschen dem lateinischen Psalmengesang der Kohorte. Dann, als Trägerwechsel stattfindet — nur Viktor läßt sich nicht ablösen, — stimmen sie ihre alten Bardenlieder an, vom Tod und Sieg strahlender Helden.

Das paßt wohl auch hierher. Es rollt wie ein Gewitter der Kehrreim:

„Besitz stirbt, Sippen sterben, du selbst vergehst, wie sie: Eines weiß ich, daß ewig lebt — der Toten Tatenruhm!"

Stunden ziehen sich hin, die Schritte werden schwerer, aber der Gesang reißt sie mit — und die Begeisterung, je näher sie der Colonia Traiana kommen.

Da liegt die Römerstadt mit ihren hohen Wehrmauern, ihren gesicherten Türmen und Toren! Die wachhabenden

Soldaten machen die Runde — und geben die Meldung weiter:

„Anmarsch eines Heerhaufens aus nördlicher Richtung — fackelschwingende Banden! — Alarmbereitschaft!"

Es gibt ein Gerenne in den Torhöfen, Kommandos hin und her, die Truppenunterkünfte werden mobil gemacht, ein Melder zum Lager Tricesimae gehetzt. Und dann kommt kein feindlicher Trupp näher, sondern — ein christlicher Leichenzug — mitten in der Nacht.

Es geht auf zwölf zu —, sie marschieren langsam, feierlich — und sie singen. Römer und Germanen in einem Zug! Und Särge an der Spitze, von Soldaten getragen! Der Melder reitet voraus. —

Hohn und Schmach für Roma! Es ist die verrufene Kohorte —, Viktors Leute. Sie haben um nichts Alarm gegeben, die Kameraden um den Schlaf gebracht —, ganz Tricesimae ist von gellenden Tubastößen wachgerissen worden und angetreten.

Den Legionsoffizier Porcius Rufus trifft fast der Schlag vor Wut.

Das ist das Äußerste!

Nachtmarsch! Sie hatten noch nicht genug an Wühlarbeit —, ein Hohn für ihn! Was kann er ihnen aufbürden? Nichts. — Tagesbefehl hatte er für die Strafkohorte. — Die Nächte sind ihnen überlassen.

Aber was soll dieser verrückte Fackelzug, diese Gebete leiernde Prozession gegen Bertunum hin? Wahrhaftig, sie ziehen den Vorstenberg hinan, wie ein leuchtendes Band von Licht in der Finsternis. — Trotz aller Wut kann man sich kaum des zauberhaften Eindrucks erwehren. Sie halten auf die Bauernschaft zu. — Nein, daran vorüber zum Rhein.

Wollen sie die Särge in den Rhein versenken? Was sind das überhaupt für Begräbnissitten? Wer sind diese Toten?

Christenbande! Porcius Rufus knirscht mit den Zähnen, stürzt in die Schreibstube, wühlt in allen Akten mit Kaisererlassen, findet aber nicht, was er sucht. Beim Morgengrauen wird er Asinius Crassus Meldung machen.

Beim Mars! Diese Kohorte soll nutzbringender beschäftigt werden, wenn es sein muß, auch in den Nächten!

Porcius Rufus hält sich die Seite —, ah, da schmerzt ihn die Galle wieder. Morgen muß er zu diesem Schäfer-Doktor, heimlich natürlich, der Mann soll allerlei können.

Und nebenbei wird er erfahren, was die Bauernschaft bewogen hat, diesem abgesetzten Primipilus zu gehorchen, als gehörten sie zu seiner Kohorte! Sie sollen sich nur hüten, mit dem Fanatiker eines Sinnes zu werden.

Natürlich findet er keinen Schlaf mehr, wartet die letzten Meldungen ab. Ja, die Kohorte hält mit den Bauern am Rhein eine nächtliche Versammlung, eine Gebetsgemeinschaft ab, sie sammeln sich um eine alte Linde, die als Gerichtslinde bekannt geworden ist. In solchem Fall stehen immer große Beschlüsse bei den Sugambrern bevor. Wie, wenn der Primipilus einen Aufstand plante?

Porcius Rufus läßt den Melder kommen, fragt wütend hin und her. „Hast du ordentlich zugehört? Ist dir nichts entgangen? Nur Gebete? Denk scharf nach —, hast du deren Wortlaut im Gedächtnis behalten? Ungefähr wenigstens."

Der Kerl schwitzt. Nie hätte er gedacht, daß er mal eine christliche Betgemeinschaft bewachen müsse! Wie weit ist die Tricesimae gekommen, das Leben dreht sich bei Tag und Nacht nur noch um diese Kohorte!

„Ja, und dann haben sie ein Gelöbnis getan, glaube ich."

„Dem Viktor?"

„Nein — nein, ihrem Gott, glaube ich."

Porcius Rufus höhnt: „Was du glaubst, gilt nicht! Ich will Tatsachen wissen! Was gelobten sie dort?"

„Daß sie dem Mallosus Treue halten wollen und ihm in ihrer Mitte eine Cella bauen würden."

Rufus lacht knarrend.

„Diese Narren! Mallosus ist tot. — Halt! Bist du ganz sicher, daß sie den Namen Mallosus nannten?"

„Ganz sicher, ich könnte den Eid leisten."

Porcius Rufus erstarrt.

Das ist unerhört! Blitzartig wird ihm klar, was dieser nächtliche Fackelzug bedeutet. Sie haben die Erschlagenen aus dem Bruch geholt und nach christlicher Weise ehrenvoll bestattet. Eine Cella, das ist in ihrem Sinne so etwas wie ein Bettempel für die Heiden. Eine Cella hatten sie ja auch in Traiana . . .

Porcius Rufus tut plötzlich die gestörte Nachtruhe nicht mehr leid.

„Abtreten! Es genügt."

Er pfeift vor sich hin, es klingt, als pfeife eine Ratte. Das langt unter Umständen, zum letzten Schlag auszuholen, der Viktor erledigt. Er kann den Morgen nicht abwarten, bis er das Pferd aus dem Stall holen kann, nach Traiana zu galoppieren.

Der Legat empfängt nur ungern zu solch früher Stunde einen ledernen alten Offizier. Diese ständige Inanspruchnahme durch die Anliegen der Truppe hat er ohnehin satt. Mißgelaunt läßt er ihn vor.

Porcius Rufus sagt nur einen Satz, der genügt, daß Asinius Crassus plötzlich sehr lebendig wird.

„Heute, gegen Mitternacht, holte der degradierte Kohortenführer die Leichen der Gerichteten aus dem Bruch und ließ sie beisetzen."

Ohne Frage weiß der Legat, was gemeint ist —, es gibt nur diese Gruppe Ermordeter, die er endgültig aus seiner Nähe verbannt glaubte. Es sollte möglichst bald Gras wachsen über eine üble Sache, die er im Übereifer damals anstiftete. Schweigen. Die Sprache bleibt Asinius Crassus weg.

Einige Minuten lang sieht er so hilflos aus, daß Porcius schwankt, ob er ihn verachten oder bedauern soll.

Hat dieser Mann nicht alle Macht zur Verfügung? Und nun hockt er da, als sei sie ihm kampflos entwunden, sein Doppelkinn zittert schlaff, die Augen rollen. Sein erstes Gegenwort ist eine Anschuldigung:

„Warum hast du das nicht verhindert?"

„Legat —, wir hatten keine Ahnung von diesem Vorhaben. Du selbst gabst uns nur Tagesbefehle —, die Nächte..."

Asinius Crassus brüllt plötzlich:

„Narr! Ist dir meine Anordnung gegen die Kohorte nicht klar genug? Punkt vier! Hast du Punkt vier nicht gelesen?"

Porcius Rufus würde erblassen, wenn er es könnte. — Aber er wird noch einen Schein gelber. — Daß er auch bei Nacht die ‚Bewegungsfreiheit' der Truppe und ihrer Offiziere einzuschränken habe, hat er allerdings nicht aus dem Text herausgelesen.

„Heißt das, wir sollten die Kasernen auch nachts bewachen lassen?"

„Ja! Kann ein Offizier das fragen? Strafkohorte — genügt dir das nicht? Nur weil es uns an geräumigen Kerkern mangelt, mußten wir die Aufsässigen in Kasernen belassen.

Wenn es nach mir ginge, schmachteten sie unter der Erde bei Wasser und Brot. Und du läßt sie nächtliche Triumphzüge veranstalten."

Porcius Rufus weiß, was für ihn auf dem Spiele steht. Sein Rang, seine Stellung in der Truppe.

„Ich werde sofort Befehl geben . . ."

„Nichts wirst du! Ich behalte mir die Verfügungsgewalt vor. Du bist unfähig. Pack dich zu Bett und pflege deine Gelbsucht! Ich will dich nicht mehr sehen!"

Porcius Rufus wankt mit weichen Knien hinaus.

Asinius Crassus läutet seinem Sklaven, als der nicht sofort herbeirennt, wirft er die Klingel an die Wand.

Diana kommt erschreckt aus dem Schlafgemach.

„Was ist denn mit dir, Asinius?"

Wenn er nur ihre Stimme hört, ist er schon halb besänftigt. Er streicht sich über die Stirn, seine Hand bleibt naß. „Ach, komm näher, Diana, nichts als Verdruß am frühen Morgen. Dieser Centurio!"

„Was?"

Der Sklave kommt. Asinius vergißt, daß er ihm geläutet hat und schreit ihn an:

„Verschwinde! Weißt du nicht, daß ich kein Sklavengesicht sehen kann, wenn die Domina anwesend ist?"

Der arme Kerl duckt sich und huscht beiseite. Im ganzen Palast wird er eilig melden, der Legat habe schlechte Laune. Da kann sich jeder auf etwas gefaßt machen.

Diana setzt sich auf die Armlehne seines Polsterpfühls und streicht ihm die Strähnen aus der Stirn.

„Natürlich meinst du Viktor, nicht wahr? Siehst du, eine liebende Gattin errät alle Sorgen ihres Mannes. Ich fürchte, du nimmst diesen Centurio zu ernst, Asinius. Ich höre kaum noch etwas anderes als seinen Namen."

Asinius Crassus ballt die Faust.

„Zerquetschen könnte ich ihn!"

Sie lächelt.

„Nicht so heftig, Liebster. Erzähle langsam der Reihe nach. — Oder sollte ich von allem, was dich bewegt, ausgeschlossen werden?"

Sie gießt Öl in die Wunden seiner Seele. — Was ist nur in Diana gefahren! Bis jetzt kühl, abwehrend, wird sie nun anschmiegsam und teilnahmsvoll. Er weiß sein Glück so rasch nicht zu fassen, ein jäher Gefühlsumschwung nach allem Ärger ist nicht seine Sache.

„Ach — das ist bald gesagt. — Er hat seinen Freund Mallosus zurückgeholt, ja, den — den Gerichteten aus dem Bruch!"

Diana verbirgt rasch ihr Erschrecken und senkt die Augen. Sie versucht ein Lachen.

„Du glaubst doch nicht an Gespenster? Was sollte er dir schaden?"

„Mir? — Nichts! — Aber dem Ansehen des Kaisers. Du bist eine Frau, Diana, verstehst die politischen Zusammenhänge dieser scheinbar harmlosen Tat nicht. Mallosus fiel, weil er einem Kaiseredikt den Gehorsam verweigerte — er predigte ohne Genehmigung."

„Gewiß, aber nun ist er stumm."

„Du irrst.

Die Toten können sehr mächtig sein. Ganz Bertunum hat er heute nacht auf die Beine gebracht —, einen feierlichen Leichenzug haben sie ihm zu Ehren veranstaltet. Und Viktor besaß die Frechheit, die rechtlich Erschlagenen ehrenvoll beizusetzen, als seien es christliche Martyrer."

Diana überlegt. Wenn sie ihn nur davon abbringen könnte, die Sache so ernst zu nehmen. Aber er hat recht, das spürt sie, es ist ein wohlüberlegter Gegenschlag Viktors, des Unbesiegten. — Welchen Mut er wieder bewies! Sie wendet sich ab.

„Fängst du auch an, dem widerlichen Totenkult Staatsbedeutung zu geben? Wir sollten den Fall einfach übergehen, je mehr Aufhebens man darum macht, umso gefährlicher. Übersieh das doch einfach."

Er lacht ärgerlich.

„Eine echt weibliche Lösung. Ich kann so eine Provokation nicht übergehen. Der Mann hat die Stirn, mir zu beweisen, daß sämtliche Christen dieser Gegend dem Mallosus rechtgeben und mich zum Mörder an ihm stempeln."

Diana gähnt und streckt sich gelangweilt auf den Diwan.

„Ach, ihr Männer, nie kommt ihr auf die einfachste Lösung. Das Volk würde ja nicht aus sich daran gedacht haben, die Sache so aufzuführen. Es bleibt friedlich, wenn ihm der Anführer genommen ist.

Viktor solltest du unter vier Augen zur Rede stellen — und ihn dann aus gutem Grund von seiner Kohorte und der Bauernschaft trennen."

Asinius Crassus schaut sie verblüfft an. Ganz so unrichtig scheinen die Gedankengänge eines Weibes nicht immer zu sein.

„Wie stellst du dir das vor?" fragt er lauernd.

„Nun, wenn ich an deiner Stelle wäre, ich ließe den Mann kommen, würde ihm klarmachen, er habe sich abermals eines Deliktes schuldig gemacht —, und dann würde ich ihn aburteilen."

Asinius Crassus schüttelt ärgerlich den Kopf.

„Ich kann ihn nicht umbringen, weil er die Toten begräbt." —

„Habe ich das angedeutet? Du sollst ihn nur verschwinden lassen — wenigstens für eine Weile und ganz und gar unblutig. Es kann nach außen hin sogar wie eine ehrenvolle Berufung aussehen."

Asinius zuckt die Achseln, so früh morgens kann er nicht denken, zumal seine Frau in Rätseln spricht. Diana richtet sich auf und schlingt den Arm um ihn.

„Asinius, hast du mir nicht versprochen, daß ich den Sommerurlaub mit Lea im Norden verbringen darf — an der See? Du weißt, ich vertrage dies Deltaklima nicht."

Der Legat zieht ein Gesicht.

„Du willst wirklich fort von mir?"

„Aber, Liebster, du kommst selbstverständlich nach am Wochenende. Sechs Tage lang werde ich am Strand sehnsüchtig auf dich warten —, und es wird wie ein neues Hochzeitsglück werden — wenn wir uns wiedersehen."

Crassus lächelt geschmeichelt und gerührt. Nun ist sie endlich so, wie er sie sich gewünscht hat, zärtliche Gattin. Sein Herz schmilzt hin, der Groll ist vergessen, er zieht sie an sich.

„Alles, was du willst, meine Taube, meine Süße! Aber was hat der Centurio damit zu tun? Ich verstehe immer noch nicht."

Sie flüstert an seinem Ohr.

„Du machst ihn zu meinem Haussklaven, der mich zu begleiten hat. Brauche ich nicht ohnehin eine Sicherung? Eine größere Schmach könntest du ihm doch nicht antun, als wenn du ihn jetzt von seinen Männern trennst und zum Diener einer Frau machst, der er dazu unterstellt ist."

Asinius Crassus schweigt überwältigt.

Logik des Weibes. — Da steigt ein argwöhnischer Gedanke in ihm hoch:

„Dieser Mann ist jung . . ."

„Asinius! — Er ist ein Mann ohne Ehre, ein Verbannter. Ich wette zudem, daß er nicht einen einzigen Versfuß zusammenbringt."

Sie hat seine Achillesferse verwundet — seine maßlose Eitelkeit siegt. Nein, dieser Viktor sieht nicht aus wie ein zweiter Ovid. Er wird die Unerreichbare nicht andichten.

Absurder Gedanke! „Ich werde dir jede Woche ein neues Gedicht schicken", flüstert Crassus an ihrem Halse, — „glühende Verse für meine Geliebte..."

Er ist blind. Diana duldet seine Zärtlichkeit, Eis im Herzen, Feuer im Hirn, aber es glüht nicht für ihn.

„Laß ihn kommen, mit ihm abzurechnen!"

„Darauf kannst du dich verlassen, Diana." — Sie lächelt befriedigt.

Zwei Stunden später steht Viktor vor dem Legaten. Er sieht Asinius Crassus nach zwei Jahren wieder und ist erschrocken über den Verfall, welchen das üppige Wohlleben bei dem Manne angerichtet hat. Aus dem verlebten Gesicht starren ihn zwei in Fettpolstern versinkende tückische Trinkeraugen an, glasig und stur.

„Du hast einen Kaiserbefehl verletzt, als du die Toten begrubst", fährt er den Verbannten an.

Viktor antwortet ruhig:

„Im Gegenteil! — Ich habe einen Kaiserbefehl befolgt."

Asinius Crassus zuckt auf. — Hat man je so eine Unverschämtheit gehört?

„Was sagst du da? Welchen?"

Viktor deklamiert:

„Edikt vom 12. Februar dieses Jahres, nach dem das Vorübertragen von Toten bei Tage verboten ist und Leichenbegängnisse von Christen grundsätzlich auf die Nachtstunden verlegt werden."

Asinius Crassus bleibt fast der Mund offen. Es stimmt — er hatte davon gehört und — es vergessen. Hatte er doch angenommen, ein solches Gesetz brauche hier oben im entlegenen Traiana nie angewandt zu werden.

Viktor beweist, daß er nicht umsonst so lange in Kaisernähe lebte; er kennt jede Verordnung.

„Aber du hast vor, eine Cella über den Gebeinen des Mallosus zu erbauen. Und du weißt, christliche Kultstätten bedürfen der Genehmigung."

„Du bist nicht vollständig unterrichtet, Legat, der Kaiser verbot lediglich die Errichtung von Martyrergräbern in der Nähe heidnischer Heiligtümer. Drunten am Rhein bei Bertunum findet sich aber weit und breit kein Götterbild — nicht einmal das des Neptun!"

Asinius Crassus könnte sich die Zunge zerbeißen. Dieser hochmütige Kerl da hat recht, tausendmal recht. Er kennt das Gesetz besser, als er. Alles hat er wohlüberlegt, die ganze Schmach für den Legaten, sie können ihm nichts wollen. Asinius Crassus würgt wie an einem Kloß, der ihm im Halse steckt.

„Dann bleibt mir nichts übrig, als dich zu hindern, je wieder die Gelegenheit zu ergreifen, mit den Bauern von Bertunum ein abgekartetes Spiel zu treiben. Ich werde dich von hier entfernen —, dich versetzen. Und zwar in die Nähe der zehnten Legion nach Noviomagus (Nijmegen) zur Castra Herculis. Zunächst aber wirst du noch eine angenehmere Verwendung finden."

Er neigt sich vor, genießt seine eigenen Worte.

„Es mangelt mir an einem umsichtigen Haussklaven, dem ich meine Gattin anvertrauen könnte. Da du streckenweise den gleichen Weg haben wirst, befehle ich dir, sie an die Küste zu begleiten."

Viktor hat sich verfärbt. Der Hieb saß. Crassus lehnt sich befriedigt zurück. Da sagt Viktor etwas Ungeheuerliches:

„Ich verweigere den Gehorsam!"

Der Legat lauscht dem Worte nach, seine Fäuste fangen an zu beben, er bezwingt sich mühsam.

„Bist du toll? Weißt du, was du gesagt hast? Ich vertrete den Kaiser!"

Viktor nickt.

„Eben deswegen kannst du mir dies nicht befehlen. Denn der Augustus hat angeordnet, daß die Kohorte nach Tricesimae verbannt werde, nicht nach Castra Herculis. Er hat bestimmt, daß ich unter deiner Befehlsgewalt stehen soll, nicht unter jener der zehnten Legion. Dies dürfte dir bekannt sein."

Die Schläfen des Legaten kochen und pochen, er schnappt nach Luft. „Ich werde den Präfekten benachrichtigen."

Viktor bleibt gelassen. „Das würde ich sehr begrüßen."

Der Prokonsul ist gerecht, dieser Legat kann längst nicht machen, was er will. Wenn er nur nicht so genau spürte, daß der Centurio recht hat —, ohnmächtig ist er gegenüber der genauen Weisung des Kaisers.

„Hinaus!" keucht er, keines anderen Wortes mehr fähig.

Viktor geht, der Legat brüllt nach dem Sklaven, tobt, rast, verlangt Unmengen von Wein, ein ganzes Faß rollen sie heran; ungemischt füllt er sich den Pokal. Er würde an seiner Wut sterben, wenn es jetzt nicht den Trost des Weines gäbe.

Diana schwingt sich vor dem Legatenpalast auf ihre Stute und jagt die Heerstraße entlang, dem Manne nach, der es gewagt hat, das Geleit für sie auszuschlagen.

Es muß ein Mißverständnis sein —, er hat nichts begriffen in seiner Arglosigkeit, ahnt nicht, wie sie all ihre weibliche Macht ausspielte, ihn zu retten vor der Bosheit ihres Gatten. Sie muß es ihm sagen. Wie rasch er geht — sie hat Mühe, ihn einzuholen, ehe er den Vorstenberg hinabsteigt. Dort auf dem Waldweg sprengt sie hinter ihm drein, dicht neben ihm steigt ihre Stute, jäh gezügelt.

„Centurio primipili!" Sie nennt ihn mit seinem alten Rang! Er war so tief in Gedanken, daß er die Pferdehufe auf dem weichen Waldboden überhörte.

„Domina?"

Der Atem springt ihr von den Lippen.

„Nein! So sollst du nicht mit mir reden. Ich bin jetzt nicht die Herrin, die dich an ihre Seite befiehlt. Viktor —, es geht um dein Leben. Du hast keine Ahnung, wie mein Gatte zu hassen versteht. Bitte, bringe dich in Sicherheit — widerrufe deine Weigerung."

Viktor blickt sie an.

„Nein, Domina!"

Sie beugt sich zu ihm, mühsam ihr Pferd beruhigend.

„Viktor — begreife doch —, nur Asinius glaubt, daß er dir damit eine Schmach bereitet! — Du bist nicht mein Sklave, du wirst es nie sein! — Viktor!" — Ihre Stimme zittert, sie hebt beschwörend die Hände. — „Viktor —, ich darf dir nicht sagen, was du mir bist, was du mir sein wirst, wenn du mich zum Sommersitz begleitest. Wir werden allein sein — einen ganzen glühenden Sommer lang. Fern von den Quartieren. — Niemand beobachtet uns. — Viktor, komm mit! — Alles, was du begehrst — aber komm —, rette dich!"

Sie weint fast vor seinem unerbittlichen jungen Antlitz.

Kühl schaut er sie an.

„Rettung? — Nicht um den Preis einer Sünde!"

Sie schließt wie geblendet einen Atemzug lang die Augen. Wie sein Blick lodert, eine blaue Flamme, die ihr bis ins innerste Herz stößt! Er hat sie durchschaut. Er weiß, wie sie ihn liebt — und lehnt ab.

Kein Wort mehr, sie ist vernichtet.

Langsam wendet sie ihr Pferd; als habe er ihr das Rückgrat gebrochen, hängt sie im Sattel, liegt faßt auf dem Pferdehals —, er hört nicht mehr, wie sie laut durch den Wald weint und schreit, Zorn und Liebe auszutoben.

Lea hat ihr abermals falsch geraten. Dieser Mann fällt nicht durch die Laune eines Weibes, sondern wegen seiner unerbittlichen Wahrheitsliebe. Und sie weiß, er wird daran zugrunde gehen. Nichts kann ihn mehr retten. Und sie will es auch nicht mehr. —

Als sie zurückkommt, ist ihr Vater, der Prokonsul, bei ihrem Mann. Aber sie will jetzt niemanden sehen. Mögen sie verhandeln, was sie wollen. Dann zuckt ihr plötzlich der Gedanke durchs Hirn: es geht auch hier um Viktor — sie muß doch zuhören — heimlich schleicht Diana sich ins Nebengemach zurück.

Ihr Mann scheint es gar nicht bemerkt zu haben, als sie sich entfernte. Sie hört seiner Stimme an, daß er noch halb betrunken ist. Obgleich sie Stunden durch den Forst ritt, um sich zu beruhigen, ist sie erschöpft, zerbrochen. Aber die Stimme ihres Vaters ist ihr ein Halt, ein Trost.

Deutlich hört sie ihn sagen:

„So leid es mir tut, Legat, dieser Centurio hat recht. Wir können die Bestattung der Leichname nicht unterbinden, es gibt keinerlei gesetzliche Handhabe dafür."

Der Legat schweigt, scheint krampfhaft zu überlegen.

„Dann müssen wir zusehen, ihn und seine Leute stärker

als bisher heranzuholen, damit ihnen keine Zeit zu ähnlichen Veranstaltungen mehr bleibt."

Der Konsul antwortet:

„Auch das dürfte seine Schwierigkeiten haben. Wir liegen hier nicht so fernab vom Weltgeschehen, daß wir uns alles erlauben könnten. Gestern noch fragte mich der Führer eines Rheinschiffes, das von Bonna kam, was denn in Tricesimae los sei, wo man römische Soldaten schanzen lasse wie eine Sklavenkolonne? Der Cäsar hat auch für Straftruppen nichts Entehrendes befohlen."

Der Legat geht auf und ab.

„Das Ergebnis deiner Überlegungen wäre also dies: wir müssen uns hier durch den stolzen Kohortenführer weiter demütigen lassen — was sage ich —, seinen Spott treibt er mit der Staatsgewalt."

Der Prokonsul muß wohl lächeln. Diana kennt ihren Vater, sie spürt es an seinem leichten Zögern und dem trockenen Ton, mit dem er entgegnet:

„Ich glaube, daß er uns nicht einmal so ernstnimmt, er tut einfach, was er für Recht hält, das ist alles."

Der Legat braust auf:

„Ich werde ihn lehren, den Legaten Seiner ·Majestät ernstzunehmen! Dieser Kerl hat vor nichts Ehrfurcht. — Wie war das? — Dir liegt doch ein Bericht des Kaisers vor, auf welche Weise er sich seinerzeit dem Cäsar verhaßt machte, so daß es zu seiner Verbannung kam! Du hieltest es nicht für wichtig, ihn mir zu unterbreiten, jetzt verlange ich Einsicht in die Akten."

Der Präfekt schweigt.

Der Legat scheint etwas gefordert zu haben, was Gefahr heraufbeschwört. Der Schritt ihres Vaters ist verstummt. Er scheint tief aufzuatmen, als er sagt:

„Ich glaube doch, jenes Attentat in Konstantinopel stand im Vordergrund der Verhandlung, obgleich ich überzeugt bin, Viktor hatte nichts damit zu tun, wie es vor dem Tribunal ja auch eindeutig erwiesen wurde.

Es war eine Vorsichtsmaßregel des Kaisers, Viktor als Mitwisser zu verbannen. — Sollte er jedoch siegreich aus Persien zurückkehren, so zweifle ich nicht, daß er sein Urteil revidieren wird. — Dann wird auch jener weit geringere Vorfall in Antiochia von ihm milder beurteilt werden."

Der Legat ist hellhörig.

„Was für ein Vorfall? — Davon weiß ich nichts!"

„Eine Geringfügigkeit. Ich kann es dir mit wenigen Worten sagen, du sparst dir damit einen langweiligen Kanzleibericht.

Viktor hat anscheinend den Kaiser beleidigt, indem er — merkwürdige Duplizität der Fälle — in Antiochia eine Leichenüberführung des Martyrers Babylas auf den städtischen Friedhof von Daphne leitete und dabei Responsorien betete, die dem Cäsar anzüglich schienen.

Er faßte uralte jüdische Psalmen als Anspielung auf seinen Götterkult auf. Das ist alles."

Der Legat schnauft.

„So — alles! Und es geht dir nicht auf, wie dieser Viktor auf eine ganz infame, tückische Art seine Provokation hier weiterführt? Er hat damit bewiesen, daß er seinen Kopf vor dem Kaiser keineswegs gebeugt hat.

Auf widerliche Weise macht er Leichenbegängnisse zu politischen Kundgebungen, hier wie dort."

„Du irrst, Asinius! Damals in Antiochien geschah die Überführung auf ausdrücklichen Befehl des Imperators. Ich kann mir vorstellen, sie wurde etwas feierlicher durchgeführt, als Julian in seiner Abneigung gegen die Christen bezweckt hatte.

Empfindlich in solchen Fragen, — doppelt empfindsam als Pontifex maximus —, nahm er die geringsten Begleitumstände symbolreicher, als sie waren."

Asinius Crassus bleibt vor dem Präfekten stehen.

„Sag einmal, Clemens, spürst du nicht selbst, wie du die ganze Zeit über den — hm — Verteidiger des Kohortenführers machst? Geschickter könnte ihn sein eigener Vater nicht rechtfertigen."

Der Präfekt antwortet nicht.

Asinius Crassus richtet sich auf. „Ich will mir ersparen, deinen Gefühlen für ihn auf den Grund zu gehen — aber ich verlange nun erst recht den Bericht der Kanzlei. Es wird mir keineswegs eine zu trockene Lektüre sein, ihn Wort um Wort zu studieren. Ich spreche jetzt als kaiserlicher Beamter zu dir."

Was für ein gereizter Ton in der Stimme des Legaten!

Diana krampft ihre Hände umeinander — wenn ihr Vater doch nun zurückschlagen würde, er ist ja dem Legaten eindeutig übergeordnet. — Aber sie kennt seine vornehme Gesinnung. Er wird es ihn nicht spüren lassen. Außerdem stünde sein Ruf auf dem Spiel, ein treuer, unparteiischer Beamter des Kaisers zu sein.

„Ich sende dir den ungekürzten Bericht zu", hört sie ihn knapp sagen. Man merkt seiner Stimme den Ärger an. „Auch ich habe keine Veranlassung, forthin in persönlichen Anliegen deine Gemächer aufzusuchen. Wenn du mich brauchst, weißt du, wo ich in meinen Amtsräumen zu treffen bin."

Damit geht der Prokonsul hinaus.

Diana kommt hinter der Portiere ihres anstoßenden

Gemaches hervor. „Asinius —, immer noch mit umwölkter Stirn? Machst du dir nicht zuviel Sorgen um diesen Centurio der Strafkohorte? Es müßte ihm ja gewaltig zu Kopf steigen, wenn er ahnte, was für ein Wirbel um ihn entstanden ist. Ob du ihm da nicht zuviel Ehre antust?"

Erstaunt und verdrießlich zugleich blickt der Legat seine Frau an.

„Ihr alle versteht mich nicht. Es ist etwas anderes, ob er die Sommerreise als Begleiter seiner Herrin ausschlägt, oder ob er mich als Vertreter des Kaisers brüskiert. Begreifst auch du nicht die tieferen Zusammenhänge? Er stempelt mich zum Verbrecher an den Erschla.... — an den Gerichteten, indem er sie ehrt!"

Diana tritt an seine Seite, zieht ihren Arm durch den seinen. „Einbildung, Asinius! Ich weiß, diese Toten lassen dir seltsamerweise keine Ruhe, widersprich nicht. Es hat dir nichts ausgemacht, bei Wettkämpfen in der Arena Hunderte von Sklaven an einem Tag hinzuopfern — und diese Handvoll christlicher Männer läßt dich nicht mehr ruhig schlafen —, erst recht nicht, seit sie wieder in unsere unmittelbare Nähe rückten."

Er blickt sie von der Seite an.

„Ich habe im Traum geredet, was?"

Sie lächelt. „Liebster, eine Frau kennt doch ihren Mann, auch wenn er im Traum schweigt. Sollen wir die Opferpriester kommen lassen, damit sie einen Totenbann über die Geister der Erschlagenen sprechen?"

Er fährt auf. „Wer redet von Erschlagenen?"

„Verzeihung! — Ich meinte, der Gerichteten."

„Das blöde Volk nennt sie Ermordete, ich darf mir die Art der Hinrichtung Aufständischer doch wohl vorbehalten. Aber wenn ich je wieder ähnliche Fälle zu richten habe, werde ich sorgen, daß die Hinrichtung öffentlich geschieht."

Sie zieht ihn auf den Diwan.

„Rede doch nicht immer von Prozessen. Schau, was für ein herrlicher Maientag! Sollten wir nicht wieder einmal einen Ausritt machen — miteinander?"

In diesem Augenblick — er ist gerade im Begriffe, zuzustimmen, erscheint der Türhüter und meldet den Schreibersklaven des Präfekten; der Legat winkt hastig, er möge eintreten.

Er reißt ihm fast die Schriftrolle aus der Hand. Das ist er — der Bericht über das Vorspiel des Zerwürfnisses Viktors mit dem Kaiser.

Die Lektüre wird aufschlußreich für ihn werden.

Er schiebt Diana beiseite. „Später, Frau — später! Jetzt habe ich zu tun, dringend."

„Darf ich nicht mitlesen?"

„Amtsgeheimnis, du verstehst! Bitte, laß mich allein, Diana."

Enttäuscht zieht sie sich zurück, Sorgen im Herzen. Viktor hat sie gekränkt, wie es noch kein Mann tat, aber sie muß ihn achten.

Wenn sie nur auch ihren Gatten achten könnte!

Unruhig steht sie am Fenster und schaut in das goldgrüne, weite, wolkenüberspielte Land hinaus, Richtung Vorstenberg.

Viktor — wo mag er nun sein, ahnungslos, wie sich das Verhängnis über ihm zusammenzieht. Was meinte er, als er rief: „Nicht um den Preis einer Sünde!"? —

*

Singend reitet Viktor durch das Gelände. Es ist ein Sonntagmorgen. Noch ist das Konstantinische Edikt in Kraft, nach dem der Sonntag zu heiligen, — das heißt, durch keinerlei knechtliche Arbeiten zu entweihen — sei. Julian hat sich gescheut, den Paragraphen zu streichen. Auch für das Lager Tricesimae und für die Bürgerstadt Traiana hat dies sehr christliche Gesetz noch Geltung. Der Schornstein der Transrhenana raucht heute nicht; die Schanzarbeiten am Deich sind eingestellt, die Truppen haben einen stillen Tag.

Der Umkreis, in dem sich die Strafkohorte bewegen darf, ist zwar begrenzt, aber weit genug, sich bei einem Ausritt an Leib und Seele zu erholen. Viktors Leute machten sicherlich einen Gang nach Traiana, alte Freunde zu besuchen, die sie dort trotz des Verbannungsdekrets noch finden. Nicht alle Menschen von Traiana stehen auf seiten der Staatsgewalt. Der Legat ist wegen seiner Launenhaftigkeit und Unmäßigkeit unbeliebt und der Präfekt hat nicht das Zeug zum volkstümlichen Beamten. Er ist zu reserviert. Im Augenblick, wo beide ihre Amtsgewalt verlören, würden die Sympathien für die Strafkohorte und ihren Anführer noch offener zutage treten.

Viktor weiß das, aber er bildet sich nichts darauf ein, noch weniger tut er irgend etwas, die Gunst der Leute zu erringen. Weder Furcht noch Tadel können ihn beirren. Er fragt einzig sein Gewissen, das genügt.

Es genügt ihm auch jetzt, da er allein nach dem Waldhof reitet. Dort sind einige Schwierigkeiten wegen der Errichtung der Gedächtniskapelle für die Gebeine des Mallosus und seiner Gefährten zu beseitigen. Die Kosten teilen sich Truppe und Bauernschaft — man ist sich nur über das Grundstück und die Art der Cella nicht im klaren. Viktor wäre einstweilen mit einer Notlösung zufrieden. Der Rhein mit seinen bedrohlichen Hochfluten ist zu nahe — es soll eine Cella werden, die auch spätere Geschlechter aufsuchen können. Darum muß sie geschützt liegen, möglichst in der Nähe von Traiana. Die Einwohner der Stadt sollen sie ebenso rasch erreichen können wie die von Bertunum.

Natürlich wird es Widerstand geben. Bauern halten fest, was sie einmal besitzen, auch die Gebeine von Martyrern. Aber sie werden sich der Einsicht beugen müssen, daß sie diese nicht der Gefahr aussetzen dürfen, eines Tages vom Hochwasser weggespült zu werden. Das Totenfeld von Traiana läge weitaus günstiger. Zudem wären damit die Anlagen für einen ersten christlichen Friedhof von Traiana geschaffen.

Diese germanischen Bauern haben harte Köpfe, es wird für Viktor nicht leicht sein, seine Ansicht zu vertreten. Aber er vertraut ja nie sich selbst und seiner menschlichen Überredungskunst allein.

Sorglos reitet er südwärts, die Rheinstraße entlang, trabt dann durch die Wälder. Überall leuchtendes junges Grün, Birken und Buchen im Schmuck der ersten Maienfülle! Wie ernst die Tannen dazwischen ragen — aber auch ihre Spitzen grünen, es sieht aus, als seien sie mit hellen Kerzen geschmückt.

Ja, Viktor singt laut und fröhlich wie ein Knabe ein Reiterlied aus der Cäsarenzeit des Kaisers.

> *„Greif aus, mein Roß, durch die Weite,*
> *Wir ziehn mit dem Cäsar ins Feld!*
> *Bewährt sind wir beide im Streite,*
> *Wir kennen die halbe Welt . . . ."*

Das stimmt — überall ist er schon herumgekommen — Gallien, Vindobona, Konstantinopel, Antiochia —, wie ein Schatten fliegt es über seine Seele, aber der Tag ist zu herrlich, sich trüben Erinnerungen hinzugeben.

„Greif aus zu neuen Siegen,
der römische Adler —, er fliegt,
Wir kehren nur heim aus Kriegen,
In denen Roma gesiegt!" —

Jawohl, auch er ist ein Römer, stolz auf das glanzvolle Imperium, das Jahrhunderte schon seine Macht bis an die Grenzen der Erde erstreckt. Und mag ihn sein Kaiser verbannt haben, das Herz schlägt ihm doch höher, wenn er nur einem besseren Herrn hätte dienen dürfen, einem, dem man aus Überzeugung folgen könnte! Wann wird Rom wieder einen christlichen Herrscher haben, einen, der nicht nur aus Staatsklugheit und Furcht die Christen mit Freiheiten bedenkt, sondern aus Achtung und Liebe? Aber worauf wartet Viktor — ist der Gnade Gottes nicht selbst das Unmögliche möglich?

Wenn er den Heeresbericht recht verfolgt, so wird der Kaiser bald über Tarsos kommen. Und ein Mann aus Tarsos hat gleich ihm in jungen Jahren die Christen wütend verfolgt — und ist dann Weltapostel geworden, der sein Leben für Christus gab.

Nun ist sein Herz doch wieder bei Gott. Aber es findet rasch zu den Menschen zurück.

Fern auf der Anhöhe breitet sich das Gehöft, der Waldhof, stolz wie eine Burg, zwei Stunden von Bertunum entfernt, tiefe Einsamkeit um ihn her, als sei man in einer anderen Welt. Warum schlägt ihm das Herz hoch, als kehre er heim? Hat er so rasch Freundschaft geschlossen mit den Sugambrern, ist es die Gemeinschaft der Christen, was sonst? — Merkwürdig, jetzt muß er ganz stark an Reinhilde denken.

Ob sie es ist, die ihm das Tor öffnet?

Nein. — Viktor ist enttäuscht — nur eine Magd, sie nimmt auch das Pferd entgegen und berichtet, der Bauer sei nicht da, sondern mit seinem Gesinde nach Bertunum. Sie sind also aneinander vorbeigeritten, ohne sich zu begegnen, in diesen Urwäldern ringsum ist das gut möglich.

Schon will er umkehren, da ruft jemand von der Rotbuche her:

„Centurio!"

Sein Kopf fliegt herum.

Reinhilde — dort sitzt sie im Baumschatten, mit einer Arbeit beschäftigt, die er erst im Näherkommen erkennen kann. — Er gibt der Magd die Zügel; sie wird sein Pferd drüben weiden lassen. Er macht lange Schritte, kommt lachend näher.

Und jetzt sieht er, sie hat eine rechte Maienarbeit: Blumen windet sie zum Kranz —, eine junge Magd ihr zu Füßen reicht sie an, abwechselnd mit frischem Tannicht.

„Ich kann nicht aufstehen, Centurio Viktor." — Sie hat den Schoß voller Blüten. — Er wehrt ab.

„Bleib —, bleib nur, Reinhilde, aber Zuschauen ist wohl erlaubt?" Sie deutet auf die Birkenbank, welche einige Knechte aus jungen Stämmen gezimmert haben.

„Das Ausruhen wehrt dir keiner —, nicht wahr. Es ist ein Tag zum Kränzewinden!"

Er blickt sie strahlend an.

„Wahrhaftig —, ich finde, er wird nur ein bißchen schwer für einen Brautkranz!"

Sie errötet und schüttelt den Kopf.

„Was du denkst, Centurio!

Das werden Kränze für die Einweihung der Cella. Ja, es soll doch feierlich werden. Mallosus hat noch nie frische Kränze bekommen —, und er war doch ein Sieger.

Mein Vater windet mit den Knechten einen aus Eichenlaub."

Er ist ein wenig betroffen. Totenkränze also.

„Höre, Reinhilde, es ist deine Aufgabe, die lebenden Helden zu ehren. — Ich glaube, das stände dir noch besser an." —

Sie blickt auf ihre Hände.

„Das ist vorbei für mich. Meine Brüder sind in Roms Schlachten gefallen — und ich will hoffen, daß es hier keine Kriege mehr gibt, in denen mein alternder Vater noch einmal die Waffen ergreifen muß. Es könnte nämlich nur ein Frankensturm gegen das Lager sein."

Er vergißt über dem merkwürdigen Dialekt-Latein den ernsten Unterton ihrer Worte. Sein Gemüt kennt heute keine Verstimmung.

„Ich habe zwar eben noch ein Kriegslied gesungen, aber mich freute daran nur die Melodie. Auch ich liebe den Frieden, ihn zu wahren ist die vornehmste Aufgabe der Soldaten. In deiner Nähe läßt sich nur an Frieden denken, Reinhilde."

Sie blickt rasch auf mit ihren dunkelblauen Augen, in denen ein goldener Funke schwimmt, Grübchen kommen in ihre Wangen.

„Es geht mir bei dir ebenso, obgleich du die Rüstung trägst."

Sie nimmt die Blumen entgegen, die er ihr reicht, flicht sie ein.

Es geht etwas langsamer als vorhin. Entweder war die Magd geschickter im Anreichen, oder in ihre Hände ist eine merkwürdige Unruhe gekommen! Fast sieht es aus, als ob sie zittern. Aber das ist wohl Täuschung.

„Sind diese recht?"

„Nein, Viktor, wir müßten jetzt welche mit längeren Stielen haben."

Die Magd sucht — alle Margeriten sind ausgegangen.

„Weiße oder rote, Herrin?" fragt sie.

„Rote!" antwortet Viktor spontan an ihrer Stelle, und Reinhilde nickt dazu.

„Er soll farbenprächtig werden, der Kranz", entschuldigt er sich, die Magd springt mit dem leeren Korb auf —, hinter der Hofmauer stehen die Blumen in dichten Büscheln auf der Weide.

Sie sind allein, Reinhilde muß nun die Arbeit ruhen lassen, sie reibt ihre Hände, die sind von Tannennadeln zerstochen.

„Schau, wie ich aussehe . . ."

Er streckt seine Handflächen vor. „Aber ich . . ."

„Das sind ja blutunterlaufene Schwielen." Sie zuckt zurück.

„Wo hast du dir die geholt?"

Er wehrt ab.

„Bei meinen Leuten. Wir schanzen doch am Deich —, ja, harte Arbeit. Aber wenn ich mich schone, machen sie alle schlapp."

Sie blickt ihn mitleidig an.

„Ich hole Schweineschmalz, das heilt."

Er hält sie zurück.

„Nein, laß! Merkwürdiger Soldat, der etwas um solche Verletzungen gäbe!"

Er läßt ihre Hand nicht los. „Das ist schon Heilung genug!" sagt er und meint ihre kühlen Finger, weich wie ein Lindenblatt. Sie sehen sich an wie verzaubert, ihr Atem geht rasch.

„Würde es dir schwerfallen, Reinhilde, einen Kranz für mich zu winden?" fragt er leise. Sie fährt zurück.

„Für dich? Um Gott . . .!"

„Nein, ich meine nicht einen Totenkranz. Einen, den ich in meine Kasernenstube hängen kann, damit sie nicht so kalt wirkt, vielleicht aus jungem Tannengrün, der sich lange hält."

Sie spielt mit ihren Zöpfen und hält die Augen gesenkt, aber ihr Mund lächelt.

„Einen aus Immergrün, Viktor?"

„Habt ihr davon hier?"

„Ja — ,ewiges Gedenken' nennen wir es."

„Das ist schön."

Sie schaut auf.

„Aber — du darfst es der Mutter nicht sagen — und meinem Vater nicht."

„Weshalb nicht?"

Sie wird ganz verlegen, muß aber mit der Sprache heraus: „Es ist nur ein Brauch unter uns. Kränze schenken die Mädchen dem Mann — der — der — nun, dem sie versprochen sind."

Jetzt wird auch er glühend rot und macht ein ernstes Gesicht. „Ah —, das wußte ich nicht. Kommt also für mich nicht in Frage. Du hast gewiß schon einen Mann, der auf dich wartet?"

Die Stimme gehorcht ihm nicht recht.

Sie schweigt. — Sein Blick läßt sie nicht los.

„Nein — nein, Viktor. Aber der, dem ich einmal einen

Kranz winden werde, muß ein Sugambrer sein — —, ein Hofbauer, verstehst du das?"

Sein Gesicht wird fast starr, er wendet sich ab.

„Natürlich. Ich konnte es mir denken. Ein Soldat paßt nicht hierher. Gut, stecke ich mir selbst einen Eichenbruch über den Tisch, wenn ich von der Pirsch komme, es muß nicht ein Kranz sein."

Sie legt ihre Hand über die seine, bittend.

„Viktor — du bekommst den Kranz von mir. Gehorchst du nur Gesetzen?"

Er blickt verwirrt auf. „Bis jetzt — ja. Oder glaubst du, es gebe solche, die gebrochen werden dürfen?"

„Es gibt etwas, Viktor, das größer ist als das Gesetz."

Er schaut sie lange an, dann begreift er.

„Es ist wahr —, wir sind beide Christen. Ist das nicht stärker als alles?"

Sie meinte zwar etwas anderes, aber sie wird sich hüten, es zuerst auszusprechen. Das tut eine Germanin nicht, und wenn ihr Herz in Stücke spränge.

„Ja, wir sind in Christus Geschwister, das ist schon ein sehr starkes Band", sagt sie jetzt.

Er muß plötzlich lachen.

„Ich hatte mir immer gewünscht, es möchten viele Sugambrer zum Glauben finden —, jetzt täte es mir fast leid. Ist das nicht schimpflich, Reinhilde? Was fängst du mit solch einem schlechten Christen an?"

Auch sie lacht. — Wieder finden sich ihre Augen.

In diesem Moment ruft eine knarrende Stimme vom Tor her

„Heda! Ist denn niemand auf dieser von allen Göttern verlassenen Eulenburg zu Hause? Heda —, zum Schäfer Kort will ich!" —

Reinhilde springt auf, als sie sieht, wie sich Viktors Gesicht verwandelt.

Einer der Ersten Offiziere der Tricesimae, Porcius Rufus, am Tor! Und er hat sie beobachtet, vielleicht schon eine ganze Weile. Er lärmt, poltert, schimpft, weil er nicht sofort Auskunft hat, dieser Militärstiefel!

Reinhilde fliegt fast zu ihm, hastig überstürzen sich ihre Worte: „Der Schäfer Kort ist im Wald, er sammelt Tannenspitzen."

„Was? Wollt mich wohl für verrückt erklären?" —

„Nein, wirklich, er kocht sie nachher aus, der Saft ist gut gegen Husten und Heiserkeit!"

„Blödsinn, wer hat bei dem Wetter Husten? Gegen die Gelbsucht soll er mir etwas verordnen. Schaffe ihn herbei, rasch!"

Reinhilde ist ratlos. „Niemand weiß, wo er gerade Tannenbrüche schneidet, es ist kein Gesinde auf dem Hof außer dem Stallknecht, der das Vieh versorgt, und einer Magd."

Porcius Rufus wird gehässig.

„Für einen Offizier der Legion hast du keine Zeit —, aber dem Verfemten dort widmest du, wie ich sehe, eine blumenreiche Stunde.

Hat sich am Ende beim Schanzen eine Herzkrankheit geholt, die nur du heilen kannst? Aber fürchte nichts, wir werden die richtige Pferdekur bei ihm anwenden."

Er klatscht seinem Roß auf den Hals und reitet erbost weg.

Reinhilde kommt langsam zurück, auch die Magd schleppt nun einen Korb mit frischen Margeriten herbei; es ist gut, daß Porcius Rufus es nicht mehr beobachtet.

„Was hat er wissen wollen?" forscht Viktor.

Reinhilde sieht ihn angstvoll an.

„Ich fürchte, er kann dich nicht leiden."

Viktor lächelt.

„Nein, Zuneigung verbindet uns gerade nicht! Aber du siehst, er ist ein kranker Mann."

Sein erstes Wort über Rufus ist eine Entschuldigung. Das paßt zu Viktor. Sie lächelt ihn an, nein, sie wird dessen boshafte Worte nicht wiederholen.

„Ob es nicht besser wäre, du hilfst ihm jetzt, den Schäfer zu suchen?"

„Wenn du mir Hinweise gibst, wo ich ihn finden kann."

Sie greift in ihre Schürzentasche.

„Hier —, damit pfeifen wir dreimal, wenn dem Hof irgendeine Gefahr droht —, unser Geheimzeichen. Wenn Kort das hört, läßt er alles im Stich."

„Und weshalb hast du das nicht dem Rufus verraten?"

Die Grübchen in ihren Wangen werden noch tiefer.

„So etwas kann man doch nur jemandem anvertrauen, der unserer Familie sehr nahesteht."

Er nimmt die kleine Weidenholzpfeife entgegen wie ein großes Geschenk.

„Danke, Reinhilde. Wenn ich sie wieder abliefere, werde ich deinen Vater vielleicht fragen, ob ich deiner Familie einmal sehr nahestehen darf."

Die Verwirrung in ihren Augen läßt ihm ein heißes Glück über das Herz schauern. Lachend grüßt er zum Abschied militärisch.

Dann holt er sein Pferd von der Koppel.

Singend reitet er wieder vom Hof. Es ist diesmal kein Soldatenlied und kein Psalm. Sein Herz erfindet Worte, seine Seele die Melodie.

Nach einer Viertelstunde hat er Schäfer Kort gefunden

und schickt ihn dem Kommandanten der Tricesimae nach. Es ist so gut wie sicher, ein Mensch wie der folgt nur der Heerstraße.

„Und deswegen pfeifst du mich herbei?" fragte der alte Schäfer erbost, „warte, dem werde ich etwas geben, daß er nicht wiederkommt."

„Kort — ich bitte dich —, er ist ernstlich krank. Seine Galle . . ."

„Eben! Schafsläuse, das einzige Mittel!"

„Was?!"

„Ja, plattgedrückt in heißer Milch, jeden Morgen drei. Nach einer Woche ist er tot vor Ekel oder gesund."

Viktor hat verstanden, allgemach gewöhnt er sich an den Dialekt. Er lacht, daß es ihn schüttelt.

„Und mir hast du nichts zu verordnen, Kort?"

Da wird der alte Schäfer sehr ernst, er kommt nahe heran, greift dem Pferd in die Zügel.

„Laß es dir eine Warnung sein, Centurio —, ich kann viel. Aber tote Männer wieder lebendig machen, das kann ich nicht. Lebwohl!"

Damit läßt er ihn stehen und läuft eilig den Waldweg zur Heerstraße hinab. Zur rechten Zeit können auch Warnungen Medizin sein. Lange blickt ihm Viktor nach.

Wahrhaftig, ein seltsamer Tag, — strahlend schön und voll eigentümlicher Fügungen. Das Mädchen arbeitete an einem Totenkranz —, und der Schäfer . . .

Er schüttelt den Gedanken ab. Er ist jung und sehr lebendig! Und wenn seine Hände noch mehr blutunterlaufene Schwielen hätten, er wird sicher nicht beim Schanzen eines Tages tot umfallen. So ein Sonntag gibt einem für sechs Tage Kraft. Er hat wahrhaftig nicht notwendig, auf den Tod vorbereitet zu werden.

Aber er reitet doch nachdenklicher heim, als er gekommen ist. — Porcius Rufus hat wirklich nach acht Tagen seine Gelbsucht verloren. Niemand weiß, ob das allein auf die Medizin des Schäfers zurückzuführen ist.

Vielleicht hat es einen anderen Grund. Er ist anscheinend in der Gunst des Legaten wieder gestiegen. Asinius Crassus hat ihn zu einer längeren Aussprache in den Palast befohlen und sehr menschlich mit ihm geredet. Alles wollte er wissen, auch das Letzte, was ihm aus dem Privatleben des Kohortenführers bekannt wurde.

Nun, Rufus wußte mit allerlei aufzuwarten!

Das Bild des Primipilus Viktor rundet sich vor dem Legaten ab. Der Haß hat es gezeichnet. Er hat jenen Bericht sehr sorgfältig studiert, und ebenso aufmerksam überprüft er den letzten Heeresbericht, den der Postbote aus Augusta Treverorum heute morgen überbrachte:

Abschrift eines Geschichtsberichtes des Ammianus Marcellinus, der den Kaiser auch auf diesem Feldzug wieder begleitet, getreu Tagebuch führend über dessen Taten, die ihn einmal unsterblich machen werden.

Der Legat sieht den Legionsoffizier aus seinen kleinen fettgepolsterten Augen blinzelnd an.

„Nach all diesen Meldungen, Rufus, erschiene es dir da nicht angebracht, in der Truppe die Begeisterung für den Kaiser wieder einmal gehörig aufleben zu lassen?"

Rufus reckt den Kopf.

„Wir haben jeden Abend beim Appell Kaiserehrung vor der Standarte."

Der Legat winkt ab.

„So etwas wird Gewohnheit. Die Menschen rüttelt nur das Außergewöhnliche auf. Gerade wir im Norden hier dürfen uns nicht auf den Lorbeeren des Kaisers ausruhen.

Ich denke an eine öffentliche Veranstaltung in Traiana — vor versammelter Bürgerschaft."

Porcius Rufus wird eifrig. So etwas liegt ihm sehr. In Paradeuniform vor der Front der Legion einherzureiten und ...

„Ich werde den Heeresbericht persönlich verlesen", wehrt der Legat ab, „dir fehlt die rhetorische Schulung, das weißt du."

Das noch immer etwas gelbliche Gesicht des alten Offiziers wird sauer. Natürlich behält sich der Legat das Wirkungsvollste für die Feier vor, aber jetzt lächelt er honigsüß. „Auch dir bleibt eine ehrenvolle Aufgabe, Porcius! Wir halten die Feierstunde auf dem Marsplatz vor dem Tempel des Kriegsgottes.

Du wirst im Namen der Legion zwei weiße Stiere als Dankopfer zu Ehren des Mars darbringen lassen und ein gemeinsames Gebet für den Augustus sprechen. Ich überlasse es dir, den Text zusammenzustellen.

Nur eines: die Legion muß ein Mann und eine Stimme sein. Niemand darf sich ausschließen, verstanden?"

Porcius Rufus verkennt nicht den tückischen Unterton in der Stimme des Wohlbeleibten. Er zieht die Brauen hoch.

„Auch nicht die — Strafkohorte?"

Asinius Crassus Augen verschwinden hinter den Fettpolstern beim Grinsen.

„Um die geht es mir gerade. Du stellst sie vornhin, gesondert, damit sie vom Volk gut zu beobachten sind. Alles weitere braucht dich nicht zu kümmern. Die Verantwortung trage ja ich."

Sie blicken sich an — er hat begriffen.

Porcius Rufus steht auf, sein Gesicht wird faltig im Lachen.

„Dank für die Ehre, Legat. Ich hoffe, dich als Stellvertreter Seiner Majestät zufriedenzustellen. Und wann..."

Der Legat macht eine Handbewegung.

„Uns Römern sagt man in allem Schnelligkeit nach. Wir müssen diese günstigen Meldungen nutzen, du weißt, das Schicksal ist launisch. In zwei Wochen spätestens."

Porcius Rufus erstarrt.

Was wird das für einen Tanz geben —, ein Götterfest aus dem Boden zu stampfen, ein Stadtfest, ein Legionsfest! Der Schweiß bricht ihm aus. Aber er hat ja Leute genug zur Verfügung.

Hastig verbeugt er sich, den schriftlichen Befehl in Händen. Er wird beweisen, wozu die ‚alten Knochen' der Tricesimae noch zu gebrauchen sind. Nun muß sich ein stolzer Nacken beugen — oder brechen.

*

Auf rotausgeschlagener Tribüne leuchtet der dicke Mann in blendend weißer Toga, die der Purpurstreifen wie eine schmale Blutspur umläuft! Er steht in der prallen Sonne unter wolkenlosem Himmel, er schwitzt, überwindet aber heroisch alle Anstrengung.

Vom Blatt verliest er den Heeresbericht des Historikers — gekürzt natürlich für das ungeduldige gemeine Volk, das dort hinter dem Marsstandbild in dichten Reihen angetreten ist. Vor sich hat er die Legion, rechter Hand beiseite die Kohorte Viktors.

Aufmerksam folgen Soldaten und Bürger der Verlesung. Das hier geht alle an, obzwar der Bericht zwei Monate zurückdatiert ist. Er hatte einen weiten Weg zu machen.

Nachdem unsere Aufklärer meldeten, daß eine Reiterei Sapors II. über die Grenze gebrochen sei, vertraute der Augustus dem General Sebastianus, dem früheren Dux von Ägypten, eine Heeresmacht von dreißigtausend Mann an. Sie sollten über den Tigris stoßen, um sich dort mit dem Armenierkönig zu verbinden.

Gemeinsam mit ihm — so lautete der Befehl — sollten sie die fruchtbaren Gaue West-Mediens verwüsten, um dann zu uns zurückzuschwenken, in Assyrien Hilfe zu leisten.

Dieses Umgehungsmanöver sollte dazu beitragen, den Feind zu verwirren. Wir selbst schwenkten nach Süden und erreichten die Festung Kallinikum.

Hier opferten wir den Göttern. Sie sandten uns zum Dank mehrere Nomadenscheiche, welche dem Kaiser kniend eine goldene Krone übergaben und ihm als dem Herrn der Welt huldigten. Sie schlossen sich als wertvolle Verstärkung unserer Truppe an.

Inzwischen war auch unsere Flotte aus Samosata eingetroffen. Sie zählte allein Hunderte von Verpflegungsschiffen, dazu fünfzig Kampfgaleeren und die gleiche Zahl Pontons.

Nach Eilmarsch gelangten wir zur strategisch wichtigen Schlüsselposition Circesium, wo Euphrat und Chabur zusammenströmen. Der Kaiser ließ die Garnison um rund viertausend Mann verstärken.

Unter Mißachtung düsterer Orakelsprüche und ungünstiger Vorzeichen befahl unser siegreicher Feldherr die Überschreitung des Chabur, und wir drangen ins eigentliche Feindesland vor.

Auf dem jenseitigen Flußufer rief unser göttlicher Kaiser zum Appell; seine Ansprache an die Soldaten war von gewohntem, mitreißendem Schwung; wir waren bereit, selbst die Brücken hinter uns zu verbrennen, um uns jede Möglichkeit zum Rückzug zu nehmen." —

In diesem Augenblick wird der Legat von einem donnerähnlichen Getöse unterbrochen. Wenn Beifall zu erwarten war, dann bei dieser Stelle —, Porcius Rufus hob seinen Schild, und schon hämmern die Soldaten mit ihren erzbeschlagenen Schilden dröhnend auf die gebeugten Knie — Zeichen der höchsten Begeisterung!

Dies Niederbrennen der Brücken — spricht daraus nicht die ganze Kühnheit ihres Augustus? Auch die ehemalige Prätorianerkohorte zögert nicht, ihre spontane Zustimmung kundzutun. Sie sind Soldaten genug, die Unerschrockenheit des Kaisers zu würdigen. Endlich wird es still. Der Legat liest mit sich überschlagender Stimme weiter:

„Nun zog der Feldherr die Divisionen auseinander. Um Sapor II. den Anschein des Vormarsches einer erdrückenden Heeresmacht zu geben, ließ er die Legionen von vier Seiten her vorstoßen, über zehn Meilen weit sah man nichts als marschierende Truppen, der Cäsar sprengte bald an der Spitze, bald zur Seite, die Soldaten anfeuernd —, aber noch machten wir einen militärischen Spaziergang.

Fast kampflos besetzten wir Zaitha und die Insel Anatha (Anah) und besetzten Diakira (Hit).

Nach zwei Ruhetagen hatten wir hinter Ozagardana zum erstenmal Feindberührung mit den Persern.

Wir stürzten uns so überraschend auf die Vorhut, daß die Angriffslust des Hauptheeres erheblich abgekühlt wurde. Der Jubel über diesen glanzvollen Auftakt zum Kampf war beim Heere unbeschreiblich. Das von Hunderten von Kanälen durchzogene Land um Pirisabora (Ambar) wurde von uns genommen —, die Stadt selbst leistete den ersten schweren Widerstand.

Nach eintägiger Blockade stellten wir die Sturmgeschütze und Belagerungsmaschinen auf. Ein Sturmbockangriff ließ die Bewohner in die Zitadelle flüchten.

Julian befahl Bereitstellung des ‚Städteeroberers‘, er gilt als unser schwerstes Kampfgeschütz. Als die durch pausenlose Sturmangriffe zermürbten Bewohner allein sein gewaltiges Gerüst erblickten, entschlossen sie sich zur Unterwerfung.

Der Festungskommandant wurde an Stricken die Mauer herabgelassen und dem Kaiser vorgeführt."

Wieder rasselnder, dröhnender, minutenlanger Beifall! Der erste große Sieg! Pirisabora genommen, die bedeutende Perserfestung!

Auch die Bürger von Traiana lauschten mit ganzem Herzen, klatschten mit brennenden Gesichtern.

Gleich, wie einer zu Julian Apostata stehen mag — ein gewaltiger Feldherr, der ist er!

Der Legat wischt sich rasch in der Pause den Schweiß von den Backen. Nun kommt er zum Schluß:

„Der Kaiser schenkte dem Kommandanten das Leben. Wir machten gute Beute und längere Rast. Nun steht uns der schwerste Marsch durch Sumpfgelände bevor. Die Perser haben die Dämme durchstoßen, aber wir arbeiten bereits an Schlauchbooten und höhlen Palmen aus, um überzusetzen.

Es gibt kein Klima und keine Landschaft, die unser geliebter Herrscher nicht bezwingen würde —, die Überschreitung des Tigris — eine letzte Kraftprobe vor der Entscheidungsschlacht, steht noch bevor.

Der Kaiser läßt den Legionen in der Etappe sowie den Bürgern das ständige Opfergebet vor den Göttern empfehlen; er ist sicher, Mithras Helios wird seine Schicksalsbahn mit neuen Siegen krönen!

Berichter:

Ammianus Marcellinus,
Kaiserlicher Historiker."

Wieder kurz aufrauschender Beifall! Die Menschen werden müde vom Stehen in der Sonne, die Feier muß zu ihrem Höhepunkt kommen, der Legat wendet sich zur Ehrentribüne, wo der Präfekt und Prokonsul sitzt, ebenso die Stadtväter und Diana, die Gattin des Legaten. Jetzt gibt der Konsul den Hütern des Kaiserkults das Zeichen.

In ihre priesterlichen Gewänder gekleidet, erheben sich die Seviri Augustales und bereiten das Opfer für Mars vor. Sie treten zur Marssäule, schwingen ihre Weihrauchfässer und bringen dann die bekränzten weißen Stiere langsam heran.

Es wird still in der Runde.

Blitzend fährt das Messer den Tieren in den Hals —, dumpfes Gebrüll, hochaufschießendes Blut. —

Porcius Rufus gibt der Legion das Zeichen: ‚Auf die Knie zum Gebet!'

Rasselnd sinken die Soldaten in die Knie — laut betet der Offizier vor

„Dir, o Lenker der Schlachten und Kriege, göttlicher Mars, sei dies Opfer dargebracht im Namen der Legion und des Volkes für seine Majestät den Augustus und Kaiser des römischen Imperiums, Julian."

Er stockt.

Die Kohorte Viktors steht, ihre Schilde unbewegt vor der Brust, statt auf den Knien zu liegen.

Einen Moment lang sieht er rot, so braust ihm das Blut in den Schläfen — er hebt die Lanze. —

„Knien!"

Viktor gibt seinerseits das Gegenkommando:

„Kohorte — rechtsum — kehrt!"

Exakt folgen die Männer. Wahrhaftig, sie drehen dem Götterbild den Rücken.

Schweigen —, erstarrte Stille, dann Murmeln beim Volk, aufkommendes Gelächter.

Der Legat selbst geht in seiner weißen Toga erregt über den Platz, vorüber an den Opferpriestern, die so tun, als ob sie den peinlichen Zwischenfall nicht bemerkten, vorüber an dem wutschnaubenden Legionsoffizier, jetzt macht er vor Viktor halt.

„Verweigerst du das Gebet für den Kaiser?" schreit er. Es schallt weit über den totenstill gewordenen Platz.

Viktor, ruhig, aber laut:

„Nein, ich verweigere nur das Gebet zu einem Götzen."

Der Legat wird weiß wie seine Toga.

Er gibt Porcius Rufus einen Wink.

„Arretieren!"

Sofort treten zwei Unteroffiziere zu Viktor, schlagen ihm den Schild aus der Hand, fesseln ihn. Er leistet keinerlei Widerstand.

Der Legat befiehlt:

„Die Kohorte unter doppelter Bewachung in die Kasernen!"

Mit militärischer Exaktheit tritt eine Doppelreihe Soldaten aus der Tricesimae vor, schließt die Kohorte ein, sie marschieren ab.

Viktor wird quer über den Platz geführt zum Legaten-
palast. Auf der Ehrentribüne beugt sich Diana weit vor.
Ihr Vater legt kurz seine Hand über ihre. Sie schließt die
Augen.

Nein, kein Wort mehr für seine Rettung! Er hat sie von
sich gestoßen, um nachher einem einfältigen sugambrischen
Bauernmädchen nachzulaufen, der Legionsoffizier hat es
berichtet. Eine Germanin zieht er der Römerin vor. — So
soll sich sein Schicksal vollenden! —

Beim Volk bewegte Unruhe —, es scheint fast, als wollte
man gegen Viktors Verhaftung protestieren. — Wahrhaftig, sie warten die Opferhandlung kaum ab, drängen zur
Via praetoria, zum Palast — der Pöbel, der wirre Sklaven-
haufen! Dort warten sie unter den Galerien und im Säulengang. Es fehlt noch, daß sie in Sprechchören die Freilassung des unerschrockenen Rebellen fordern —, überall
finstere Gesichter, drohende Fäuste!

Der Präfekt bahnt sich mühsam einen Weg durch die er-
regte Menge.

Gibt es schon so viele Christen in Traiana —, oder was
ist los? Sind die Sympathien auf seiten der Verbannten?
Jetzt wird der Bruch zwischen Bürgerschaft und Beamten-
schaft klar. Der Prokonsul empfand ihn nie so scharf.

Er spürt, daß sie eine Erklärung erwarten. Die halbe
Stadt ist ja versammelt. Auf den Stufen zum Atrium wendet er sich um.

„Ich werde alles tun, die Freilassung des Kohortenführers zu veranlassen", sagt er knapp, aber das ist das einzige
Zugeständnis, das er sich abringen kann. Er ist nicht der
Mann, zum Volk zu reden. Eine Mauer von Einsamkeit
umgibt ihn. Eilig läßt er sich beim Legaten melden.

Er kommt rechtzeitig, Viktor steht noch gefesselt vor

dem Stellvertreter des Kaisers, aber hocherhobenen Hauptes. Er schweigt. Umso lauter redet der Legat auf ihn ein:

„Du hast die Staatsbeamten des Kaisers verhöhnt. — Damit beleidigst du den Augustus selbst. Wir veranlaßten das Stieropfer nicht als Privatleute, sondern als Vertreter der Regierung, im Namen des Volkes.

Daher ist es Aufruhr, was du stiftest, wenn du die Teilhabe an Opfer und Gebet verweigerst. Hast du das begriffen?"

Viktor sagt laut:

„Ich protestiere, das ist falsche Auslegung."

Der Legat schluckt trocken.

„Du wagst mir Irrtum und Verdrehung vorzuwerfen? Weißt du im Codex Bescheid, oder ich?"

Der Prokonsul tritt an seine Seite, ebenfalls in Amtstracht. Er winkt dem Legaten Schweigen und richtet nur eine Frage an den Rebellen:

„Wärest du bereit gewesen, in der Öffentlichkeit für den Kaiser zu beten —, zu deinem eigenen Gott, den du verehrst?" —

Viktor blickt ihn hell an:

„Jawohl, mein Konsul —, jederzeit!"

Der Präfekt winkt den Bewachungsmannschaften:

„Löst die Fesseln!"

Der Legat steht auf, vergißt seine Würde, vergißt, daß es unbedingt die Einheit der höchsten Regierungsstelle von Traiana zu wahren gilt, und brüllt:

„Nein! Dieser Mann hat Hochverrat begangen und ist des Todes schuldig!"

Der Präfekt kalt:

„Den juristischen Beweis dafür hast du mir erst zu erbringen. Ich bin hier die höchste Autorität und befehle die.

sofortige Freilassung Viktors und Abzug der Bewachung von den Kasernen."

Die Soldaten gehorchen. Viktors Hände werden wieder frei. Ohne seinen Triumph vor dem Legaten zu nutzen, spricht er jetzt eine unerhörte Bitte aus:

„Mein Konsul, ich bitte dich, daß ich erst bei Einbruch der Dunkelheit den Weg zum Lager nehmen darf —, wegen der Volksmenge."

Der Präfekt begreift nicht sofort, dann packt ihn Bewunderung. „Soll ich dieses so verstehen, daß du das Ansehen der kaiserlichen Behörde wahren möchtest?"

„Genauso, mein Konsul!"

„Gut! Halte dich solange im Atrium auf, bis sich die Menge verlaufen hat. Ich werde ihr deine Freilassung verkündigen, ohne daß du selbst dich zeigst."

Viktor grüßt und geht.

Der Legat hängt erschöpft in seinem Stuhl.

Der Präfekt zuckt die Achseln.

„Tut mir leid, Asinius, diesmal mußte ich dir entgegenhandeln. Du warst im Begriff, ungerecht zu urteilen, und Schlimmeres kannst du gerade jetzt dem Ansehen des Kaisers nicht antun."

Der Legat hebt den Kopf —, er, ausgerechnet er als Feind des Kaisers? Er wird unsicher, die brodelnde Wut erstickt er im Herzen.

„Was sagst du da? Siehst du nicht, wie ich unentwegt am Werk bin, das Ansehen des schwer kämpfenden Heeres und seines Imperators zu stärken?"

„Ich sehe nur, wie du blind auf die Vernichtung eines Mannes zielst, der den Kaiser in keiner Weise beleidigen wollte."

„Er hat das Marsopfer verweigert!"

„Mit gutem Recht. Es gibt kein kaiserliches Edikt mehr, nach dem man Christen zwingen könnte, an Götterkulten teilzunehmen. Es gibt keine einzige Verurteilung mehr deswegen im ganzen Imperium. Hüte dich, da eine Ausnahme zu machen."

Der Legat brütet vor sich hin. Ein Schlag ins Leere —, und zudem neue Schmach für ihn —, diesmal vor allem Volk. Zum Rasendwerden!

„Was müßte deiner Meinung nach denn noch geschehen, ehe man dem Kohortenführer den Prozeß machen könnte?"

Der Präfekt lächelt kalt.

„Eindeutige Weigerung, den Kaiser als höchste Macht des Staates anzuerkennen — umstürzlerische Ideen —, kurzweg Aufstand gegen die Person seines einstigen Cäsars. Und dazu wirst du Viktor nie hinreißen können."

„Es darf also jedermann die Götter ungestraft beleidigen. — Wir sind weit gekommen!"

„Viktor hat keine Götzentempel einreißen lassen und das Bild des Mars auch nicht öffentlich verunehrt. Er hat nur die Teilnahme am Kult verweigert. Du hörst es ja —, er selbst sagte, er sei jederzeit bereit, für den Kaiser nach seiner Weise zu beten —, was kannst du mehr von einem Christen verlangen?"

Der Legat mit verzerrtem Lächeln:

„Mir scheint, er hat dich fast schon für die Sache des Christentums gewonnen! Wenn das Mode wird, steht der Kaiser mit seinen Ideen allein."

Der Prokonsul will antworten — da stockt er. — Von draußen kommen nun wirklich Sprechchöre:

„Viktor — Viktor soll freigelassen werden!"

Der Legat lacht höhnisch.

„Da hast du die Schreier auf seiner Seite. Wir sind

schwächliche Hüter des Staates geworden, wenn wir dulden, daß sie Partei nehmen dürfen für Aufständische und Verbannte."

Der Präfekt hebt den Kopf, sein Gesicht ist ernst.

„Ich werde es ihnen klarmachen, wo hier die Grenzen sind, für beide Parteien."

Er geht hinaus, tritt auf die Galerie —, sofort wird es still da unten, nur noch unterdrücktes Murmeln.

„Männer von Traiana..." Seine Stimme klingt trocken und hart. „Was ich versprach, habe ich gehalten. Viktor ist frei. Vergeßt aber eines nicht: Dieser Mann kam als Verbannter des Cäsars hierher. Der Kaiser hat über sein Schicksal noch nicht entschieden. Sollte der Imperator aus dem Kriege siegreich heimkehren, so ist es sehr fraglich, welche Stellung Seine Majestät zu diesen Vorfällen nehmen wird. Ich habe euch gewarnt. Es ist bekannt, der Kaiser zielt auf schärfste Unterdrückung christlicher Versuche, seine Politik zu beeinflussen. Er wird auch nach dem Siege seine Beamtenstellen so besetzen, daß seine eigenen Pläne, das Imperium zu formen, keinen Schaden leiden. Seht zu, nicht als Widersacher Seiner Majestät befunden zu werden! Sieg und Ruhm für den Kaiser!"

Er wendet sich ab. Kein Beifall —, nichts. Die Menge schaut hinauf. Er muß lange warten, bis sie sich zerstreut.

Erst als der Mond langsam über den Rhein wandert, kehrt der Kohortenführer, begleitet von einem Soldaten der Tricesimae, nach dem Lager am Vorstenberg zurück.

Der Legat sitzt beim Öllicht bis in die tiefe Nacht und blättert in vergilbten Pergamenten. Es ist nicht einfach, bis in die Zeit des Diokletian zurückzuforschen, sämtliche Edikte aus blutigen Christenverfolgungen zu studieren. Die Rußtinte ist schwach geworden, das Papier brüchig, und die Lampe qualmt. Seine Augen tränen. Ab und zu greift er zum Pokal und tut einen langen Zug. Je mehr er studiert, umso griesgrämiger wird sein Gesicht.

Der Präfekt hat leider recht. Konstantin hat alles außer Kraft setzen lassen, was ihm irgendeine Handhabe in diesem verzwickten Falle bieten könnte. Und die Kanzlei von Traiana ist nicht sehr umfangreich.

Niemand darf beobachten, wie er sie in dieser Nacht von oben nach unten kehren läßt. Beim Morgengrauen läutet er übernächtigt dem Schreibersklaven, der die Pergamentrollen wieder wegzuschleppen hat.

„Hast du mir auch alles gebracht, was vorhanden ist, Sixtus?"

„Alles, Legat!"

Der Sklave fällt fast über seine Füße, aber er hat natürlich trotzdem noch eine Hand frei, ein Geldstück aufzufangen, das ihm der Legat zuwirft, für's Schweigen. Nein, er greift daneben.

Der Legat gibt ihm einen Wink — laß, er braucht nicht die Akten nochmals abzuladen —, es ist eine gymnastische Übung nach all dem krummen Dasitzen, die Münze zu greifen.

Er streckt die Hand aus —, stockt plötzlich —, dann hebt er langsam, als habe er einen Schatz gefunden, das Geldstück gegen das Öllicht. Er dreht die Münze...

„He — Sixtus, wie liest du da?"

Der Sklave reckt den Kopf hinter den Aktenrollen mühsam her und buchstabiert die Umschriftung am Münzenrand:

„Divus — — ja, — Divus — et — — Imperator —."

Der Legat bekommt Schweinsaugen, sein Mund zieht sich von einem Ohr zum andern.

„Eine schöne Inschrift. — Weißt du, was sie bedeutet?"

Der Schreibersklave starrt ihn an, will der Legat ihn hochnehmen? Soviel versteht doch jedes Kind: ‚Gott und Kaiser' heißt das, Divus et Imperator.

„Bist du dir klar, Sixtus, ob dieser herrliche Titel für die kaiserliche Majestät noch nicht abgeschafft wurde?"

Sixtus strahlt, da kann er dem Legaten dienen.

„Niemals, mein Herr, ich habe ja bei allen amtlichen Abschriften in Staatssachen diesen Titel hinzuzufügen —, im Namen Julians, Divus et Imperator —, ich kann solche Schriftstücke zeigen."

Der Legat überlegt. „Das glaube ich, aber es beweist noch nichts endgültig, Kanzleien gebrauchen viel veraltete Redewendungen. Ich muß wissen, ob er juristisch verfechtbar ist..."

Er stockt. — Wie weit vergißt er sich? Er hat nur einen elenden Schreibersklaven vor sich. Der Legat besinnt sich. Noch steht der Kerl, beladen wie ein Esel mit Akten.

„Sixtus, bring sofort Tinte und Pergament. Ich muß einen Eilbrief aufgeben.

Noch ehe der erste Kurier Traiana verläßt, hast du ihn dem Postmeister auszuhändigen. Er soll die besten Pferde nehmen bis Augusta Treverorum. Ich brauche umgehenden Bescheid der dortigen Staatskanzlei. Sie ist hier maßgebend."

Der Sklave: „Und die Akten?"

„Weg damit in die Schränke, ordnen kannst du sie morgen. Du kommst sofort zurück, sofort, verstanden?"

„Jawohl, Herr!"

Der Sklave rennt, es sieht nicht schön aus, Sixtus hat krumme Beine vom vielen Sitzen, aber der Legat blickt ihm fast gerührt nach. Man soll doch nie sein gutes Herz verleugnen. Hätte er dem Fuchs nicht einen Denar zugeworfen und sich selbst gebückt —, niemals wäre er auf den Gedanken gekommen.

Diese Inschrift ist Goldes wert!

Da ist er schon wieder. Der Kerl muß geflogen sein.

„Ja, Herr?"

„Hock dich hin, jawohl, an mein Pult. Schreibe —, aber sei dir bewußt, daß dein Kopf keinen Denar mehr wert ist, wenn du das Maul nicht hältst, was den Inhalt betrifft, den ich diktiere!"

Sixtus duckt sich —, dann fliegt die Feder über das Pergament. — —

Nach dem Diktat steckt der Legat den Kopf in einen Kübel kalten Rheinwassers — er begrüßt seine Gattin am Morgen so fröhlich, als habe er ausgezeichnet geschlafen.

Das Leben ist für ihn wieder lebenswert geworden, auch wenn Diana den Grund dazu nicht ahnt. —

Jeden Morgen reitet Asinius Crassus den Rhein entlang und späht die Heerstraße hinab nach Süden, aber kein Postwagen weit und breit. Er opfert den Göttern —, denn er braucht bald Bescheid, man muß das Eisen schmieden, solange es heiß ist.

Noch kommen Siegesmeldungen von der Front. Eine einzige kaiserliche Niederlage könnte jetzt alles verderben. Das darf nicht sein!

Der Legat sprengt der Staubwolke entgegen, die eines Morgens gegen Anfang Juni aus südlicher Richtung heranweht —, richtig, der Postwagen mit zwei total abgehetzten Pferden, die fast nicht mehr weiter können.

Crassus will den Brief der Staatskanzlei haben. Aber er hat nicht mit römischer Verwaltungsordnung gerechnet. Der Bote hat Anweisung, den Brief zuerst dem Postmeister von Traiana auszuhändigen, danach dem Legaten. Weiß er, ob der dicke Mann dort auch der Legat ist?

Geheimsache! — Die gibt man nicht ohne Sicherung aus den Händen!

Asinius Crassus tobt —, umsonst.

Die römische Staatsmaschinerie arbeitet vorzüglich, es bleibt ihm nichts anderes übrig, als mit dem Postwagen nach Traiana zu reiten, den Brief amtlich beglaubigen zu lassen und ihn dann in Empfang zu nehmen.

Endlich!

Schon unterwegs reißt er das Siegel der Staatskanzlei Augusta Treverorum ab, entrollt das Blatt.

Eine nüchterne Abschrift mit kurzem Begleitwort:

Jawohl, der alte Titel ‚Divus et Imperator‘ ist noch rechtskräftig im juristischen Vollsinn; eine alte Ehrenbezeichnung der Cäsaren. Selbst Konstantius wurde nachweislich noch durch Julian selbst unter die Götter erhoben. Niemand hat den Titel abgeschafft, auch nicht die christenfreundlichen Kaiser —, es muß einfach vergessen worden sein. —

Keiner weiß, ob Julian noch Wert auf ihn legt, aber juristisch ist er unanfechtbar. Das genügt.

Es trifft sich ausgezeichnet, daß die Legionssoldaten von Tricesimae ein paar Tage weiter — Mitte Juni — vor dem Aushang einer Heeresmeldung stehen, die mit ungeheurer Schnelligkeit per Schiff und per Roß verbreitet wurde:

„Soeben haben römische Heere den Tigris überschritten! Surena, der persische Kronfeldherr, erwartete uns am linken Flußufer mit einem gewaltigen Heere, verstärkt durch berittene Abteilungen und Schlachten-Elefanten.

Unser glorreicher Kaiser gebrauchte eine List, Sapor II.

zu täuschen. Er ließ ein Pferderennen vor den Befesti-
gungswällen der Perser veranstalten, als habe er Entspan-
nung, statt Angriff im Sinne.

In der gleichen Nacht ordnete Julian jedoch die Überquerung des Tigris mit fünf Galeeren an. Als wir das
linke Ufer besetzen wollten, brach der Gegensturm los;
die Perser warfen brennende Fackeln in die Schiffe. Nur
der Geistesgegenwart des Kaisers, der ausrufen ließ, diese
Lichter seien Signale zur Landung, rettete die Situation,
so daß auch die restliche Flotte nachfolgte.

Die Perser warfen uns Panzerreiter und bewaffnete
Elefanten entgegen, aber wir trieben sie unter Trompeten-
geschmetter nach Ktesiphon zurück.

Ohne Zweifel wird die Entscheidungsschlacht in Kürze
hier geschlagen werden. Der Kaiser hält Kriegsrat."

Die Begeisterung der Soldaten ist unbeschreiblich.

Immer wieder lesen sie den kurzen Text, sprechen ihn
gestikulierend durch, erwägen die Angriffsmöglichkeiten,
streiten erbittert um ihre Meinung, sie reißen das Volk mit.

Sieg oder Niederlage — Ktesiphon ist die Hauptfeste
Persiens! Niemand soll an einen zu leichten Sieg glauben.

Kriegsrat, das bedeutet doch alles! So eine Stadt ist
nicht im Sturm zu nehmen. Was?

Halbidioten — seht ihr denn nicht, daß sie schon halb
genommen ist? Sogar die Elefanten richteten nichts aus!

Aber die Orakel? Es ist durchgesickert, daß alle Orakel
den Herrscher warnten, ungünstige Zeichen ihn begleite-
ten! Von zehn Stieren, die er dem Mars opfern wollte,
krepierten neun. Ach, was sollen Orakel und Zeichen! Der
Kaiser ist stärker als die Götter! Er ist selbst Gott!

Das Signal für den Legaten. So weit hat er die Stimmung gerade haben wollen!

Die Begeisterung siedet nicht, sie kocht über! Kein echter Römer, der jetzt nicht außer sich geriete.

In diese Stimmung hinein befiehlt Asinius Crassus die Legion und die Kohorte zum Amphitheater von Bertunum. Nein, nicht in die große Staatsarena bei Traiana, sondern in die eigens für Truppenveranstaltungen errichtete Arena beim ehemaligen Lager Vetera. Kaiserehrung! Niemand darf fehlen.

Diesmal keine Zuschauer aus dem Volk, die Partei nehmen könnten, es ist eine rein militärische Angelegenheit! Daher hat sie aber auch für die Soldaten erhöhte Bedeutung.

Der Prokonsul bekam in aller Eile Nachricht von der beabsichtigten Feier; er muß eine wichtige Sitzung mit den Decurionen unterbrechen, um ehrenhalber daran teilnehmen zu können.

Schon eine halbe Stunde vor dem Appell sind die Sitzstufen dicht besetzt, einige Abteilungen müssen sogar unter den Eichen droben stehen, in Viererreihen.

Drunten ist in aller Eile inmitten des Runds ein Kaiserbildnis aufgestellt worden, die Regimentsstandarten zur Rechten und Linken. Die Seviri Augustales sind so rasch gerannt, daß sie fast ihre kultischen Gewänder verloren; aufgeregt nesteln sie hinter den Bäumen an ihrer Kleidung und entzünden mit bebenden Fingern die Weihrauchbecken.

Keine strahlende Sonne wie beim Marsopfer, der Himmel ist trüb bedeckt, lastend grau, man glaubt im tiefliegenden Theaterrund kaum Luft zu bekommen; daher haben die Legionäre schon um die höheren Ränge gestritten.

Die Kohorte Viktors, welche zuletzt einmarschiert,

muß sich mit dem untersten Gradus begnügen, — aber das kann auch Absicht des Porcius Rufus gewesen sein, der die Ränge den einzelnen Abteilungen zuweist.

So — jetzt ist der letzte Mann angetreten!

Tubastöße gellen.

Der Legat —, diesmal in Legionsrüstung und Helm, quält seine Körpermassen die Ränge hinunter, betritt die Arena, stellt sich direkt vor das kaiserliche Standbild und grüßt in die Runde. Die Soldaten stehen auf und grüßen zurück, schlagen an die Schilde, Klirren läuft durch die atemlose Runde.

„Kameraden!

Ihr alle habt von dem glorreichen Sieg unseres göttlichen Kaisers vernommen. Wir sind hier zusammengekommen, diesmal nicht, um seinen Göttern ein Opfer zu bringen, sondern um ihn selbst, seine erhabene Person zu ehren —, und zwar ihm die höchsten Ehren zu erweisen, die einem Sterblichen zuteil werden können."

Der Legat spricht so aufgeregt, daß sein eigener Herzschlag ihm den Atem nimmt, er schnappt nach Luft, hastig fliegt sein Kopf hin und her.

Er steigert die Stimme in jene gefährlich hohen Lagen, da sie ihm überzuschlagen droht:

„Kameraden! — Ein uralter und heiliger Titel gebührt den Kaisern Romas seit altersher. — Wir wollen beweisen, daß er auch uns noch die überlieferte Bedeutung hat.

Divus et Imperator!

Wenn aber Divus, dann auch göttliche Verehrung für unseren geliebten und siegreichen Augustus. Beweisen wir jetzt unsere Ergebenheit gegen seine erhabene und unverletzliche Person, ehren wir unseren Gott und Herrscher Julian, indem wir seinem Standbild den Weihrauch streuen, nach dem bewährten Vorbild glorreicher Zeiten!"

Er wendet sich mit einer Handbewegung in die Runde:

„Zuerst die Vertreter der Staatsmacht und obersten Befehlshaber der Legion, der Legat und der Prokonsul; danach die Offiziere, zum Schluß die Mannschaften!"

Er dreht sich um, die Opferpriester zögern —, zu lange schon haben sie die alte Kaiserehrung nicht durchgeführt, beherrschen sie am Ende den feierlichen Ritus nicht mehr?

Der Legat reißt ihnen die Opferzange aus den Händen, bückt sich zur Weihrauchschale, wirft die ersten Körner in die schwelenden Becken und beugt lange sein Knie vor dem Kaiserstandbild, gesenkten Hauptes.

Langsam steigt der Prokonsul vom obersten Rang herab, fast widerwillig. Aber er darf sich dieser Zeremonie nicht entziehen, sein Ansehen, ja, sein Amt selbst, stünden auf dem Spiel.

Wortlos wirft er die Weihrauchkörner ins Feuer, beugt lässig das Knie und geht starr zur Seite.

„Die ersten Offiziere der Legion — vor!"

Porcius Rufus macht es besonders feierlich und umständlich, alle seine Orden und Auszeichnungen junger Jahre blitzen an ihren Schnüren auf der Brust. Lange senkt er den grauen Kopf.

Nacheinander treten die Offiziere der Tricesimae vor.

„Strafkohorte — antreten!" kommandiert der Legat.

Die Männer Viktors erheben sich, der Legat sieht es mit Genugtuung, stampfen in die Arena —, stillgestanden.

„Kohorte i s t angetreten!"

„Ehemaliger Kohortenführer —, opfert!"

Viktor tritt vor — wie still es auf einmal wird. Kerzengerade steht er vor dem Kaiserbild. Jetzt ruft er — laut:

„Kein Weihrauch für den Cäsar und Kaiser!"

Stille wie nach einem zündenden Blitz!

Dann Tosen, Schreien, Drohen, wildes Stampfen in der Runde!

Die Augen des Legaten funkeln, er tritt vor Viktor hin.

„Du verweigerst also dem Kaiser göttliche Verehrung?"

„Ich erkenne den Kaiser — nicht als Gott an!"

„Du sprichst ihm seinen Titel ‚Divus et Imperator' ab?"

„Jawohl! — Jede Staatsmacht, die sich vergötzt, ist reif für den Untergang!" schreit Viktor.

Der Legat triumphiert:

„Abführen! Der Mann ist des Todes!"

Sie brüllen auf den Rängen: „Pfui — pfui dem Kohortenführer! Verräter, — Rebell, — er ist des Todes schuldig!" —

Der Legat tritt vor die Kohorte: „Und ihr? Antreten zum Opfer!"

Die dreihundertunddreißig Mann werden eine Stimme:

„Kein Weihrauch für den Kaiser!" wiederholen sie.

Tumult auf den Rängen.

„Nieder mit der Verbrecher-Kohorte! Zum Orkus mit den Aufrührern!"

Die Schilde dröhnen aneinander.

Der Legat gibt kurze Kommandos —, schneller noch als damals auf dem Marsplatz von Tricesimae ist die Kohorte umstellt.

„Entwaffnung!"

Schilde und Waffen werden ihnen entrissen.

„Abführen in die Keller der Kommandantur."

Diese Keller, verwahrloste Gewölbe unter den Kasernenbauten der Tricesimae, sind berüchtigte Gefangenenlager für Sklaven nach Kriegszügen.

Der Legat befiehlt eine Gruppe hoher Legionsoffiziere zu sich, die übrigen haben die Weihezeremonie vor dem Kaiserstandbild weiter zu überwachen.

Auch der Prokonsul und Präfekt gesellt sich zum Militärrat, der in aller Eile zum Tribunal in der Kommandantur zusammentritt. Ein militärisches Standgericht über die Aufsässigen steht bevor. Diesmal kann Clemens Severus Publius kaum etwas für Viktor tun, er weiß es. Aber noch liegt keine geringe Macht bei ihm!

Viktor wird gefesselt in Gewahrsam gehalten, irgendwo im Vorraum.

Die Militärtribunen besprechen den Fall kurz miteinander.

Gegen die eindeutige Auslegung kann der Präfekt nicht an —, sie erkennen einmütig auf Beleidigung der kaiserlichen Majestät, Verhöhnung des erhabenen Titels und das Schlimmste: Anstiftung zur Revolte durch Viktors verwegenen Ausspruch, jede Staatsmacht, die sich vergötze, sei reif für den Untergang.

Der Präfekt lenkt ein. — Man müsse erst feststellen, wie das gemeint gewesen sei, auf jeden Fall bestehe er darauf, den Angeklagten zum Verhör zu befehlen.

Die Offiziere halten den Tatbestand für eindeutig genug, ihn auch ohne dies abzuurteilen, doch macht der Präfekt auf die alte römische Rechtsgebung aufmerksam, nach der niemand ohne Verhör und Gelegenheit zur Rechtfertigung hingerichtet werden darf, am wenigsten ein römischer Bürger und Offizier.

Nach einigem Hin und Her und scharfen Auseinandersetzungen wird Viktor vorgelassen —, gefesselt, die Hände auf dem Rücken.

Er sieht nicht aus, als sei er gedemütigt worden.

Der Legat: „Ehemaliger Primipilus Viktor, Kohortenführer der Verbanntentruppe, bist du dir bewußt, im Namen der Kohorte auszusagen?"

„Jawohl, dessen bin ich mir bewußt."

Der Legat lehnt sich zurück, gibt dem 1. Legionsoffizier Porcius Rufus einen Wink, der dann die Anklage verliest.

Der Legat: „Erkennst du dich des Hochverrats schuldig?"

Viktor: „Nein!"

Das ist die Höhe!

Sie haben doch alle seine Weigerung gehört, seinen verwegenen Ausspruch vernommen. Das Blut steigt dem dicken Mann zu Kopf, er ballt die Faust.

„Gibst du zu, daß du das Opfer für den göttlichen Cäsar verweigert hast?"

„Jawohl, ich gebe es zu, und ich würde das täglich so machen."

Die Richter sehen sich an.

„Warst du dir bewußt, daß der Titel ‚Divus et Imperator' auf das Wesen und die Person seines Trägers deutet?"

Viktor nach kleinem Zögern:

„Es ist ein von Menschen verliehener Titel, der die Person des Trägers nicht verändern kann. Der Kaiser ist nicht Divus, sondern rein menschlicher Natur wie wir."

Der Legat lacht höhnisch.

„Ein Konzil von Nicäa im Kleinen. Darauf lasse ich mich nicht ein. Wer den erhabenen Titel Divus verletzt, der opponiert auch gegen die Person des Imperators. Du bist ein Rebell!"

Ehe Viktor entgegnen kann, steht der Präfekt auf.

„Halt —, es wäre erst einmal festzustellen, welchen Wert der Kaiser selbst diesem veralteten Titel zumißt. Ist jemandem unter den Anwesenden bekannt, ob der Kaiser schon zur Cäsarenzeit oder später Wert auf die Beibehaltung dieses Titels legte?"

Schweigen, dann meldet sich einer der älteren Offiziere. „Präfekt, mir ist bekanntgeworden, daß der Kaiser sich einmal über die willkürliche Erhebung verstorbener Cäsaren in den göttlichen Stand lustig gemacht haben soll. Beim Wein soll er gesagt haben, die Seviri Augustales machten heutzutage Götter, wie die Fabriken Puppen herstellen."

Der Konsul verkneift ein Lächeln.

„Aber er hat selbst nicht gezögert, Konstantius nach seinem Ableben die Apotheose zusprechen zu lassen!" fährt der Legat auf.

Der Präfekt sieht Viktor an.

„Du mußt zu jener Zeit mit ihm in Konstantinopel gewesen sein."

„Ja, wir wurden zur Götterverehrung befohlen, und wir weigerten uns, daran teilzunehmen, wie heute. Ich gab sogar Seiner Majestät die gleiche Antwort wie heute."

Gelächter.

„Lüge! Dann ständest du heute nicht mehr vor uns!"

Der Legat schreit: „Unerhörte Dreistigkeit! Der Kaiser würde den Frechling vernichtet haben."

Viktor: „Beweise mir, daß ich lüge! Rufe einen meiner Leute, die an der Weigerung teilnahmen, und du wirst erfahren, ob ich die Wahrheit rede!"

Der Präfekt befiehlt Stille.

Er wendet sich dem Angeklagten zu.

„Was antwortete der Imperator auf deine Weigerung?"

Viktor mit kleinem Lächeln:

„Er sagte, daß auch er nicht an die Gottheit des Konstantius glaube, und wörtlich fügte er hinzu: ‚Es kann mir gleich sein, was du einem Toten verweigerst, wenn du nur dem Lebenden Gefolgschaft leistest."

Der Präfekt zieht die Stirn kraus, diesen letzten Zusatz hätte Viktor besser für sich behalten. — Aber es spricht für die Ehrlichkeit der Aussage.

Der Legat packt zu:

„Aha —, auf die Verehrung des lebendigen göttlichen Kaisers kam es dem Augustus an —, niemand wird ihm verdenken, wenn er Konstantius, seinem Gegner, gleichgültig gegenüberstand. Du aber hast den lebenden Imperator geschmäht und verachtet."

„Ich habe ihm die göttliche Ehrung verweigert."

„Das ist dasselbe. Mein Herren, wir dürfen darauf verzichten, noch die Angehörigen der Kohorte zu verhören. Außerdem liegt jener Vorfall gute zwei Jahre zurück, er ereignete sich kurz nach Regierungsantritt Seiner erhabenen Majestät.

Inzwischen dürfte auch der Augustus selbst größeren Wert auf die Einhaltung der alten Titel und Ehrungen gelegt haben."

Porcius Rufus wirft ein:

„Ich gebe zu bedenken, dieser Kohortenführer fiel inzwischen auch beim Kaiser in Ungnade, die beiden Fälle können gar nicht miteinander verglichen werden. Es spricht für die Güte des Kaisers, wenn er ihm die erste Unverschämtheit nachsah, die zweite würde er nicht mehr hinnehmen."

Der Legat und die Tribunen:

„Sehr richtig! Viktor ist heute ein Verfemter. Der Kaiser schickte ihn hierher in Verbannung, zur Strafe für die Teilnahme an einem ersten Militäraufstand der Christen. Das sollte uns doch genügen."

Der Präfekt:

„Es geht immer noch um die Feststellung, ob der Kaiser Julian selbst sich als Gott verehren und anerkennen ließ. Viktor, du warst längere Zeit sein Begleiter —, auch in Antiochien. Hast du dort feststellen können, ob dem Herrscher göttliche Ehren erwiesen wurden?"

Es wird still.

Viktor nach kurzem Besinnen:

„Jawohl —, er nahm solche Ehrungen und selbst Opfer von der rein heidnischen Bevölkerung entgegen."

Der Präfekt beißt sich auf die Lippen. Ist der Mann so töricht, sich selbst hereinzureißen?

Er versucht rasch einen Gegenzug:

„Ich will es anders formulieren: Hat er nur die Huldigungen des einfältigen Volkes geduldet oder auch Anbetungsopfer durch Gelehrte und Priesterschaft?"

Die dunklen Augen des Konsuls bohren sich fast beschwörend in den hellen, kühlen Blick des Angeklagten. Wenn er doch jetzt seine Chance merken würde —, eine einzige Abschwächung. —

Viktor antwortet klar:

„Ja, auch die Priester und Gelehrten riefen den Kaiser als ihren Gott aus. Der Rhetor Libanios aus Antiochia redete ihn öfter brieflich und mündlich mit ‚göttlicher Cäsar' an."

Der Präfekt setzt sich, entmutigt. Die Tribunen lachen, so ein Narr, dieser Kohortenführer, er ist noch dazu dumm!

„Da haben wir die Tatsache! Libanios ist eine vom Kaiser anerkannte Autorität, er hat ihm für seine Verdienste eigens den Titel eines Quaestors zuerkannt."

Der Legat: „Was brauchen wir Libanios und sein Zeugnis! Hier — ein Schreiben, das ich mir von Augusta Treverorum kommen ließ. Es bestätigt eindeutig, daß der Titel, um den es hier geht, noch seine alte juristische Vollkraft besitzt."

Der Präfekt verfärbt sich —, der Legat hat seinen Vernichtungsschlag ja gründlich vorbereitet. Nun weiß er, alles, was man zur Rettung Viktors vorbringen könnte, wird nichtig sein. Dieser Mann stürzt keinen Feind des Kaisers, sondern einen persönlichen Gegner.

Einer der Offiziere, es ist nicht einer der schlechtesten, spricht leiser zur Seite:

„Es ist doch bekannt, daß der Kaiser fest daran glaubt, der Geist Alexanders sei auf diesem Feldzug in ihm lebendig. Laßt ihn siegreich heimkehren, und er wird —, falls er je in diesem Glauben geschwankt hat —, gern annehmen, er sei ein Gott."

Unterdrücktes Gelächter. Es scheint, die Tribunen nehmen den Kaiser weniger ernst als der Angeklagte. Schon will der Legat zum letzten Schlag ausholen, da versucht der Präfekt noch etwas anderes.

Er erhebt sich erneut.

„Ich glaube doch, meine Herren, wir verlegten den Nachdruck auf die falsche Stelle. Viktor kämpfte von Anfang an, so sehe ich all seine bisherigen Delikte, um die Freiheit des Menschen, seine Gottheiten so zu verehren, wie es ihm gefällt. Und diese Freiheit wollte Julian ja gerade mit seinen Edikten erreichen. Toleranz für alle, meine Herren!"

Oho, kein ungeschickter Schachzug! Der Legat wirft ihm einen wütenden Blick zu. Juristische Spitzfindigkeiten, nein, der Prokonsul kramt sie vergeblich aus, sein Urteil steht fest.

Clemens Severus Publius redet den Angeklagten noch einmal an. „Du sprachst von einer Staatsmacht, die reif für den Untergang sei, weil sie sich vergötzt. Meintest du damit, es stehe dem Staat nicht an, in die privatesten Bereiche der Gottesverehrung seiner Untertanen einzugreifen?" —

Viktor überlegt, dann sagt er klar, während alle Augen auf ihn gerichtet sind:

„Ich glaube, daß jeder Staat —, wie immer er sich nennt —, seinen eigenen Untergang besiegelt, sobald er sich anmaßt, die Rechte und die Ehre des alleinigen Gottes anzutasten."

Der Legat bissig:

„Du fühlst dich als Freiheitsheld?"

Viktor: „Keineswegs. Aber eines ist sicher: Wo immer es unmöglich gemacht wird, Gott die gebührende Ehre zu erweisen, ist schon die Ehre des Menschen zunichte gemacht worden."

Der Präfekt rasch: „Seht doch —, dieser Mann kämpft für eine religiöse Idee —, nicht gegen des Kaisers Person!"

Der Legat, ebenso hitzig: „Ich frage dich, Viktor, sprichst du dem Kaiser persönlich auch das Recht ab, als Gott und Imperator dem Christentum Schranken aufzuerlegen oder es strafrechtlich zu verfolgen?"

Viktor mit großer Ruhe: „Jawohl, dies Recht des Kaisers bestreite ich aus innerstem Gewissen heraus."

Der Legat schlägt mit der flachen Hand knallend auf das Pult.

„Ex!"

Die Tribunen rufen durcheinander. „Er hat sein Urteil selbst besiegelt! Er tastet des Kaisers Rechtsprechung an! Alles Gerede ist unnütz. Der Mann ist und bleibt Rebell.

Wohin sollte es führen, würden seine Ideen Allgemeingut? Er muß vernichtet werden."

Der Legat erhebt sich:

„Meine Herren, als der Kaiser uns diesen Kohortenführer mit seiner Straftruppe sandte, gab er der Staatsgewalt die volle Befugnis, darüber zu wachen, daß es ihm unmöglich gemacht werde, irgendeinen Aufruhr gegen Seine Majestät anzuzetteln. Wir erhielten die Pflicht, ihn daraufhin zu beobachten, ob er seinem Kaiser die gebührende Ehre erweise. Ihr habt nun selbst erlebt, wie er die äußere Ehrung verweigerte, darüber hinaus aufrührerische Ideen verbreitete, die geeignet wären, den Aufbau eines neuhellenistischen Imperiums entscheidend zu gefährden."

Er holt tief Luft.

„Wir erachten es daher als unsere dringlichste Aufgabe, uns so rasch wie möglich von der Gefahr des Aufstandes zu befreien. Auf Revolte und Rebellion setze ich nur eine Strafe: Tod! Ich bin überzeugt, der Kaiser würde das gleiche Strafmaß anwenden."

Der Legat reicht dem Präfekten mit einem eisigen Blick den Stab.

Das Tribunal einstimmig, sich erhebend:

„Tod für den Rebellen und seine Kohorte!"

Viktor steht unbewegt, erhobenen Hauptes.

Der Präfekt zögert, er ist bleich. — Noch einmal schaut er Viktor durchdringend an. — Wenn er jetzt widerriefe! — Nein!

Da bricht der Stab. Er kann nicht anders gegen den einmütigen Gerichtsbeschluß, ohne selbst als Aufrührer dazustehen.

Der Legat: „Du hast für die Kohorte gesprochen, so wird die Kohorte dein Schicksal teilen."

Er winkt der Wache.

„Abführen! — Einzelhaft für den Primipilus!"

Sobald Viktor hinaus ist, erregtes Stimmengewirr, die meisten Offiziere sind für ein Standgericht an Ort und Stelle; Militärtribunale pflegen doch immer kurzen Prozeß zu machen.

Aber der Legat hat seinen genauen Plan. Er verschafft sich Gehör.

Über das ganze Gesicht glänzend, steht er siegreich da.

Wo sollte die Hinrichtung stattfinden?

Auf offenem Felde von Bertunum? Die Bauernschaft würde sich auflehnen. In der kleinen Arena von Vetera?

„Wo sollten wir mit den Leichen hin? Ich mute unseren ehrenhaften Legionären keine erniedrigende Sklavenarbeit zu, die Kadaver von Gerichteten beiseitezuschaffen. — Bedenkt doch, dreihundertunddreißig Mann, — mit Viktor dreihunderteinunddreißig.

Das kann nur auf einer öffentlichen Hinrichtungsstätte geschehen, die wir hier nicht besitzen.

Der einzige geeignete Platz ist das Amphitheater von Traiana."

Die Tribunen starren ihn an. Sie setzen sich langsam —, fast verstört einige. Jetzt begreifen sie das ganze Ausmaß des verborgen schwelenden Hasses. Viktor war dafür bekannt, daß er blutige Gladiatorenspiele mied mit seiner Kohorte —, jetzt soll er selbst ein Schauspiel abgeben. Der Präfekt steht auf.

„Ich protestiere gegen die öffentliche Abschlachtung römischer Soldaten!"

Der Legat: „Im Gegenteil! Ich stimme mit Nachdruck dafür! Der Ruf und die Ehre des Kaisers stehen auf dem Spiel, nicht weniger. Schon hat der Aufrührer es vermocht, sich in Traiana und Bertunum Sympathien zu gewinnen. Sie müssen im Keime erstickt werden — wir brauchen auch für die Soldaten ein abschreckendes Beispiel. Jetzt darf dem Imperator, der mit seinen Legionen vor schwersten Entscheidungen steht, niemand aus der Etappe in den Rücken fallen."

Oh, er weiß seinen Antrag zu verteidigen. Er wird auf einmal zum geschickten Rhetor. Nach einer halben Stunde hat er auch die Widerstrebenden auf seiner Seite. Ja, er gibt sich sogar den Anschein von Ritterlichkeit und Pietät.

Nicht immer ist eine Arena nur Schauplatz für erniedrigende Kampfspiele; Ruhm und Ehre konnten dort erworben werden in herrlichen Wettkämpfen. Und was die andere Seite betrifft —, dort ist die ganze Anlage ausgezeichnet geeignet, auch ein paar hundert Leichen spurlos verschwinden zu lassen. Da sind die Carceres mit wilden Tieren! Kein Gebein braucht übrigzubleiben von der Kohorte; man hat auch die Paludes (Sümpfe) in der Nähe. Er macht sogar einen schlechten Witz:

„Wir Römer pflegen unsere Friedhöfe weit außerhalb der Mauern anzulegen —, und das Amphitheater liegt nun einmal weit vor den Toren Roms oder Konstantinopels. Die Welt wird davon nicht erschüttert werden, wenn eine aufständische Kohorte verschwindet."

Auch hier wird der Präfekt überstimmt —, er ist ohnedies durch den erzwungenen Urteilsspruch erbittert —, außerdem hat er eine letzte Hoffnung, die ihn hindert, ein krasses Nein auszusprechen: wie, wenn sich die Zuschauer auf den Tribünen plötzlich einmütig gegen die Hinrichtung Viktors und seiner Männer wenden würden?

Der Legat ist ja selbst überzeugt, daß Viktor viele

Freunde bei der Bürgerschaft besitzt, vielleicht ist dies eine letzte Chance. Also ergibt er sich scheinbar in die Regelung. Der Legat verlegt die Hinrichtung auf den zweiten Sonntag im Juni. Hoffentlich hat man schönes Wetter. Die paar Tage bis dahin wird man die Gefangenen bei Wasser und Brot schmachten lassen, um ihren Trotz zu brechen.

Der Präfekt erhebt sich ein letztes Mal:

„Ich verfüge hiermit zum Abschluß: Die Eingekerkerten haben menschlich behandelt zu werden, ihre Verpflegung wird aus der vollen Truppenration bestehen. Jegliche Mißhandlung der Gefangenen und ihres Anführers hat zu unterbleiben.

Der Kohortenführer ist augenblicklich seiner Kohorte beizugesellen —, ich hebe die Einzelhaft auf."

Der Legat wird grüngelb vor Ärger, aber dagegen kann er nichts machen; der Prokonsul und Präfekt kennt seine Befugnisse genau.

Es ist sein stiller Triumph.

Danach verläßt er grußlos das Tribunal.

Langse geht er, als wisse er nicht, wohin ihn die Füße tragen.

Dann sitzt er irgendwo zwischen dem Schilf am Ufer und starrt auf das unter der geschlossenen Wolkendecke bleigrau ziehende Wasser des Rheines, den Kopf aufgestützt. Er ist alt —, müde, abgekämpft. Wenn der Kaiser gesiegt hat, wird er bitten, in den Ruhestand versetzt zu werden. Er trägt nun eine Verwundung im Innern, von der er weiß, daß sie nie mehr heilen wird. —

*

Die Tage und die Nächte sind gleich lang und dunkel für die Kohorte. Kein Licht fällt in die Keller der Kommandantur, wo die Gefangenen auf fauligem Stroh fast übereinander liegen. Die Wände sind fingerdick mit Schimmel bedeckt —, ein Glück, daß es nicht regnet. Sonst gäbe es Grundwasser.

Hier und da erlegt einer eine Ratte — mit bloßen Händen, damit sie im Schlaf nicht gepeinigt werden. Dreimal am Tage kommen die Sklaven mit Kübeln zum Essenfassen, das bedeutet dreimal täglich einen Schimmer von Licht, die Möglichkeit, ein paar Worte mit Außenstehenden zu wechseln, und unter Bewachung austreten zu können. Sonst ist es trostlos. Erst haben sie sich die Zeit mit Singen vertrieben, Trotz und Wut taten das ihre. Jetzt sind die Lieder verstummt. Kein Mensch erträgt auf die Dauer anhaltende Finsternis. Auch die grimmigen Witze hört man nicht mehr.

Linus, der Jüngste, hat bei diesem Kellerklima wieder Fieber bekommen. Sie stellen Antrag, damit er ins Lazarett kommt, aber der Antrag dringt nicht durch. Sie sparen mit dem Trinkwasser für den Kranken.

Im Fieber darf einer sogar aussprechen, daß er Angst hat.

Viktor sitzt neben Linus und beruhigt ihn, redet ihm gut zu. Bald werden sie wieder an die Sonne kommen, ganz gewiß. Und er verschweigt, es werde dann ihr letzter Gang unter der Sonne sein.

In der dritten Nacht betet er mit allen die Sterbegebete. — Nicht für Linus, sondern für die ganze Kohorte. Sie wissen noch nicht, wann sie hingerichtet werden, gerade dies zermürbt. Es kann jede Stunde sein.

Sie wollen es nicht voreinander wahrhaben, wie sie auf jeden Schritt über sich lauschen, beim Rasseln der Schloßkette zusammenfahren und aufatmen, wenn es nur ein Sklave war, der Wasser brachte. Es ist schwer, bei jungen Jahren Sterbegebete zu sprechen. Manch einem geht die Stimme aus. Die anderen beten doppelt laut und verraten damit ihre Todesangst.

Viktor erinnert sie an die Ölbergsnot des Herrn. Es ist verhältnismäßig leicht, den Nacken dem Schwert hinzuhalten, wenn der Befehl innerhalb weniger Minuten gegeben wird. Dies Warten ist grauenvoll wie das Warten Christi auf seine Verräter.

Auswendig erzählt Viktor mit eigenen Worten das Evangelium. Es ist jetzt nicht nur so, daß sie *für* Christus sterben. Sie sterben *mit* Christus, jeder von ihnen ein anderer Christus! Aber sie sind nur Menschen und spüren ihre Menschlichkeit.

Viktor betet und ringt für sie alle. Morgen ist Sonntag — Tag des Herrn — was wird er bringen? Er bittet um die baldige Erlösung von allem Übel. Aber das Amen klingt schwach darauf.

Werden sie durchhalten, dreihundertunddreißig Mann, die geschlossen dem Kaiser die göttliche Ehre verweigerten? Auch Viktors Herz bäumt sich auf — es wäre so schön gewesen zu leben — in diesem weiten grünen Lande.

Und irgendwo gibt es ein Mädchen, das bereit gewesen wäre, in Reinheit ihrem Helden anzugehören. Was würde sie ihm nur raten im Kampf?

Man darf nicht daran denken, was das Leben alles hätte bieten können, solche Gedanken machen schwach. Man muß sich erinnern, wie leicht man es hinzugeben bereit war, als Soldat, im Felde draußen.

Tausendmal hätte der Tod sie treffen können, vor Vindobona —, vor Argentoratum oder sonstwo. Der Unterschied ist nur, daß ihr Geschick damals einzig in Gottes Hand lag. Jetzt haben Menschen gerichtet.

Aber stimmt das denn?

„Nein, Kameraden —, nicht Menschen! Seht doch, wie Gott uns bis hierher in diesen Keller geführt hat! Wir haben in Konstantinopel Zeugnis für ihn abgelegt mit unserer Weigerung — wir haben Zeugnis gegeben, als wir den Martyrer Babylas ehrenvoll begruben, wir haben es getan, als wir in der Arena von Vetera unser Nein sprachen.

Gott ist nicht fern —, er weiß das alles von Ewigkeit her.

Wir sollen nun wieder Zeugnis geben —, das ist alles. Ja, wir sollten uns freuen, daß es nicht der Tod im Felde ist, der uns erwartet, für einen Kaiser, den die Welt schon bald Apostata nennen wird, sondern Tod für unseren obersten Feldherrn — Christus.

Seht, die Schilde mit den Kreuzen haben sie uns nehmen können —, jetzt müssen wir das Kreuz im Herzen tragen, gewappnet sein durch dies Zeichen der Überwindung.

Sprechet mir nach mit Christus: ,Vater — in deine Hände befehle ich meinen Geist'.“

Ein schwaches Echo —, dann wird es wieder still.

Das Schweigen lastet.

Ist dies die letzte Nacht?

Sie dämmern vor sich hin, schrecken auf —, der Fiebernde stöhnt —, schlafen wieder kurz ein, man träumt wirr.

Plötzlich Tubastöße draußen. Feldübung am Sonntag?

Nein —, die Fanfaren reißen sie hoch —, einen nach dem andern.

Das ist es —, der letzte Appell.

Viktor gibt ruhig Kommando:

„Antreten zum letzten Kampf! — Es segne euch der all-

mächtige Gott, der Vater —, der Sohn und der Heilige
Geist!" — „Amen!"

Die Kellertür wird aufgerissen.

Sie stolpern hinaus, hinein in das grelle Morgenlicht, in
die Sonne. Einer nach dem andern, zuletzt Viktor und ein
Kamerad; sie stellen Linus vorsichtig auf die Beine. Er
schwankt, aber das Fieber ist gegen Morgengrauen gefallen. Er zittert.

Viktor faßt seinen Arm.

„Komm, Linus, treten wir ins Licht!"

Draußen werden ihnen auf Geheiß des Präfekten die
Fesseln abgenommen, dafür sind sie dankbar, aber die
Bewachung ist verdoppelt.

Porcius Rufus auf hohem Roß, die rote crista über dem
gelblichen Gesicht:

„Kolonne — marsch!"

Viererreihen an jeder Seite —, Vorhut und Nachhut —,
es ist fast zum Lachen. Im Gleichschritt marschieren sie
dahin, als ginge es zu einer Übung. Nordwärts, vorüber
am Vorstenberg, wie so oft.

Der Wald funkelt noch vom Morgentau und die frühen
Vögel schmettern. Über den blauen Junihimmel ziehen
eilige Wolken. Ein nächtlicher Gewittersturm hat sie zer-
zaust, noch immer fährt ab und zu eine Böe übers Land.

Drüben reifen die Saaten im Licht. Auch das weite
Moor blüht —, weißwehendes Wollgras —, ein Bussard
zieht seine Kreise darüber, als wittere er Beute.

Schweigend marschieren sie, mit eisernen Mienen die
Bewachungsmannschaften, die Gesichter der Gefangenen
sind grau und übernächtigt. Einmal muß halt gemacht
werden, weil der Kranke zusammenbrach. Er wird auf ein
Pferd gehoben —, weiter!

Nun an der Stadtmauer von Traiana vorüber, die Kinder hocken oben darauf. — Die Teilnahme an diesen ‚Festspielen' ist ihnen verboten, nur Erwachsene sind zugelassen. Es scheint, die ganze Bürgerschaft ist bereits unterwegs. Auf der Heerstraße trifft man kaum noch jemanden.

Vorüber am Gräberfeld —, dort drüben, dem Rhein entgegen, liegt das grausteinerne Rund — das Amphitheater. Wie ein Ruck geht es durch die Kohorte.

Jetzt wissen sie es. — Dort werden sie fallen.

Vorwärts —, mit wortloser Unerbittlichkeit zwingt die Bewachung zum gewohnten Marschtritt, nur hier und da ein kurzes Kommando. Möwen kommen vom Rhein geflogen und stoßen ihre rauhen Rufe aus. Das große Einlaßtor gähnt wie der Schlund zum Orkus.

Es nimmt die Kohorte restlos auf.

Und jenseits der Wölbungen und gewaltigen Steintorbogen sehen sie nun:

Die Sitzstufen sind vollzählig besetzt. Oben Militär —, die vollzählige Tricesimae-Legion —, unten das Volk. Das Theater faßt rund achttausend Menschen, aber es ist, als sei es mit Puppen besetzt, solche Stille.

Auf der Ehrenloge die hohen Staatsbeamten, der Präfekt und im steinernen Hochsitz Asinius Crassus, der Legat. Die Frauen beugen sich über die Brüstung der Logen, die den Dekurionen der Stadt zugeordnet sind.

Das weite Rund des Kampfplatzes ist saubergefegt, in der Mitte thront die Kaiserbüste auf einsamer Säule, lorbeerumkränzt.

Was ist davor für ein merkwürdiger ‚Scheiterhaufen', den die Sklaven nun entzünden?

Sollen sie etwa verbrannt werden? Nein, — jetzt erkennen sie die flammenbeschienenen Kreuzeszeichen — man verbrennt ihre ledernen Schilde zum Zeichen der Schmach, nachdem man sie vorher mit Öl übergoß.

Das prasselt zum Himmel.

Wieder Tubastöße, gellendes Geschmetter, die Gitter schließen sich vor den Einlaßpforten.

Nun tun sich die Portae pompae auf, durch die sonst die Gladiatoren einmarschieren.

Viktor faßt Linus, der nun wieder stehen kann, fester um die Schulter.

Die Strafkohorte marschiert von zwei Seiten aus langsam ein — bis zur Mitte.

Und nun Schreien und Gröhlen auf den Rängen — die Soldaten haben Order, durch laute Mißfallenskundgebungen das Volk mitzureißen.

„Ave Cäsar! Ave Cäsar! Ave Dive et Imperator!"

„Nieder mit den Rebellen!"

Das Rund tost. Der Legat hat das seine getan, die Gemüter zu erhitzen, überall ließ er den Bericht über die Weigerung Viktors anschlagen und ausrufen, unmittelbar nach dem herrlichen Sieg des Kaisers, der jedes Römerherz höherschlagen ließ, hat er die Ehre des Göttlichen verletzt!

Ja, der nahe Sieg über die Perser hat die Menschen blind gemacht —, ihnen die Köpfe verwirrt. Dieser Kaiser muß ja —, wenn nicht Gott, so doch ein besonderer Günstling der Götter sein, wenn ihm der ungeheuer wagemutige Zug zum Tigris gelingt!

Einen neuen Siegerkranz wird er Roma bringen, ein stolzes Land der römischen Weltmacht unterwerfen.

Jedes Kind kennt den letzten Heeresbericht.

Endlich wird es stiller. Die Schilde lodern gen Himmel. Der Legat streckt den goldenen Stab aus und verliest das Urteil:

Hinrichtung durch das Schwert!

Wieder dröhnen die Schilde der Legionssoldaten zum Beifall auf die Knie.

Langsam betreten die Scharfrichter die Arena —, es wird still.

Ihre Schwerter blitzen in der Sonne, die Kohorte steht ohne Bewegung, die Wachmannschaft tritt zur Seite.

Dem Brauch gemäß darf sich der Anführer der Verurteilten eine letzte Gnade erbitten. Sie wird zur Ehrentribüne gemeldet —, der Präfekt selbst winkt Gewährung.

Es wird totenstill.

Was mag Viktor sich erbeten haben? Eine letzte Stärkung durch Wein? Die Verurteilten verlangen sie meist, Wein mit Galle oder Mohnzusatz —, irgendein berauschendes Getränk, das betäubende Wirkung hat.

Nein — der Kohortenführer erbittet sich die Gunst, vor dem Ende noch einmal laut mit seinen Männern beten zu dürfen.

Er tritt vor sie hin, wie in alten Zeiten.

Jetzt hebt er die Hände —, sie tun es ihm nach. Es ist plötzlich so lautlos, als läge das riesige Amphitheater ausgestorben im Sonnenschein.

Viktors Stimme allein dringt nur schwach durch.

Aber seine Kohorte antwortet jedem Ruf:

„Dominus vobiscum."

„Et cum spiritu tuo."

„Sursum corda!"

Das klingt wie ein Jubelruf.

Und die Kohorte antwortet:

„Habemus ad Dominum!"

Die Menge lauscht atemlos. — Was ist das — ein Dankgebet —, jetzt? Nur die Christen unter ihnen, verloren im riesigen Rund, wissen, daß Viktor das uralte heilige Präfationsgebet spricht, welches die Opferfeier der Christen einleitet. Schon der heilige Blutzeuge Cyprian hat es vor seinem Tod gebetet, es ist das Hochgebet der Martyrerkirche. Aber welche Präfation wird er wählen?

Viktor:

„Gratias agamus Domino Deo nostro!"

Die Kohorte:

„Dignum et justum est."

Auch die Heiden, welche die christliche Liturgie nicht kennen, werden seltsam angerührt von diesem machtvollen Dankeslied, das Viktor anstimmt im Angesicht des Richtblockes und der Scharfrichter. Er preist in österlichem Frohlocken das Lamm, das geschlachtet wurde, die Sündenlast der alten Welt hinwegzunehmen:

„Qui mortem nostram moriendo destruxit. — Durch Sein Sterben hat Er unseren Tod vernichtet und durch Seine Auferstehung neues Leben uns erworben!"

Das ist kein Sterbegesang, es ist das Lied unversieglichen ewigen Lebens, mitreißend, voll Kraft und Glut —, keiner der Männer, die Viktor folgten, sieht noch entmutigt aus. Die Köpfe recken sich. Linus tritt an die Seite seines Kohortenführers.

Mit dem Lobpreis des dreieinigen Gottes endet das unerhört neue gewaltige Beten der Kohorte.

Geschlossen treten sie vor —, drüben sinken die Flammen über den ledernen und hölzernen Schilden zusammen. — Und auf einmal geht es wie ein Schrei durch die Runde:

„Seht dort oben!"

Der Himmel über der Arena ist blankgefegt vom böigen Wind — in weitem Umkreis wandern die Wolken gehetzt vorüber, aber mitten über dem Amphitheater erscheint ein aus leuchtenden Sommerwolken klar und rein geformtes Kreuz, majestätisch erhaben leuchtend wie Alpenschnee.

Weder Wunderzeichen, noch Engelsang, keine Stimme vom Himmel, die ein alter Mann im Gesicht zu vernehmen glaubte: ‚Du hast überwunden, Viktor, du hast überwunden‘ —, aber die Germanen, die sugambrischen Bauern auf den Rängen denken nun alle an dies Wort des Schäfers. Auch die Verurteilten sehen das Kreuz und blicken kurz empor —, ein Wolkenspiel —, reiner Zufall für die Heiden —, ihnen aber ein Gruß von oben, Stärke und Kraft.

Das Kreuz dort kann der Legat nicht vernichten lassen.

Ungeduldig gibt er den Hornbläsern ein Zeichen. Ihre Signale verkünden gellend die bevorstehende Urteilsvollstreckung.

Viktor tritt an, die Kohorte macht drei Schritte und steht dann stramm. Der Scharfrichter deutet auf den Block, einen grauen Basaltstein beachtlicher Größe.

Wie zum Hohn haben die Sklaven des Legaten mit weißer Farbe die Worte ‚Divus et Imperator‘ darauf geschmiert.

„Auf die Knie!“ befiehlt der Scharfrichter dem Kohortenführer. Nun soll er vor dem Sterben doch noch die Knie vor dem bekämpften Titel des Kaisers beugen lernen.

Viktor schüttelt stumm den Kopf.

Der Henker hat seine Anweisung — für den Fall der Weigerung. Wirbelnd schlägt seine Keule zu, trifft Viktors Hüfte. Feuriger, dumpfer Schmerz durchzuckt seine Lende, er schwankt, fängt sich wieder und steht. Geschrei in der Runde: — „Nieder mit ihm!“

„Nein!“

Zum zweiten Male schlägt der Sklave zu, diesmal trifft

er Viktors Seite, daß seine Rippen splittern, der Schlag zwingt ihn in die Knie, er stürzt vornüber. Blutigen Schaum auf den Lippen schreit er den letzten Protest:

„Christus! — Ave Christe! — Rex gloriae!"

Den Kopf beugt er nicht, wirft ihn weit in den Nacken und schaut ein letztes Mal zu dem schon verblassenden Wolkenkreuz am Himmel auf.

Da zuckt ihm der Stahl des Schwertes durchs Herz.

„Kohorte auf die Knie!" brüllt der Henker.

Linus tritt vor, der Kranke, der Jüngste, er ruft:

„Wir knien nicht vor dem Block dort, nicht vor dem Titel, sondern weil das Blut unseres Kohortenführers diesen Platz geheiligt hat!" Das Schwert des Henkers macht ihn stumm, mit all seinem jungen Mut.

Zehn Scharfrichtersklaven sind ihm zur Seite getreten, sie arbeiten rasch —, Blutdunst steigt zur Sonne empor.

Einer der Sklaven schafft unter den sich türmenden Leichen der Gerichteten den Leib Viktors hervor.

Diana, seine Herrin, hat ihn mit Goldstücken bestochen, den Leichnam vor Verunehrung zu bewahren. Zur gleichen Stunde tritt die Gattin des Legaten vor ihren Vater, den Prokonsul hin, bittet ihn um den Leichnam Viktors und um ehrenvolle Bestattung für ihn.

Der Präfekt macht von seinen Sonderrechten Gebrauch.

Die Leichen der Gerichteten senkt die Hebebühne rasch nach Beendigung des blutigen Schauspiels in die unterirdischen Keller hinab, von da in die Kloake.

Der Eichensarg, der den Kohortenführer birgt, wird rasch geschlossen, die Sklaven hämmern und halten dann inne!

Was geht denn dort oben vor sich? Die Arena tost Beifall! — jetzt?

Der letzte Henkersklave, der sich mit der Hebebühne herabbefördern ließ, um sich vom Blut zu säubern, berichtet aufgeregt:

„Im Augenblick, als der Legat die Loge verließ, flog von den Rängen, die der Richtstatt am nächsten waren, plötzlich ein Kranz aus Immortellen in die Arena!

Er kam aus den Reihen der Sugambrer von Bertunum. Ich habe es gesehen, ein Mädchen warf ihn, die Bauern deckten sie mit ihren Rücken.

Eine Frauenstimme rief: ‚Ave, athleta Dei — ave, miles invictissime!'"

Die Sklaven drunten starren ungläubig, wo hätte es je so etwas gegeben? Das sind ja Zurufe für Sieger aus der Kampfbahn! Oho, es kommt noch schlimmer! — Kaum flog der erste Kranz, da warfen die Bauern — und leider auch Bürger von Traiana alle zugleich Kränze aus grünem Eichenlaub hinab. Hochauf türmten sie sich über dem blutigen Sand der Arena — und dann rasender Beifall auf den Rängen!

Es hat den Legaten zurückgerissen wie mit Fäusten.

Und dann hat er dagestanden, kalkweiß und verstört. — Siegerehrung für schimpflich Gerichtete, für Majestätsbeleidiger!

Wer ist hier unterlegen, Legat?

Es raunt, es flüstert in Traiana und Bertunum und kommt nicht mehr zur Ruhe.

Lieder werden sie singen bis in die spätesten Generationen, und sie werden so enden: „Ave, athleta Dei — ave, miles invictissime! — Kämpfer Gottes, unbesiegliche Soldaten!"

*

Auch in Persien verbluten die Soldaten.

Ihre Kampfbahn ist die überschwemmte, fieberbrütende Weite am Tigris. Schlechten Beratern folgend, hat der Kaiser sich verleiten lassen, auf den Sturmangriff zu verzichten, Ktesiphon zu umgehen, statt es zu belagern. Er konnte Surena, dem persischen Kronfeldherrn, der die Stadt besetzt hält, keinen größeren Gefallen tun.

Nun irrt das römische Heer, durch Krankheit, Hunger und Durst geschwächt, in der dumpfen Ebene umher, versucht vergeblich den Zusammenschluß mit Hilfseinheiten wieder herzustellen. — Zum erstenmal haben Offiziere die Befehle des Kaisers sabotiert —, seine Legionen verirren sich in der kochenden Weite, aufgerieben von Tropenkrankheiten, erschöpft, entmutigt.

Die Perser zünden zudem ihre Kornfelder an, ihnen den Rückweg abzuschneiden —, die Hitze wird unerträglich.

Durst — Durst —, Myriaden von Schnaken und Moskitos und Fieber! Nach einer Erschöpfungsrast kommt der 26. Juni heran.

Der Kaiser plant einen Angriff aus Verzweiflung. Er selbst hat ja, um einen Rückzug unmöglich zu machen, noch in den Tagen, als ihm der Sieg sicher war, die Brücken in die Luft sprengen lassen.

Trotz aller Rückschläge befiehlt der Kaiser nun den Generalangriff, der in Wahrheit eher zu einer Verteidigung werden sollte. Als dem Kaiser gemeldet wird, seine Truppen seien ins Wanken geraten, stürzt er ohne sich zu besinnen aus seinem Zelt, um in den Kampf einzugreifen, ungeachtet dessen, daß er seinen Panzer noch nicht angelegt hat.

Da trifft ihn ein feindlicher Pfeil in die Weiche, bohrt sich tief in die Leber — er selbst sucht das Geschoß noch aus der Wunde zu reißen, verletzt sich aber nur die Hand und bricht ohnmächtig zusammen.

Feldärzte um ihn her — alles Menschenmögliche wird getan, sein Leben zu retten. Seine Großen sammeln sich um Julian, Feldherren und Gelehrte umstehen sein Lager.

„Wie heißt diese Ortschaft", erkundigt sich der Verwundete, als er aus der Ohnmacht zu sich kommt.

„Phrygia!" wird ihm geantwortet. Blitzartig erinnert der Sterbende sich an einen merkwürdigen Traum, in dem ein junger blonder Soldat, in dem er Viktor zu erkennen glaubte, ihm weissagte, er werde an diesem Ort umkommen! Der Kaiser schreit den Jammer über seinen Gott hinaus, dem er alles zu danken glaubte:

„Helios — du hast mich verlassen!"

Um ihn tobt und rast die Schlacht, dringt bis an das Zelt des erbittert mit dem Tode ringenden Kaisers . . . . Noch erlebt er den überwältigenden Sieg des Tages, dann stirbt er in den Armen seiner Freunde.

„Macht kein Aufhebens nach dem Siege, ganz still werde ich mich nach Tarsos zurückziehen", hatte Julian vor der Schlacht gesagt, als sie die Stadt des Völkerapostels durchzogen. Jetzt kehrt er wirklich ohne Prunk nach Tarsos zurück, ganz still — stumm. Es wird der Ort seiner Beisetzung. Julian ruht in der Nähe des Christenverfolgers Maximinus Daja, der ruhmlos endete . . .

Die Soldaten erheben den Feldherrn Jovian auf den Schild —, er ist gläubiger Christ und — wird der erste aus Überzeugung christliche Kaiser des Imperiums. Er schließt sofort mit den Persern Frieden um jeden Preis.

Und die Historiker malen das schwarze Todeskreuz hinter den Namen des Kaisers und Cäsar Julian, der die Bezeichnung ‚Apostata' tragen wird. Er ist ausgelöscht worden, der „nach dem Siege" das Christentum bis auf seinen Namen auslöschen wollte. —

Was ist vom Lebensplan des Julian geblieben? — Die Zeit rollt über ihn weg.

Sogleich nach seinem Regierungsantritt hebt Flavius Jovian sämtliche Edikte gegen die Christenheit auf, setzt das Christentum wieder als Staatsreligion in die alten Rechte ein. Und die Götzen stürzen abermals in den Staub . . .

Siegreich kehrt der greise Athanasius aus der Verbannung zurück.

Vier Wochen später jagt der letzte Kurier mit der Unglücksbotschaft den Rhein abwärts nach Colonia Traiana. Schweigend hämmern die Legionäre die Anschläge an alle Gebäude der Kommandantur von Tricesimae und an die Staatspaläste der Bürgerstadt.

Sie stehen in stummen, verbissenen Haufen davor, starren —, können diese Wendung nicht fassen. Dann sehen sie sich an. — Ihre Augen wandern in nordöstliche Richtung —, zum Amphitheater. Keiner spricht aus, was sie denken. „Divus et Imperator" — der blutumwobene Titel ist hingesunken wie der letzte heidnische Kaiser.

In der Nacht nach der Verkündigung wird der Legat Asinius Crassus in seinem Bett erschlagen. Neben seinem Kopfpolster findet man einen Ziegel aus der Transrhenana-Fabrik.

Der Stempelsklave ist flüchtig, wahrscheinlich hat er sich zur Küste eingeschifft —, niemand denkt an Verfolgung.

Diana weilt gerade auf Leas Sommersitz an der Seeküste und muß durch Eilboten zurückgerufen werden. Sie legt kein Trauerkleid an — in den letzten Monaten hatte sie sich mit ihrem Gatten überworfen wegen des hingerichteten Kohortenführers.

Der Legat hatte erfahren, daß sie es war, die Viktors Leiche vor Verunehrung schützen und bergen ließ. Ihr Vater hielt dessen Gebeine in Gewahrsam.

Der Präfekt hatte von seinem Posten zurücktreten wollen, aber da spürte er plötzlich, wie sich in seinen Beziehungen zum Volk etwas entscheidend geändert hatte.

Sie sehen nun den Beschützer Viktors in ihm, stehen vor seinem Palast und fordern in leidenschaftlichen Sprechchören sein Bleiben und eine Kapelle für die Christen von Traiana.

Der Präfekt lächelt Gewährung. Noch am gleichen Tag gibt er Befehl zum Wiederaufbau der kleinen Sklaven-Cella, die der Legat einst niederbrennen ließ. Die Götterbilder vor der Tegularia Transrhenana werden geschleift von der wütenden Menge.

Ähnliches trägt sich in diesen Wochen im ganzen Imperium zu; die Zeit der Christenverfolgungen ist nun endgültig vorbei im römischen Reich.

Innerhalb von Tagen haben sie in Traiana die Kapelle hochgezogen, jeder legt Hand an; zum erstenmal schwindet hier der gewohnte Unterschied zwischen Herren und Sklaven. Die Christen arbeiten gemeinsam an ihrem Kirchlein.

Gleichzeitig verhandelt der Präfekt persönlich mit Wulfhart, dem Bauernvorsteher von Bertunum. Er bittet die Bauern darum, die Gebeine des Mallosus der Gemeinde von Traiana zu überlassen, um für beide Martyrer, die im Leben enge Freunde waren, eine gemeinsame Ehrenstätte auf dem Gräberfeld von Traiana zu schaffen.

Aber die Sugambrer haben harte Köpfe.

Es ist ‚ihr Mallosus‘ —, Viktor selbst schuf ihm die Ruhestätte am Rhein. Niemand soll ihnen den Heiligen nehmen! Es müssen erst einige gefährliche Frühjahrshochfluten ihr Heiligtum ein paarmal wegreißen, ehe sie sich der Bitte beugen.

So bewahren sie nur einzelne Reliquien des Mallosus in ihrer Mitte.

Der Präfekt erlebt es nicht mehr. Aber seine Tochter Diana sieht als sechzigjährige Matrone noch die Weihe der kleinen hölzernen Cella über dem Gräberfeld, das außerhalb Traianas gen Osten liegt. Es ist der 10. Oktober, ein strahlender Herbsttag, als die ersten Beter vor dem hölzernen Doppelsarg knien, der die Gebeine von Mallosus und Viktor birgt. Die Freunde sind nun im Tode für immer vereint.

Ein Priester versiegelt den Sarg, nie mehr soll Menschenhand die erhabene Ruhe stören!

Die Bäuerin Reinhilde kommt vom Waldhof oft mit ihren Kindern an dieses Grab, Gnade und Segen für ihre Familie zu erbitten. Und dann erzählt sie ihnen aus ihrer Jugendzeit, von Viktors sieghaftem Lachen, seinem Soldatenmut und seinem Sterben. Fest nimmt sie ihren jüngsten Sohn, der den Taufnamen Viktor trägt, in den Arm.

„Ja, dort drüben — in der Arena ist er gefallen."

„Warum hat man ihn denn nicht da begraben?" will der Knabe wissen.

Sie schüttelt den Kopf.

„Ein Amphitheater ist ein unheiliger Ort, mein Sohn. Du staunst — ja, jetzt gibt es keine blutigen Wettkämpfe dort, keine Menschenopfer mehr wie zu meiner Zeit. Die Arena wurde entheiligt durch manchen grausamen Mord. Darum liegt sie verlassen und verödet.

Hier aber — bei den Heiligen — ‚ad sanctos' — ist ehrwürdiger Boden, mein Sohn, vergiß es nicht."

Der junge Sugambrer hört gut zu, sein klarer Verstand

bewahrt Wort um Wort. Er wird es seinen Kindern weiter berichten, wenn er ein Mann geworden ist.

Aber der Glanz Romas verblaßt und zerstiebt während seiner Generation. Traiana wird immer mehr zur verlassenen Stadt. Doch um die Heiligen drängen sich die Christen, dort wollen sie auch begraben sein.

„Ze Santen" — sagen sie in ihrem Dialekt und weisen nach Viktors Grabcella hin, wo sie nach altem Christenbrauch die Agape feiern, das gemeinsame Liebesmahl, welches an das letzte Beisammensein des Herrn mit seinen Aposteln erinnern soll.

Die Stätte am Niederrhein ist Land der Heiligen geworden. Und das Lächeln Viktors strahlt über ihm für alle Zeit . . .

NACHWORT

Was ist Wahrheit, was ist Dichtung?

(Erklärung zum Inhalt dieses Romans)

Sicherlich sind meine Leser daran interessiert, wie weit sich dieser dichterische Roman mit der geschichtlichen Wirklichkeit um Viktor von Xanten deckt.

Über die historische Gestalt Viktors war kaum etwas Sicheres zu erfahren, da bis zum Jahre 590 alle schriftlichen Zeugnisse fehlen. Es gab bis etwa zum Jahre 700 keinen germanischen Geschichtsschreiber. Erst der heilige Gregor von Tours bringt uns um 590 die älteste Nachricht, die er nur ‚vom Hörensagen‘ kennt. Er weist auf den heiligen Mallosus hin, der in der Nähe von Köln, bei der Stadt der Bertunesen (Birten) (apud Bertunesum oppidum) um des Glaubens willen erschlagen worden sei. Er spricht von einem Oratorium, das seine Gebeine berge, und fügt hinzu, man sage, dort liege auch der heilige Viktor begraben, aber man habe ihn noch nicht gefunden.

Die alten Legenden um Viktor, welche erst Jahrhunderte später entstanden, zählen Viktor einfach der ‚Thebäischen Legion‘ zu, doch schmücken sie den Tod Viktors bereits dramatisch aus. Sie lassen ein regelrechtes Verhör vor dem römischen Legaten zu, der Viktor und seinen Soldaten befahl, dem Mars zu opfern und dem Kaiser göttliche Ehre zu erweisen. Sie melden ebenfalls, die Leichen habe man später im Bruch wunderbar aufgefunden. Die Zahl von 330 Soldaten, die in fast allen Legenden angegeben wird, deutet auf das Vorhandensein einer Kohorte Viktors. All diese Berichte scheinen sich auf eine mündliche Überlieferung gestützt zu haben, die einen echten Kern von Wahrheit enthielt.

Im Jahre 1933 machten Gelehrte bei Grabungen unter dem Xantener Dom eine aufsehenerregende Entdeckung. Sie fanden ein doppeltes Martyrergrab aus der frühchristlichen Zeit, dessen Skelette seit der Bestattung nicht mehr von Menschenhand berührt worden waren. Die wissenschaftliche Untersuchung ergab, daß die beiden Männer eines gewaltsamen Todes gestorben waren und zwar zwischen den Jahren 348—363.

Innerhalb dieser Zeitspanne regierte der letzte Heide auf dem römischen Thron, Julian der Abtrünnige.

Man fand ferner, daß kurze Zeit nach der Bestattung — etwa im Jahre 400 — die erste kleine Kapelle direkt über diesen Gebeinen erbaut wurde, also wahrscheinlich noch von Zeitgenossen, welche die Martyrer gekannt hatten. Von da an wurde eine Kirche nach der anderen immer wieder über der Martyrermensa erbaut, bis zum heutigen Xantener Dom.

Die Kirche schloß sich der Annahme der Gelehrten an, daß man hier vor dem einzigen unversehrten Martyrergrab diesseits der Alpen stehe, und 1936 weihte der damalige Bischof von Münster den Martyreraltar über dem Grab in der Krypta, wo die Gebeine auch heute noch ruhen.

Die Gelehrten wissen noch manches Interessante von diesen Grabungen zu berichten, doch läßt sich nicht mit unbedingter Sicherheit annehmen, es handele sich bei diesen Martyrern um „Viktor" und „Mallosus". Gewißheit ist nur, daß sie seit frühester Zeit verehrt wurden, ihre Namen fand man nicht. (Ich verweise auf den Grabungsbericht in dem Büchlein ‚Der Dom zu Xanten' von Prof. Dr. Bader. Erschienen bei Butzon & Bercker.) Beim Studium der Zeitgeschichte und des Lebens von Julian Apostata trat nun die Frage auf, wie man sich die Tatsache eines so späten Martyriums im entlegensten Teil des römischen Reiches erklären könne. Die Geschichte berichtet auch aus Julians Regierungszeit eine Reihe von echten Martyrien, die der Cäsar zwar nicht anordnete, aber doch duldete. Es ist durchaus denkbar, — da Julian seine Feinde in ferngelegene Provinzen zu verbannen pflegte, — daß er auch Viktor wie andere unliebsam gewordene Offiziere zum germanischen Norden verbannte, wo vielleicht ein übereifriger Beamter des Cäsars sich durch Mord an den Glaubensverteidigern hervortun konnte. Solche Dinge sind öfter vorgekommen. Freilich entspringt diese Version der dichterischen Phantasie, aber ich bemühte mich um die größtmögliche Wahrscheinlichkeit in der Darstellung, wie sich das Verhängnis um Viktor wirklich hätte zuziehen können. Ich bin mir bewußt, daß es nur eine von vielen Möglichkeiten bedeutet — der echte Kern bleibt jedoch das Martyrium der römischen Soldaten-Glaubenszeugen.

Feuersbrunst suchte im Lauf der Zeit die hölzerne Cella heim — aber das Martyrergrab liegt geschützt und tief in der Erde. Eine neue Kirche nach der anderen entsteht über den Gebeinen — alle sind sie Sankt Viktor geweiht.

Von Mund zu Mund wird sein Gedächtnis überliefert, wenn auch die ehrwürdigen Schrifturkunden Bränden und Hochwassern zum Opfer fallen. Legenden spinnen die

Jahrhunderte um die Tatsache des Martyriums römischer Soldaten. Mallosus und Viktor nennt sie der Volksglaube, gefallen um der christlichen Wahrheit willen: es gibt nur einen Gott, den Herrn der Herren, stärker, als die sich vergötzende Staatsmacht.

Längst liegt Tricesimae — das Truppenlager der dreißigsten Legion, verödet, eingenommen und erstürmt durch fränkische Heere, die sich im Raum um Birten ansiedeln, das alte Bertunum, dichter noch aber bei Xanten, — ad sanctos —, in Nähe der hochverehrten Heiligen.

Über ihren Gräbern wächst das Wunderwerk eines herrlichen Domes himmelan, weit reckt er seine Türme über das grüne, sonnenübergoldete, wolkenüberwehte Land des Niederrheins.

Tief in seinem Schoß birgt er eine Kostbarkeit: das unversehrte doppelte Martyrergrab, dessen Ursprung zurückreicht in die Zeit Julians des Apostaten.

Hunderte von Jahren sind dahingegangen, ihr Mund kann keine Antwort mehr geben. Aber der Glaube singt und sagt noch immer: „Ave athleta Dei, ave miles invictissime!"

Im Jahre 1936 flammen noch einmal Fackeln auf zur Ehre der Heiligen von Xanten — junge Hände tragen sie, der Löwe auf dem Bischofssitz von Münster, Graf Clemens August von Galen, führt den Triumphzug an. Er trägt in seinem Herzen die feste Überzeugung, das uralte verschollene Martyrergrab der legendären Helden wiedergefunden zu haben, und der Glaube nimmt das Vermächtnis an, auch wenn Namen fehlen. Das Volk kennt sie längst.

Und die Nacht wird taghell, wie es in der alten Osterliturgie heißt, das Licht, welches Viktor und seine Gefährten an den Niederrhein trug, ist nicht erloschen.

Es strahlt, es leuchtet das triumphierende Kreuz, für alle, die sehen wollen.

Für meine Leser ist vielleicht noch der Hinweis wichtig, daß auch der Name der Stadt Colonia Traiana historisch ist. Grabungen haben die altrömische Bürgersiedlung bestätigt. Was ich um Castra Vetera und die Colonia Traiana und Tricesimae berichte, entspricht der Wirklichkeit, so weit sie der Spaten der Gelehrten nachweisen konnte. Auch eine Ziegelei, den Hafen und das Truppenlager hat es dort gegeben. Noch heute sieht man die Reste des gewaltigen Amphitheaters vor den Toren Xantens.

Der Name der Stadt Xanten — ad Sanctos — zu den Heiligen, ist erst durch die frühchristliche Kultstätte um die beiden Martyrer entstanden.

Um Xanten ist heiliger Boden, damit er von den Menschen unserer Zeit nicht vergessen oder entweiht werde, und die uralte Verehrung um St. Viktor wach bleibe im Volke, wurde der Roman geschrieben. Der Glaube, den Viktor lebte und mit dem Tod besiegelte, möge unerschüttert bleiben in unserem Vaterland.

Die Verfasserin

Quellennachweis:

Aus der Fülle der vorhandenen Literatur wurden herangezogen:

H. Reiners:	„Xanten, 700 Jahre Stadt", 1928
H. Lehner:	„Vetera", 1926
Bonner Jahrbücher,	Grabungsberichte, Bd. 145 ff. (Staatsarchiv Düsseldorf)
Prof. Dr. W. Bader:	„Der Dom zu Xanten" (Butzon & Bercker), 1956
A. Pompen, O.F.M.:	„St. Victor van Xanten en zijn Betekenis voor de Geschiedenis van Nederland" (J. J. Romen & Zonen, Roermond), 1955
J. Bidez:	„Julian, der Abtrünnige", 1930
O. Zierer:	„Sieg des Kreuzes" (Verlag Seb. Murnau, München) 1953
Nack-Wägner:	„Rom", Land und Volk der alten Römer (Verlag Carl Ueberreuter, Wien), 1956.